Jürgen Mies

Flugtechnik

Jürgen Mies

Flugtechnik

Motorbuch Verlag Stuttgart

Einbandgestaltung: Nicole Lechner

ISBN 3-613-01725-3

3. Auflage 2003

Produktion: Air Report Verlag, 64739 Höchst, http://www.air-report.de
Druck und Bindung: Konrad Triltsch Print und digitale Medien GmbH, 97199 Ochsenfurt-Hohestadt
Printed in Germany

Die Informationen und Daten in diesem Handbuch sind von Autor und Verlag sorgfältig erwogen und geprüft. Dennoch kann eine Garantie für Richtigkeit und Vollständigkeit nicht übernommen werden. Eine Haftung des Autors bzw. Verlags und seiner Beauftragten für Personen-, Sach- und Vermögensschäden ist ausgeschlossen.
Die Quellen der Abbildungen sind in den Bildunterschriften angegeben, die Zeichnungen fertigte Willi Schulmeyer.

Inhalt

4. Triebwerk

5. Instrumente

6. Flugleistungen

Vorwort

Es ist gerade einmal 100 Jahre her, als sich das erste von Otto Lilienthal gesteuerte Flugzeug in die Lüfte erhob. Seitdem hat sich die Luftfahrt rasant entwickelt. Auch wenn heute das Flugzeug wie selbstverständlich von allen genutzt wird, so bleibt vielen doch verborgen, wie es eigentlich funktioniert. Dabei ist die Flugtechnik überhaupt kein Geheimnis und für jedermann ohne besondere Vorkenntnisse verständlich.

Ohne Frage müssen sich Piloten während der Ausbildung und auch danach mit der Technik ihres Flugzeuges eingehend auseinandersetzen. Das hierfür erforderliche Wissen vermittelt dieses Buch, angefangen bei den Strömungsverhältnissen an den Tragflächen über die Instrumentierung im Cockpit bis hin zur Triebwerkstechnik und den einzelnen Flugleistungsparametern. Die Auswahl der Themen orientiert sich dabei an den Richtlinien des Bundesministeriums für Verkehr für die Ausbildung und Prüfung von Privatpiloten. Zahlreiche Kontroll- und Übungsaufgaben einschließlich Lösungen helfen, den dargebotenen Stoff zu vertiefen.

Das Verständnis der flugtechnischen Zusammenhänge bildet eine wesentliche Grundlage für die richtige Handhabung des Flugzeuges und für das Fliegen. Es ist darüber hinaus eine wichtige Voraussetzung, bei Notfällen die richtige Entscheidung treffen zu können.

Höchst, im April 1996

Jürgen Mies

Kapitel 1
Einführung

Flugzeugaufbau

Die Vielfalt der heute in der Luftfahrt eingesetzten Flugzeugtypen ist sehr groß und kaum noch zu überblicken. Sie erstreckt sich von nur einige 100 kg schweren, einfachst ausgerüsteten Ultraleichtflugzeugen über eine große Anzahl verschiedener ein- und mehrmotoriger Privatflugzeuge bis hin zu vierstrahligen Verkehrsflugzeugen mit mehr als 400 Sitzplätzen. Trotz der zum Teil erheblichen Unterschiede haben alle Flugzeuge doch eines gemeinsam: Sie unterliegen den gleichen physikalischen Gesetzen, funktionieren nach dem gleichen flugtechnischen Prinzip und sind daher im Grunde genommen alle gleich aufgebaut.

Ein Flugzeug besteht im wesentlichen aus Rumpf, Tragflügel, Leitwerk, Triebwerk, Fahrwerk und Steuerung (Abb. 1). Das wichtigste Bauteil ist ohne Frage der am Rumpf befestigte Tragflügel. Er wird während des Fluges von der Luft umströmt und erzeugt eine dem Flugzeuggewicht entgegengesetzt wirkende Kraft, den Auftrieb. Die Größe des Auftriebs hängt von der Oberfläche und der Formgebung des Tragflügels, vor allem aber vom Verhalten der umströmenden Luft ab. Die sich mit diesen Vorgängen befassende Strömungslehre (Aerodynamik) nimmt daher in der Flugtechnik einen breiten Raum ein. Sie vermittelt die Grundlage für das Verständnis des Fliegens überhaupt.

Der Tragflügel dient nicht nur der Erzeugung von Auftrieb, sondern mit den an der Rückseite beweglich montierten Landeklappen (innen) und Querrudern (außen) zusätzlich auch der Flugzeugsteuerung. Durch Ausfahren der Landeklappen läßt sich die Anflug- und Landegeschwindigkeit wirkungsvoll verringern und die Landestrecke erheblich reduzieren. Die Querruder geben die Möglichkeit, das Flugzeug um die Längsachse zu drehen und in die für den Kurvenflug erforderliche Schräglage (Querneigung) zu bringen.

Am Heck des Flugzeuges befindet sich das Leitwerk mit der Höhenflosse und dem Höhenruder (Höhenleitwerk) sowie der Seitenflosse mit dem Seitenruder (Seitenleitwerk). Höhen- und Seitenleitwerk sind ähnlich wie Tragflügel aufgebaut und unterliegen gleichen strömungstechnischen Bedingungen. Aufgabe des Leitwerks ist es, das Flugzeug in Fluglage und Flugrichtung zu stabilisieren und mit Hilfe der Ruder um die Quer- und Hochachse zu steuern. Es hat im Prinzip die gleiche stabilisierende Wirkung wie die Federn an einem Pfeil. Ohne diese Federn würde ein Pfeil seine Richtung nicht beibehalten und taumeln. Ein Flugzeug ohne Leitwerk ist flugunfähig und nicht steuerbar (Ausnahme: Nurflügel-Flugzeug).

Der Flugzeugrumpf trägt den Tragflügel, das Leitwerk und in vielen Fällen (einmotorige Flugzeuge) zusätzlich das Triebwerk. Er bietet darüber hinaus Platz für die Aufnahme der Kabine mit Besatzung, Passagieren, Gepäck und ggf. Fracht. Im vorderen Teil der Kabine befindet sich das Cockpit mit den für die Flugführung und Flugüberwachung notwendigen Steuerorganen, Instrumenten, Hebeln und Schaltern. Die Steuerung der einzelnen Ruder (Quer-, Höhen- und Seitenruder) erfolgt über ein Steuerhorn bzw. einen Steuerknüppel und über im Cockpitboden eingelassene Fußpedale. Damit das Flugzeug vom Sitz des Piloten ebenso wie vom Sitz des Copiloten aus gesteuert werden kann, verfügen beinahe alle mehrsitzigen Flugzeuge über eine zweifach installierte Steuerung (Doppelsteuerung).

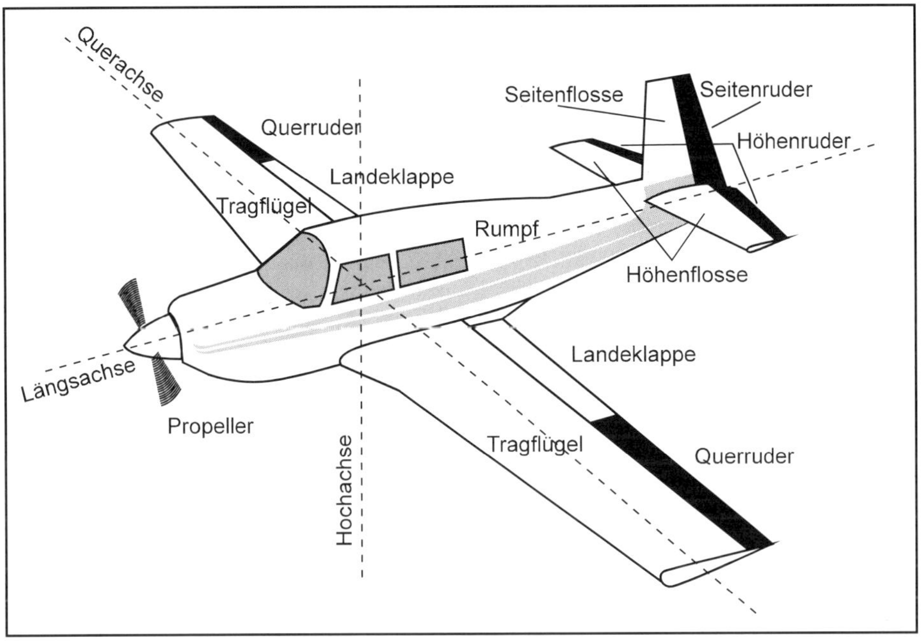

Abb. 1: Aufbau eines Flugzeuges.

Die am Instrumentenbrett vor den Pilotensitzen angeordneten Instrumente dienen vor allem der Überwachung der Fluglage (z.B. Höhenmesser, künstlicher Horizont), der Navigation (z.B. Kompass) und der Kontrolle der verschiedenen Bordsysteme (z.B. Triebwerk). Art und Umfang der erforderlichen Cockpitinstrumente hängen im wesentlichen von dem Einsatzzweck (z.B. Sichtflug, Instrumentenflug) und der Größe des Flugzeuges bzw. der Anzahl der zu überwachenden Systeme ab.

Für den notwendigen Vortrieb (Schub) des Flugzeuges sorgt das Triebwerk bzw. der von diesem unmittelbar angetriebene Propeller. Bei einmotorigen Flugzeugen ist das Triebwerk meist vorn im Rumpf integriert und bildet so mit dem Rumpf eine in sich geschlossene Einheit. Die in den Kleinflugzeugen meist verwendeten Kolbentriebwerke arbeitet wie Automotoren nach dem bekannten Viertakt-Otto-Prinzip. Sie sind wie diese mit einem Vergaser oder einer Kraftstoff-Einspritzanlage ausgerüstet. Aufgrund des unterschiedlichen Einsatzspektrums ergeben sich allerdings zum Teil erhebliche Unterschiede zum Automotor. Dies gilt in gleicher Weise auch für den verwendeten Kraftstoff, dessen Tanks sich bei fast allen Flugzeugen im Tragflügel befindet.

Das Fahrwerk besteht aus dem unter dem Tragflügel montierten Hauptfahrwerk und einem vorn am Rumpf steuerbar angebrachten Bugrad. Über die im Cockpit befindlichen Fußpedale läßt sich sowohl das Bugrad steuern als auch die am Hauptfahrwerk befestigte Bremse betätigen. Einige wenige Flugzeugtypen verwenden anstelle eines Bugrades ein am Heck lenkbar installiertes Spornrad.

Die meisten der hier genannten Bauteile sind während des Fluges unmittelbar der Luftströmung ausgesetzt und verursachen daher einen nicht unerheblichen (Luft-) Widerstand. Durch entsprechende aerodynamische Formgebung der einzelnen Teile wird versucht, den Widerstand und den damit verbundenen Energieverlust zu reduzieren. Auch die Verwendung eines einziehbaren Fahrwerks anstelle eines festen Fahrwerks ist ein Beitrag, den Widerstand zu verringern.

Einteilung der Flugzeuge

Auch wenn alle Flugzeuge beinahe gleich aufgebaut sind und sich dadurch sehr ähnlich sehen, lassen sie sich doch aufgrund der Verwendung, der Bauweise, der Anzahl der Triebwerke, der Anordnung und Form von Tragflügel und Leitwerk und wegen weiterer äußerer Merkmale in verschiedene Kategorien unterteilen.

Neben der üblichen Einteilung nach dem Verwendungszweck (z.B. Privatflugzeug, Verkehrsflugzeug, Kampfflugzeug usw.) gibt es auch häufig eine nach der Tragflügelanordnung. So unterscheidet man je nach Befestigung des Tragflügels am Rumpf zwischen Tief-, Mittel-, Schulter- und Hochdecker (Abb. 2). Viele der einmotorigen Flugzeuge gehören zur Gruppe der Tiefdecker (z.B. Piper PA 28, Socata TB 10, Ruschmeyer R 90-230 RG) und Schulterdecker (z.B. Cessna 152, Cessna 172, Piper PA 18). Zur Erhöhung der Festigkeit werden die Tragflügel bei Schulter- und Hochdeckern oft mit zwischen Rumpf und Tragflügel angebrachten Streben abgestützt. Tragflügel ohne diese Streben bezeichnet man als freitragend.

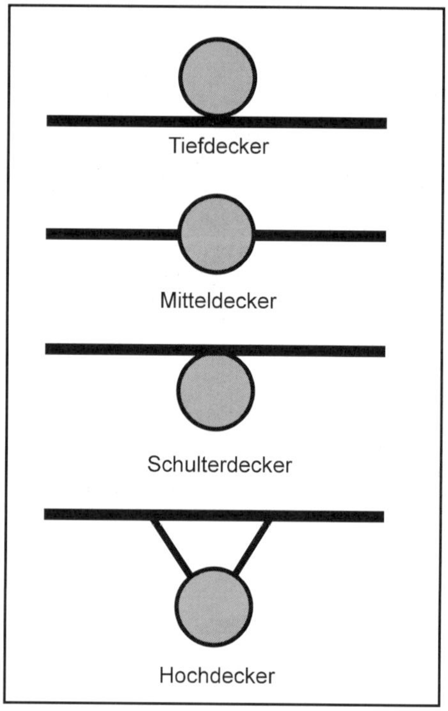

Abb. 2: Verschiedene Tragflügelanordnungen.

Ein anderes Unterscheidungsmerkmal bietet die zum Teil sehr verschiedene Form der verwendeten Tragflügel. Es gibt Rechteckflügel, Trapezflügel, Deltaflügel, Pfeilflügel sowie geknickte und angewinkelte Tragflügel (sogenannte V-Stellung), um nur einige zu nennen. Auch das Leitwerk als markantes Flugzeugbauteil weist durch die Anordnung von Seiten- und Höhenleitwerk sehr unterschiedliche Formen auf. Besonders auffällig ist das sogenannte T-Leitwerk, bei dem das Höhenleitwerk oben auf dem Seitenleitwerk aufsitzt und mit diesem die Form eines T bildet.

Eine völlig andere Einteilung ergibt sich durch den im Flugzeugbau verwendeten Werkstoff. Während in den Anfängen der

Abb. 3: Piper Archer III PA 28-181 (Quelle: Prospekt Piper).

Luftfahrt Flugzeuge vornehmlich aus Holz gefertigt wurden, hat sich seit langem in vielen Bereichen Leichtmetall (überwiegend Aluminium) durchgesetzt. Die Metallbauweise wird der gestiegenen Anforderung an Lebensdauer und Sicherheit gerecht und erlaubt darüber hinaus erst den Bau von Flugzeugen mit hoher Beanspruchung. Neben Metall findet in zunehmenden Maße auch mit Fasern (Glasfasern, Kohlestoffasern) verstärkter Kunststoff Anwendung. Einige Segelflugzeuge werden heute ausschließlich aus diesem modernen Material gefertigt.

Kapitel 2

Aerodynamik

Einführung

Unter Aerodynamik versteht man allgemein die Lehre von der Bewegung der Luft. Sie ist ein Teilgebiet der Strömungslehre und befaßt sich insbesondere mit allen Vorgängen, die durch die Strömung der Luft an Luftfahrzeugen hervorgerufen werden. Dabei interessiert nicht nur der bei der Umströmung der Tragflächen entstehende Auftrieb, sondern auch, wie das Luftfahrzeug und die einzelnen Bauteile strömungsgünstig geformt sein müssen und welche Kräfte aufgrund der Strömung auftreten.

Für die Betrachtung einer Strömung gegenüber einem Körper ist es unerheblich, ob der Körper ruht und von Luft angeströmt wird oder ob er sich durch ruhende Luft bewegt. Die aerodynamischen Auswirkungen sind in beiden Fällen die gleichen.

Bei einem Flugzeug entsteht Strömung dadurch, daß sich das Flugzeug durch die Luft bewegt. Entscheidend für die sich dabei abspielenden aerodynamischen Vorgänge ist die Relativgeschwindigkeit des Flugzeuges gegenüber der Luft, der sogenannten wahren Geschwindigkeit (engl. True Airspeed, TAS). Die für die Navigation wichtige Geschwindigkeit über Grund (engl. Ground Speed, GS) hat hier keine Bedeutung.

Die Vorgänge in einer Strömung lassen sich besser verstehen, wenn man sich die Strömung aus vielen kleinen Strömungsteilchen zusammengesetzt vorstellt. Die von den einzelnen Strömungsteilchen zurückgelegten Wege nennt man in diesem Zusammenhang Stromlinien. Sie können sichtbar gemacht werden, indem z.B. einer Luftströmung Rauch oder einer Wasserströmung Pulver oder Farbstoff beigemischt werden.

Bewegen sich die einzelnen Strömungsteilchen nebeneinander, ohne sich gegenseitig zu vermengen, bezeichnet man die Strömung als laminar. Die Stromlinien verlaufen mit gleichbleibenden Abständen zueinander (parallel). Nimmt die Strömungsgeschwindigkeit zu, rücken die Stromlinien enger zusammen. Nimmt sie ab, rücken sie weiter auseinander.

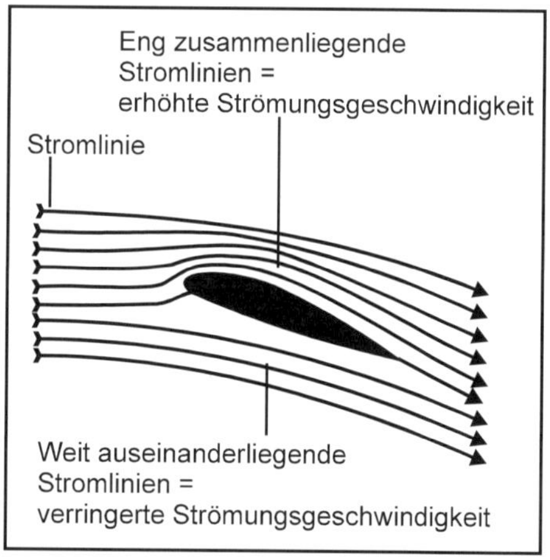

Abb. 4: Stromlinien um ein Tragflügelprofil.

Die Strömung ist dagegen turbulent (verwirbelt), wenn sich die Strömungsteilchen ungeordnet bewegen und sich dabei vermischen.

Der Verlauf der Strömung spielt eine wichtige Rolle bei der Bildung von Auftrieb und Widerstand. Voraussetzung für die Entstehung von Auftrieb ist eine möglichst laminare Umströmung der Tragflügel. Wirbelbildung bedeutet Auftriebsverlust und erhöhten Widerstand.

Insgesamt sind die strömungstechnischen Vorgänge sehr komplex und Gegenstand weiterer wissenschaftlicher Untersuchungen. Die nachfolgenden Ausführungen beschränken sich auf die Erklärung der Aerodynamik, soweit sie für das Verständnis von Auftrieb und Widerstand und den damit zusammenhängenden Vorgängen am Flugzeug erforderlich ist. Hierbei wird z.T. bewußt auf eine wissenschaftlich einwandfreie Erläuterung verzichtet und eine vereinfachte allgemeinverständliche Darstellung bevorzugt.

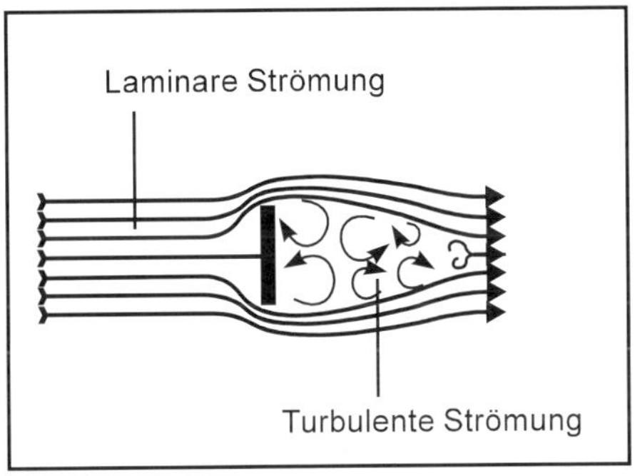

Abb. 5: Laminare und turbulente Strömung.

Zusammenfassung

Aerodynamik
- Lehre von der Bewegung der Luft und allen mit der Bewegung eines Luftfahrzeuges verbundenen strömungstechnischen Vorgänge.

Laminare Strömung
- Strömungsteilchen fließen geordnet nebeneinander.

Turbulente Strömung
- Strömungsteilchen bewegen sich quer zur Strömungsrichtung und bilden Wirbel (Turbulenzen).

Auftrieb

Entstehung von Auftrieb

Auftrieb (engl. Lift) an einem Flugzeug entsteht, wenn der Tragflügel von Luft mit ausreichender Geschwindigkeit umströmt und die Luft dabei nach unten abgelenkt wird. Der Tragflügel kann im einfachsten Fall eine ebene Platte sein, die unter einem bestimmten Winkel (Anstellwinkel) gegen die Strömung angestellt wird. Sehr viel wirkungsvoller sind jedoch durch sogenannte Profile gewölbte Tragflächen. Durch die Umströmung bildet sich auf der Oberseite der Tragfläche ein Unterdruck und an der Unterseite ein Überdruck. Beide Drücke erzeugen eine nach oben gerichtete Kraft, die man Auftrieb nennt.

Um sich die Entstehung der unterschiedlichen Drücke am Tragflügel besser vorstellen zu können, betrachten wir zunächst das Verhalten einer Strömung in einer Röhre. Dabei ist es unerheblich, ob es sich bei dem strömenden Medium um Luft, Wasser oder ein anderes Gas oder eine andere Flüssigkeit handelt. Das Strömungsverhalten ist grundsätzlich gleich.

Wird eine Röhre von Luft oder Wasser durchströmt, so läßt sich feststellen, daß das Volumen, das in einer bestimmten Zeit in die Röhre einströmt, in der gleichen Zeit am Ende der Röhre wieder ausströmt (Prinzip der Kontinuität). Das gilt natürlich auch, wenn die Röhre, wie in Abb. 6 dargestellt, im hinteren Teil verengt ist. Auch in diesem Fall muß in der gleichen Zeit soviel Volumen an Luft oder Wasser austreten, wie in die Röhre hineingeströmt ist. Dies ist nur möglich, wenn die Luft bzw. das Wasser schneller austritt, also die Strömungsgeschwindigkeit im verengten Röhrenabschnitt zunimmt.

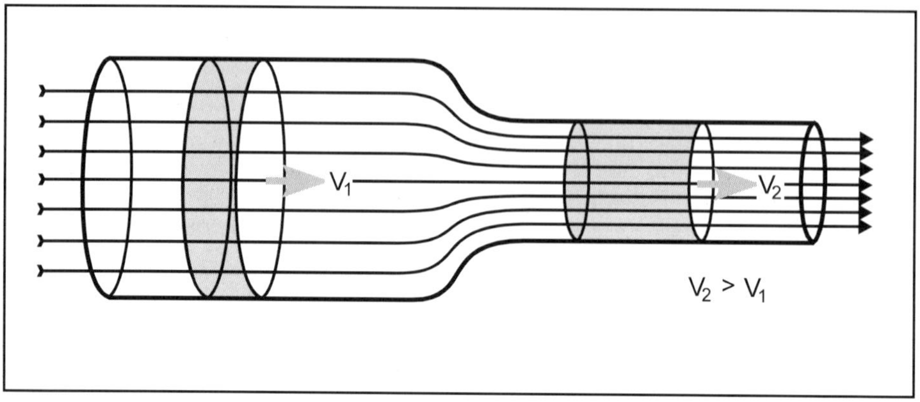

Abb. 6: Wird eine Röhre verengt, so nimmt die Strömungsgeschwindigkeit in der Röhre zu.

Das kann man mit einem Gartenschlauch, durch den Wasser fließt, sehr einfach demonstrieren. Wird das Schlauchende etwas zusammengedrückt, also der Ausflußquerschnitt verengt, dann fließt das Wasser schneller aus dem Schlauch und der Wasserstrahl spritzt aufgrund der höheren Strömungsgeschwindigkeit weiter als normal.

Im gleichen Maße wie sich der Röhrenquerschnitt verengt nimmt die Strömungsgeschwindigkeit zu. Wird der Querschnitt um die Hälfte verkleinert, so verdoppelt sich die Strömungsgeschwindigkeit, wird er auf ein Drittel reduziert, verdreifacht sich die Strömungsgeschwindigkeit.

Fließt die Strömung durch das in Abb. 7 dargestellte sogenannte Venturi-Rohr, so ergibt sich das gleiche Strömungsverhalten. In der Rohrverengung nimmt die Strömungsgeschwindigkeit zu (sichtbar an den sich zusammenziehenden Stromlinien), in

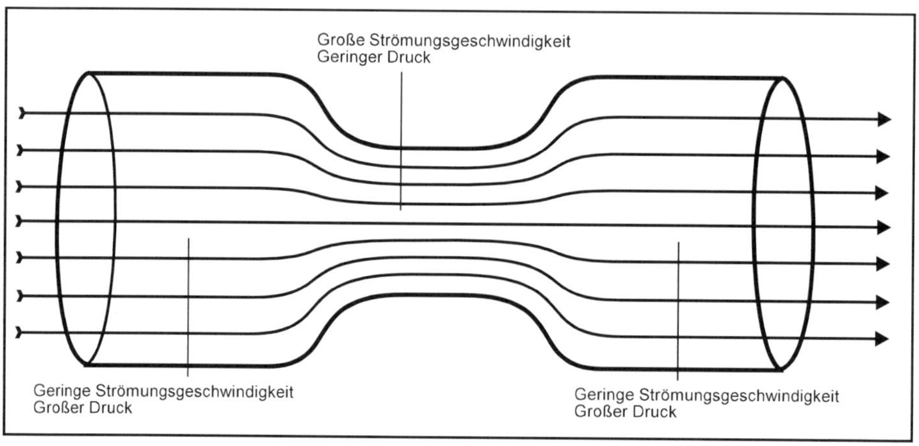

Abb. 7: Strömung in einem Venturi-Rohr.

der anschließenden Rohrerweiterung nimmt sie wieder ab (dargestellt durch die weiter auseinanderliegenden Stromlinien). Mißt man nun den (statischen) Druck in der Strömung entlang des Venturi-Rohrs, erhält man folgendes Ergebnis: Je größer die Strömungsgeschwindigkeit, desto geringer ist der in der Strömung gemessene Druck; je kleiner die Strömungsgeschwindigkeit, desto größer ist der Druck.

Dieser für die Entstehung von Auftrieb wesentliche physikalische Zusammenhang zwischen Strömungsgeschwindigkeit und Druck wurde von dem Wissenschaftler Daniel Bernoulli (1700 - 1782) entdeckt und in einer Gleichung, der Bernoullischen Gleichung, mathematisch erfaßt.

Mit Hilfe von zwei gewölbten Blättern aus Papier oder Karton läßt sich die Entdekkung von Bernoulli leicht veranschaulichen. Hält man die beiden Blätter mit der gewölbten Seite gegenüber, dann ergibt sich eine Verengung (Abb. 8). Wird nun zwischen beide Blätter Luft geblasen, so werden die Blätter nicht, wie man es vermuten könnte, auseinandergedrückt, sondern zusammengezogen. Die Luft erfährt durch die Verengung eine erhöhte Strömungsgeschwindigkeit und der Druck in der Verengung nimmt ab. Durch diesen Unterdruck (Sog) und den außen herrschenden größeren Druck der umgebenden Luft werden die beiden Blätter aneinandergedrückt.

Den gleichen Effekt erzielt man auch mit nur einem gewölbten Blatt. Bläst man über die gewölbte Seite, dann erhöht sich auch hier die Strömungsgeschwindigkeit. Der Druck nimmt ab und das Blatt bewegt sich zur Strömungsseite hin.

An einem Tragflügel spielen sich ähnliche strömungstechnische Vorgänge ab wie an einem gewölbten Blatt. Abb. 9 zeigt die Strömungsverhältnisse an einem etwas gegen die Luftströmung angestellten Tragflügelquerschnitt, einem Profil. Die Strömung teilt sich vor dem Profil, fließt über Ober- und Unterseite und kommt an der Profilhinterkante wieder zusammen. Der Ort, an dem die Strömung auf die Profil-

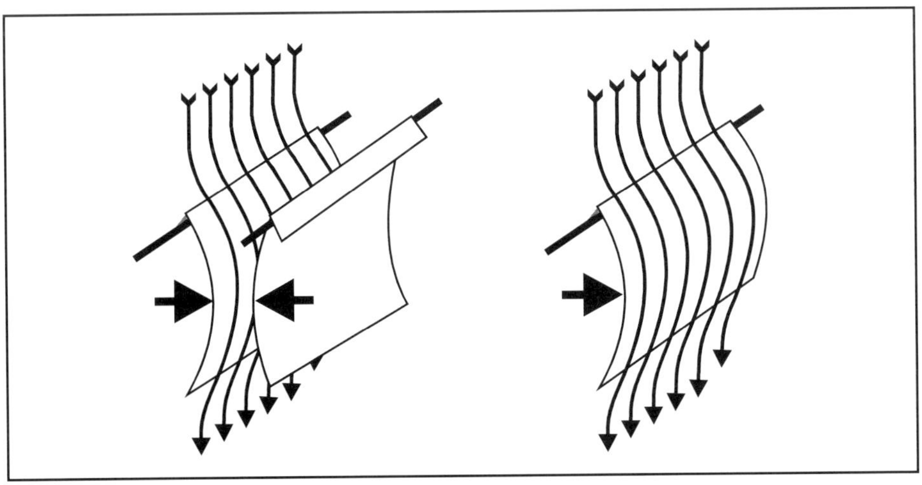

Abb. 8: Strömung an gewölbten Blättern.

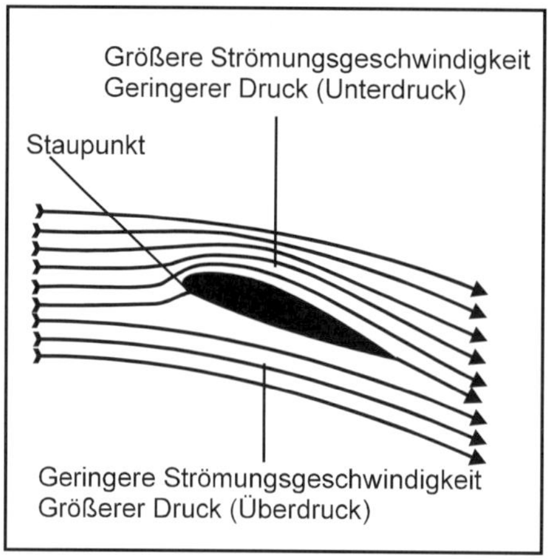

Abb. 9: Strömung an einem Tragflügelprofil.

vorderkante auftrifft und sich gleichmäßig aufteilt, wird Staupunkt genannt. Der Weg zwischen Staupunkt und Profilhinterkante ist aufgrund der Wölbung und Anstellung gegen die Strömung auf der Profiloberseite länger als auf der Profilunterseite.

Auch für die Strömung an einem Profil gilt, ähnlich wie bei dem oben dargestellten Beispiel einer Strömung in einer Röhre, das Prinzip der Kontinuität: Die Strömungsteilchen, die sich an der Vorderkante des Profils trennen, treffen zu einem gemeinsamen Zeitpunkt an der Hinterkante wieder zusammen. Dazu muß die Strömung auf der Profiloberseite schneller (längerer Weg) und auf der Profilunterseite langsamer (kürzerer Weg) fließen. Die erhöhte Strömungsgeschwindigkeit erzeugt auf der Profiloberseite einen geringeren Druck (Unterdruck bzw. Sog), die geringere Strömungsgeschwindigkeit auf der Profilunterseite einen höheren Druck (Überdruck). Unterdruck und Überdruck addieren sich zu einer Gesamtkraft und bilden den nach oben gerichteten Auftrieb.

Abb. 10 veranschaulicht die Druckverteilung entlang eines Profils. Richtung und Größe der einzeln gemessenen Drücke sind hier durch Pfeile, sogenannte Vektoren, dargestellt. Aufgrund der Profilwölbung und der Anstellung gegen die Strömung sind Unter- und Überdruck im vorderen Profilbereich am größten. Zur Profilhinterkante hin nehmen sie ab. Es ist deutlich erkennbar, daß die Profiloberseite weitaus mehr zur Auftriebsbildung beiträgt als die Profilunterseite. Für die meisten Tragflügelprofile ergibt sich eine Druckverteilung von annähernd 2/3 Unterdruck und 1/3 Überdruck.

Profilwölbung und Anstellwinkel haben entscheidenden Einfluß auf die Größe der Strömungsgeschwindigkeit an Profilober- und -unterseite und damit auf die Größe von Unterdruck und Überdruck. Je stärker das Profil nach oben gewölbt ist, desto stärker wird die Strömung umgelenkt und desto größer ist die Differenz der Strömungsgeschwindigkeiten. Stark nach oben gewölbte Profile erzeugen daher einen größeren Auftrieb (und auch einen größeren Widerstand) als schwach gewölbte Profile.

Unter dem Anstellwinkel (engl. Angle of Attack) eines Profils versteht man den Winkel zwischen der Profilsehne und der Richtung der Anströmung. Die Profilsehne ist die Verbindung zwischen der Profilnase (Vorderkante) und der Profilhinterkante.

Die Richtung, aus der das Profil bzw. der Tragflügel angeströmt wird, ergibt sich aus der Flugbahn (Flugweg) des Flugzeuges. Der Anstellwinkel läßt sich daher auch als Winkel zwischen der Profilsehne und der Flugbahn definieren. Abb. 11 verdeutlicht diesen Zusammenhang für verschiedene Flugzustände.

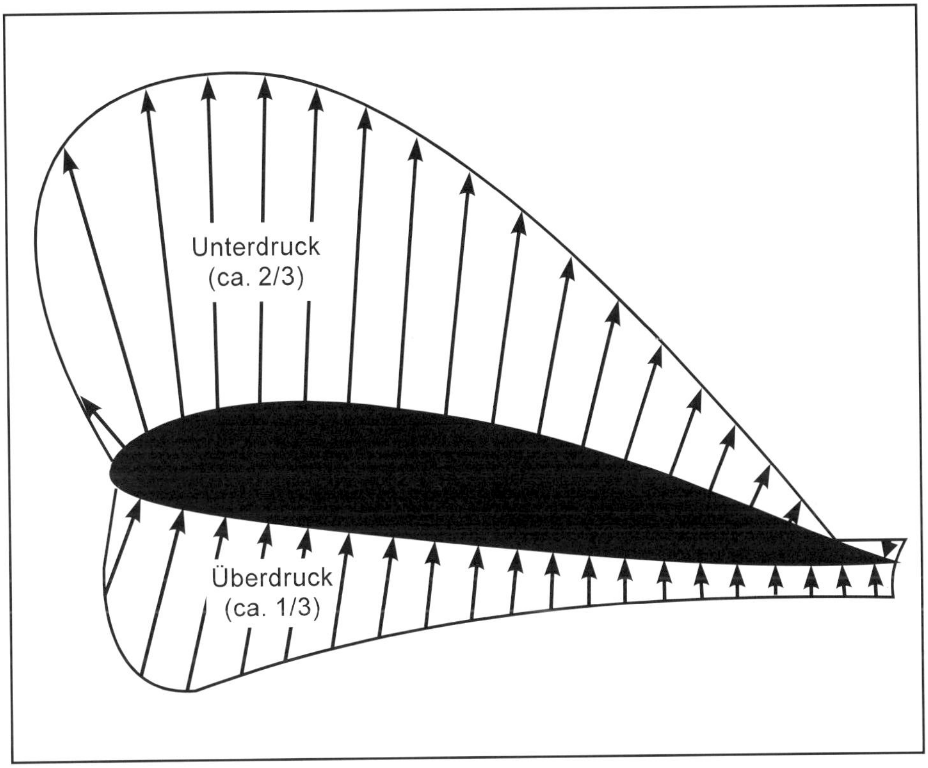

Abb. 10: Druckverteilung an einem Tragflügelprofil.

Der Anstellwinkel ist kein fester Wert. Er kann vom Piloten mit Hilfe der Steuerung verändert werden. Drücken am Steuerhorn (Höhenruderausschlag nach unten) führt zu einer Verkleinerung des Anstellwinkels, Ziehen am Steuerhorn (Höhenruderausschlag nach oben) zu einer Vergrößerung. Durch Anstellwinkelvergrößerung wird die Strömung am Tragflügel noch mehr umgelenkt und der Auftrieb weiter gesteigert. Bei zu großem Anstellwinkel reißt die Strömung an der Tragfläche allerdings ab und der Auftrieb bricht zusammen.

Viele Profile sind so geformt, daß sie auch ohne Anstellung gegen die Strömung (Anstellwinkel 0°) bereits Auftrieb erzeugen. Ein symmetrisches Profil (Profilober- und -unterseite gleich geformt) oder ein Brett dagegen bilden erst bei einem Anstellwinkel größer als 0° Auftrieb.

Gleichzeitig mit dem Auftrieb bildet sich am Tragflügel (wie am Flugzeug insgesamt) ein von der Luftströmung erzeugter (Luft-) Widerstand. Dieser wirkt entgegen der Flugrichtung und bremst die Vorwärtsbewegung des Flugzeuges. Auftrieb und Widerstand lassen sich jeweils als eine Kraft darstellen, die in einem Punkt des Profils bzw. entlang einer Linie der Tragfläche angreift. Man bezeichnet den Kraftangriffspunkt am Profil als Druckpunkt. Er

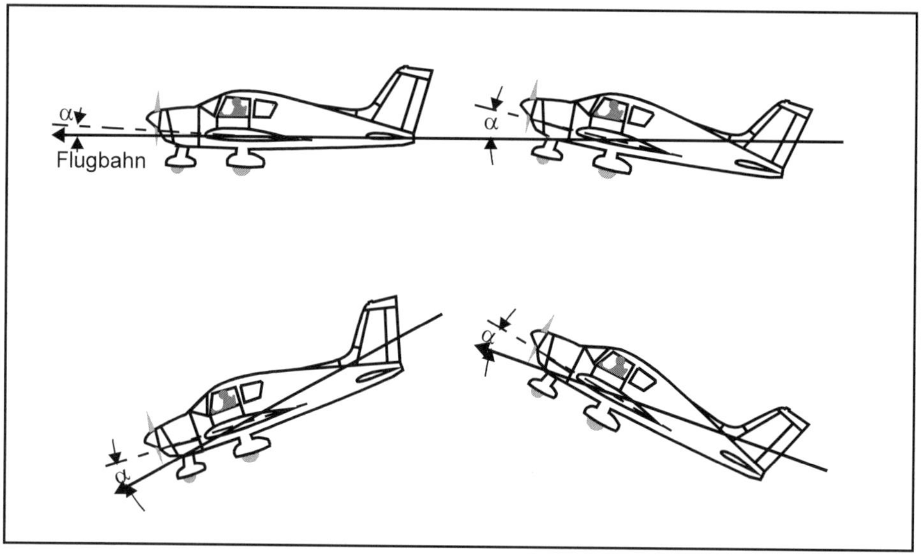

***Abb. 11:** Der Anstellwinkel α ist der Winkel zwischen der Profilsehne und der Anströmrichtung bzw. der Flugbahn.*

liegt bei normaler Fluglage (kleiner Anstellwinkel) ungefähr am Ende des ersten Drittels der Profiltiefe und damit hinter dem Flugzeugschwerpunkt.

Während der Auftrieb senkrecht zur Flugbahn (senkrecht zur anströmenden Luft) gerichtet ist, wirkt der Widerstand immer entgegen der Flugbahn. Auftriebskraft und Widerstandskraft stehen also im rechten Winkel zueinander. Die Summe beider Kräfte ergibt eine schräg nach oben gerichtete resultierende Gesamtkraft, die man Luftkraftresultierende nennt (Abb. 12).

Größe des Auftriebs

Wie die bisherige Darstellung zeigt, hängt der Auftrieb von der Profilform, dem Anstellwinkel und der Differenz der Strömungsgeschwindigkeiten zwischen Profilober- und -unterseite ab. Mit höherer Strömungsgeschwindigkeit bzw. mit höherer Strömungsgeschwindigkeitsdifferenz nimmt der Auftrieb zu. Je schneller ein Flugzeug fliegt, desto mehr Auftrieb wird erzeugt. Dabei kommt es nicht, wie bereits erwähnt, auf die Geschwindigkeit des Flugzeuges gegenüber dem Erdboden, sondern gegenüber der umgebenden Luft (wahre Geschwindigkeit) an. Flugzeuge starten und landen deshalb grundsätzlich gegen den Wind.

Der Auftrieb wächst mit dem Quadrat der Geschwindigkeit. Eine Verdopplung der Geschwindigkeit hat daher einen vierfach höheren Auftrieb zur Folge. Auch der Widerstand nimmt im gleichen Maße zu.

Einen nicht unwesentlichen Einfluß auf den Auftrieb hat die Luftdichte (Luftmasse pro Volumen). Dichtere Luft „trägt“ mehr als weniger dichte. Da mit der Höhe die Luftdichte abnimmt, verringert sich mit zuneh-

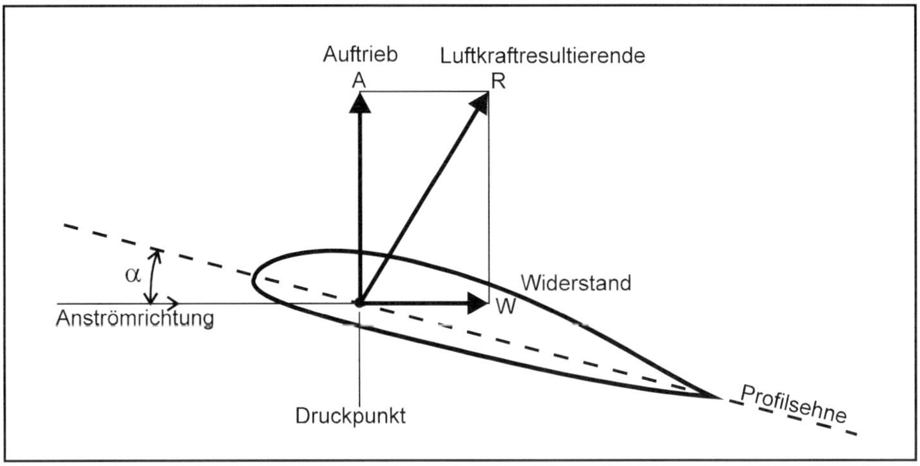

Abb. 12: Kräfte an einem umströmten Tragflügelprofil.

mender Flughöhe auch der Auftrieb, unmittelbar erkennbar an der mit der Höhe abnehmenden Steigrate.

Entscheidend für den Auftriebsgewinn ist letztlich die Größe der auftriebserzeugenden Fläche, also der Grundrißfläche des Tragflügels. Je größer die Fläche, um so mehr Auftrieb kann erzeugt werden.

Natürlich ist ein Tragflügel so bemessen, daß er das Flugzeug in der Luft hält. Die am Flügel erzeugte Auftriebskraft muß im Horizontalflug gleich der am Flugzeug wirkenden Gewichtskraft sein. Schwere Flugzeuge erfordern daher größere Tragflächen als leichte Flugzeuge. Ein Vergleich zwischen einer einmotorigen Cessna 172 und einer vierstrahligen Boeing 747 (Jumbo) macht dies deutlich: Eine Cessna 172 (maximale Abflugmasse 1.160 kg) besitzt eine Flügelfläche von 16 m^2, eine Boeing 747 (maximale Abflugmasse rund 350.000 kg) verfügt dagegen über eine Flügelfläche von 511 m^2. Setzt man die Abflugmasse in Relation zur Flügelfläche, so erkennt man sehr leicht, daß eine Boeing 747 weitaus mehr Auftrieb pro Quadratmeter Flügelfläche produzieren muß als eine Cessna 172. Die Belastung der Tragfläche, die sogenannte Flächenbelastung, ist also bei einer Boeing 747 sehr viel größer.

Da die Tragfläche eines Flugzeuges nicht beliebig vergrößert werden kann, läßt sich bei begrenzter Tragflügelgröße eine größere Auftriebskraft nur durch höhere Fluggeschwindigkeit erreichen. Flugzeuge mit hoher Flächenbelastung haben daher im allgemeinen auch eine hohe Mindestfluggeschwindigkeit und folglich auch eine höhere Start- und Landegeschwindigkeit.

Die hier genannten, die Größe des Auftriebs bestimmenden Faktoren können exakt berechnet und in einer Formel (Auftriebsformel) zusammengefaßt werden:

$$A = c_A \times 1/2\ \rho \times v^2 \times S$$

Auftrieb =
Auftriebsbeiwert x 1/2 Luftdichte
x Geschwindigkeit zum Quadrat
x Tragflügelfläche

Der in der Formel angegebene dimensionslose Auftriebsbeiwert c_A ist ein Maß für die aerodynamische Güte eines Tragflügels. Seine Größe hängt vor allem von der Profil- bzw. Tragflügelform und dem Anstellwinkel ab. Mit größer werdendem Anstellwinkel wächst der Auftriebsbeiwert an. Der maximal erreichbare Auftriebsbeiwert liegt meist über dem Wert 1. Stark gewölbte Tragflügelprofile erzeugen einen größeren Auftrieb, haben also einen größeren Auftriebsbeiwert als schwach gewölbte Profile.

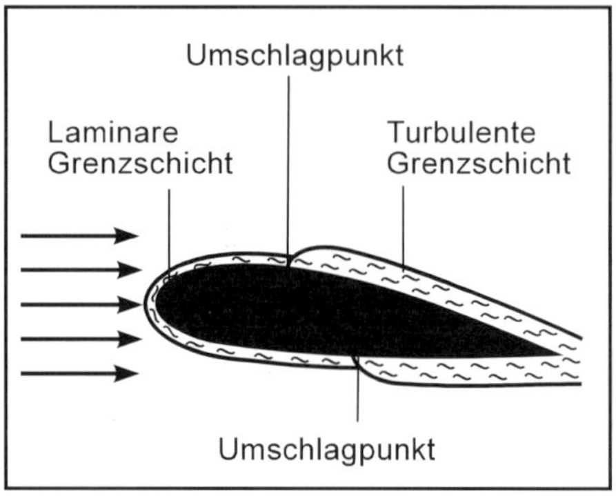

Abb. 13: Grenzschicht an einem Tragflügelprofil (Grenzschicht übergroß dargestellt).

Grenzschicht

Bei der Umströmung eines Flugzeuges bleiben wie bei jedem umströmten Körper die unmittelbar an der Außenhaut fließenden Strömungsteilchen an der Oberfläche haften und bremsen dadurch auch die benachbarten Strömungsteilchen. In der unmittelbaren Umgebung der Oberfläche entsteht so eine dünne Schicht, in der die Strömung von ihrer normalen Strömungsgeschwindigkeit auf Null abgebremst wird. Man nennt diese nur wenige Millimeter dicke Schicht Grenzschicht (engl. Boundary Layer). Sie hat wesentlichen Einfluß auf die Flugeigenschaften eines Flugzeuges (Überziehverhalten) und ist Ursache für die Bildung des Reibungswiderstandes.

Die Strömung in der Grenzschicht entlang eines Tragflügelprofils verläuft vom Staupunkt aus anfangs laminar (laminare Grenzschicht) und schlägt dann in eine turbulente Strömung um. Den Übergang von der laminaren in die turbulente Grenzschicht bezeichnet man als Umschlagpunkt. Der Ort des Umschlags ist abhängig von der Oberflächenrauhigkeit und der Veränderung des Drucks und der Strömungsgeschwindigkeit entlang des Profils. Da die Profilwölbung und damit auch die Strömungsgeschwindigkeit auf der Tragflügelunterseite geringer ist als auf der Oberseite, liegt der Umschlagpunkt auf der Unterseite weiter hinten.

Mit größer werdendem Anstellwinkel wandert der Umschlagpunkt weiter nach vorn zur Profil- bzw. Tragflügelvorderkante. Bei sehr großem Anstellwinkel beginnt sich schließlich die Grenzschicht im hinteren Bereich der Profiloberseite abzulösen (Ablösepunkt).

Die Größe des Reibungswiderstandes hängt wesentlich davon ab, ob die Strömung in der Grenzschicht laminar oder turbulent verläuft. Eine laminare Grenzschicht erzeugt einen relativ kleinen Widerstand. Mit dem Umschlag in die turbulente Strömung nimmt die Grenzschichtdicke um ein Vielfaches zu und der Reibungswiderstand steigt an. Andererseits ist die turbulente Grenzschicht energiereicher als die laminare und der Ablösepunkt verschiebt sich daher bei turbulenter Grenzschicht weiter nach hinten.

Auftrieb und Anstellwinkel

Auftrieb und Anstellwinkel stehen in direkter Beziehung zueinander. Mit wachsen-

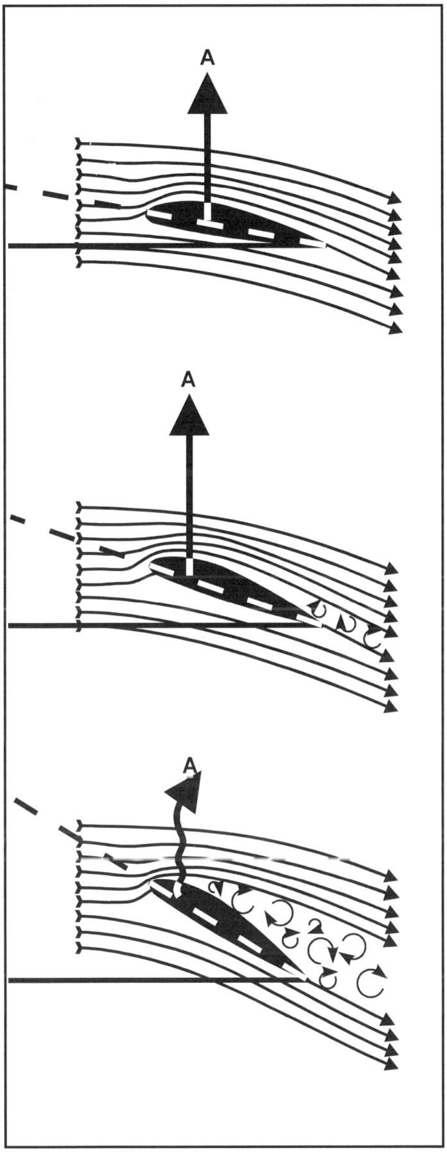

Abb. 14: Wird der Anstellwinkel über den kritischen Anstellwinkel hinaus vergrößert, dann reißt die Strömung an der Profiloberseite ab und der Auftrieb bricht zusammen.

dem Anstellwinkel vergrößert sich aufgrund der verstärkten Strömungsumlenkung am Tragflügel der Auftriebsbeiwert und folglich der Auftrieb insgesamt. Trägt man für verschiedene Anstellwinkel den jeweils gemessenen Auftriebsbeiwert über den Anstellwinkel auf, so erhält man die in Abb. 15 dargestellte Auftriebskurve. Wie zu erkennen, erzeugt der hier verwendete Tragflügel bereits bei einem Anstellwinkel von 0° Auftrieb.

Mit größer werdendem Anstellwinkel nimmt der Auftriebsbeiwert zunächst linear zu, sichtbar an der geradlinig ansteigenden Auftriebskurve. Die Strömung liegt in diesem Bereich voll am Tragflügel an. Bei weiterer Anstellwinkelvergrößerung wird es für die Strömung immer schwieriger, der Profilkontur zu folgen. Der Umschlagpunkt von laminarer zu turbulenter Grenzschicht wandert weiter zur Profilvorderkante hin und im hinteren Bereich der Profiloberseite beginnt sich die Grenzschicht und damit die Strömung insgesamt allmählich abzulösen. Es kommt zu ersten Wirbelbildungen. Der Auftrieb nimmt nun kaum noch zu. Die Auftriebskurve krümmt sich und erreicht im Scheitelpunkt den maximal möglichen Auftriebsbeiwert.

Wird der Anstellwinkel noch weiter vergrößert, so reicht die Energie in der Strömung für eine vollständige Umströmung nicht mehr aus. Die Strömung verwirbelt immer mehr und die Ablösung setzt sich in Richtung zur Tragflügelvorderkante fort. Schließlich reißt die Strömung auf der Tragflügeloberseite gänzlich ab. Das Unterdruckgebiet und damit der Auftrieb fällt in sich zusammen, und es wirkt nur noch der nach hinten gerichtete Widerstand.

Das Ende der Auftriebskurve bedeutet den völligen Strömungsabriß und den Zusammenbruch der Auftriebserzeugung.

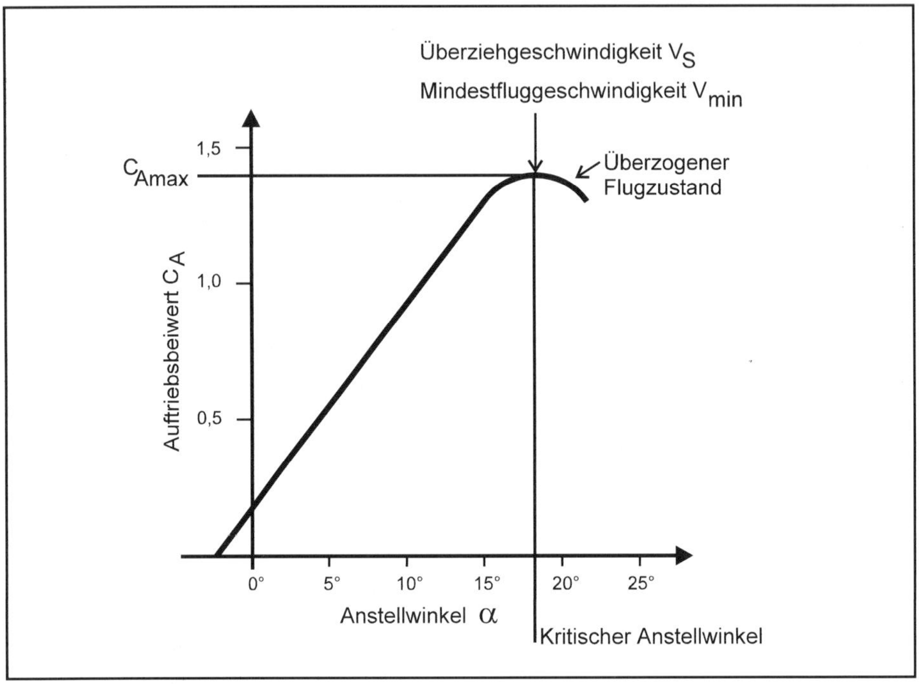

Abb. 15: Abhängigkeit zwischen Anstellwinkel und Auftriebsbeiwert (beliebig gewähltes Beispiel).

Man nennt diesen Zustand den überzogenen Flugzustand (engl. Stall), da er im allgemeinen durch starkes Ziehen am Steuerhorn herbeigeführt wird. Der höchste Punkt der Auftriebskurve markiert den maximal erreichbaren Auftrieb (Höchstauftrieb). Der entsprechende Auftriebsbeiwert wird mit c_{Amax} angegeben, der dazugehörige Anstellwinkel wird als kritischer Anstellwinkel bezeichnet. Er liegt bei vielen einmotorigen Flugzeugen im Bereich von etwa 18° bis 20°.

Gleichzeitig mit Vergrößerung des Anstellwinkels nimmt der Widerstand zu und als Folge davon die Fluggeschwindigkeit ab. Je größer der Anstellwinkel, um so geringer wird die Geschwindigkeit. Beim kritischen Anstellwinkel erreicht das Flugzeug die geringste Fluggeschwindigkeit, bei der es gerade noch flugfähig und steuerbar ist. Man bezeichnet diese Geschwindigkeit als Mindestgeschwindigkeit V_{min} und gleichzeitig auch als Überziehgeschwindigkeit V_S (engl. Stalling Speed). Unterhalb von V_S beginnt der überzogene Flugzustand, der Auftrieb bricht zusammen, das Flugzeug verliert Höhe und gerät im schlimmsten Fall ins Trudeln. Diese gefährliche Situation muß vermieden werden. Durch Verkleinerung des Anstellwinkels und damit gleichzeitiger Erhöhung der Geschwindigkeit läßt sich der überzogene Flugzustand beenden: Die Strömung liegt wieder an, und der Tragflügel erzeugt erneut Auftrieb. Die Vergrößerung des Anstellwinkels hat bei vielen Tragflügelprofilen noch einen weiteren Effekt. Die Druckverteilung ändert sich und der Druckpunkt wandert in Richtung zur Profilvorderkante, um sich nach Überschreiten des kritischen Anstellwinkels wieder etwas nach hinten zu verschieben. Es kommt zu einer Änderung der Kräfteverteilung am Flugzeug, die Auswirkungen auf die Flugstabilität haben kann. Sie muß bei der konstruktiven Festlegung des Höhenleitwerks berücksichtigt werden.

Die Ablösung der Strömung von der Tragflügeloberseite wird wesentlich durch das Ablöseverhalten der Grenzschicht beeinflußt. Durch Zufuhr zusätzlicher Strömungsenergie in die Grenzschicht auf der Profiloberseite liegt die Strömung länger an. Das Überziehverhalten und der Auftrieb werden dadurch günstig beeinflußt. Dies wird bei Klappen ausgenutzt: Durch eine Spalte zwischen Tragflügel und Klappe fließt Luft von der Tragflügelunterseite zur Oberseite und verstärkt so die energiearme Strömung auf der Tragflügeloberseite. Das Ergebnis ist ein erhöhter Auftriebsbeiwert und eine geringere Überzieh- bzw. Mindestgeschwindigkeit.

Die Bedeutung der Grenzschicht für die Strömung macht deutlich, warum die Oberfläche der Tragflügel immer glatt und sauber sein sollte. Starker Schmutz, Eisansatz oder Beulen an der Tragfläche (insbesondere an Vorderkante und Oberseite) verändern die Strömung u.U. so ungünstig, daß sich die Überziehgeschwindigkeit merklich erhöht, der Widerstand zunimmt und die Flugleistungen verschlechtern.

Zusammenfassung

Prinzip nach Bernoulli
- Hohe Strömungsgeschwindigkeit - geringer Druck
- Geringe Strömungsgeschwindigkeit - hoher Druck

Auftrieb
- Entsteht durch Unterdruck (Sog) an der Tragflügeloberseite und Überdruck an der Tragflügelunterseite
- Hängt ab von Profilform, Anstellwinkel, Tragflügelgröße, Strömungsgeschwindigkeit, Luftdichte

Auftriebsbeiwert c_A
- Dimensionsloser Wert
- Maß für die aerodynamische Güte eines Tragflügels in bezug auf den Auftrieb
- Abhängig von Profil- und Tragflügelform und Anstellwinkel

Anstellwinkel
- Winkel zwischen Profilsehne und Anströmrichtung (Flugbahn)

Kritischer Anstellwinkel
- Anstellwinkel, bei dem der größte Auftriebsbeiwert (Höchstauftrieb) erreicht wird
- Beginn des überzogenen Flugzustandes

Staupunkt
- Punkt an der Vorderkante der Tragfläche/Profil, an dem die Strömung auf Geschwindigkeit Null abgebremst wird

Grenzschicht
- Schicht auf einem angeströmten Körper, in der die Strömungsgeschwindigkeit von ihrem Normalwert auf Null abgebremst wird

Umschlagpunkt
- Punkt, an dem die laminare Grenzschicht in die turbulente umschlägt

Ablösepunkt
- Punkt, an dem sich die Grenzschicht bzw. die gesamte Strömung vom Profil ablöst

Überzogener Flugzustand
- Flugzustand, bei dem sich die Strömung auf der Profiloberseite ablöst
- Ausgelöst durch Anstellwinkelvergrößerung über den kritischen Anstellwinkel hinaus

Überziehgeschwindigkeit V_S
- Geringste Geschwindigkeit, bei der das Flugzeug noch flugfähig und steuerbar ist
- Entspricht der Mindestgeschwindigkeit V_{min}

Widerstand

Die Luftströmumg am Tragflügel und am Flugzeug insgesamt erzeugt nicht nur den für das Fliegen erforderlichen Auftrieb, sondern verursacht darüber hinaus einen erheblichen Luftwiderstand. Der Widerstand (engl. Drag) ist eine gegen die Flugrichtung gerichtete Kraft, der durch entsprechende Geschwindigkeit bzw. Triebwerksleistung entgegengewirkt werden muß. Erhöhter Widerstand bedeutet daher immer einen Verlust an Geschwindigkeit und eine Erhöhung des Kraftstoffverbrauchs.

Jeder Flugzeugkonstrukteur ist bemüht, ein Flugzeug so zu gestalten, daß möglichst viel Auftrieb bei geringstem Widerstand erzeugt wird. Dies gilt besonders für Segelflugzeuge, da hier der Widerstand nicht durch entsprechende Triebwerksleistung ausgeglichen werden kann.

Die Größe des Widerstandes hängt im wesentlichen von der Größe, Form und Oberflächenbeschaffenheit der einzelnen umströmten Flugzeugbauteile sowie von der Strömungsgeschwindigkeit (Fluggeschwindigkeit) und der Luftdichte ab. Aufgrund verschiedener Ursachen unterscheidet man bei Flugzeugen zwischen vier Widerstandsarten:

- Formwiderstand
- Reibungswiderstand
- Induzierter Widerstand und
- Interferenzwiderstand.

Formwiderstand

Jeder von Luft umströmte Körper stellt für die strömende Luft ein Hindernis dar. Die Luftteilchen werden vom Körper abgebremst bzw. müssen dem Körper ausweichen und erzeugen dahinter mehr oder weniger starke Verwirbelungen. Diese bewirken einen Energieverlust und sind im wesentlichen die Ursache für den Widerstand.

Die Größe des Widerstandes bestimmt sich, abgesehen von der Anströmgeschwindigkeit, hauptsächlich durch die Größe der angeströmten Fläche und die Körperform. Deshalb wird dieser Widerstand Formwiderstand (auch Druckwiderstand) genannt. Je größer die Fläche, desto größer der Widerstand, je strömungsgünstiger die Form des Körpers, desto geringer ist der Widerstand.

Aus Abb. 16 ist gut zu erkennen, daß Körper mit gleicher Stirnfläche aufgrund verschiedener Formen unterschiedlich große Widerstände erzeugen. Je mehr der Körper vorn abgerundet ist und sich nach hinten allmählich verjüngt, um so länger liegt die Strömung am Körper an und um so geringer ist die Wirbelbildung und der dadurch verursachte Widerstand. Die für die Auftriebserzeugung verwendeten Profile entsprechen weitgehend dieser strömungsgünstigen Form und erzeugen daher relativ wenig Formwiderstand. Allerdings gilt dies nur für einen kleinen Anstellwinkelbereich. Mit größer werdendem Anstellwinkel nimmt die der Luftströmung ausgesetzte Stirnfläche des Profils bzw. der Tragfläche zu und der Formwiderstand wächst stark an.

Die Darstellung in Abb. 16 zeigt, daß der Formwiderstand eines Körpers bei gleicher Bezugsfläche bis zu 95% verringert werden kann, wenn seine Form entsprechend verändert wird. Es ist daher gar keine Frage, daß versucht wird, möglichst alle der Luftströmung ausgesetzten Bauteile eines Flugzeuges strömungsgünstig zu gestalten. Dies betrifft nicht nur den

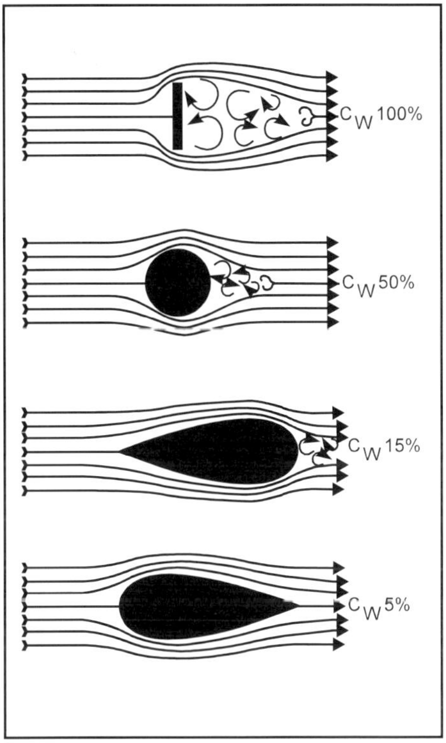

Abb. 16: Vergleich der Widerstände verschiedener Körper mit gleicher Stirnfläche. Je besser sich die Form des Körpers der Strömung anpaßt, desto geringer ist der Widerstand.

Tragflügel und das Leitwerk, sondern auch den Rumpf (einschließlich Motorverkleidung), Verstrebungen, die Fahrwerksverkleidung, ja selbst Antennen. Auch der Einbau eines Einziehfahrwerks ist ein Beitrag zur Verminderung des Formwiderstandes.

Als Bezugsfläche für die Bestimmung des Formwiderstandes wird die Stirnfläche, bei Tragflügeln meist die Grundfläche („tragende Fläche“) zugrunde gelegt. Der Formwiderstand ist direkt proportional der Flächengröße, d.h., der Widerstand nimmt in gleichem Maße wie die Bezugsfläche zu (bei gleichgestalteten Körpern). Darüber hinaus wächst der Formwiderstand mit dem Quadrat der Geschwindigkeit. Wird die Anströmgeschwindigkeit verdoppelt, nimmt der Widerstand um das vierfache, wird die Anströmgeschwindigkeit verdreifacht, um das neunfache zu.

Abb. 17: Radverkleidung zur Verringerung des Formwiderstandes.

Reibungswiderstand

Reibungswiderstand entsteht, wie bereits im Abschnitt über die Grenzschicht erklärt, durch Abbremsen der vorbeiströmenden Luft an der Flugzeugoberfläche. Je rauher die Oberfläche, desto höher ist der Reibungswiderstand. Durch Farb- bzw. Lacküberzug des Flugzeuges erzielt man im allgemeinen eine sehr glatte Oberfläche und damit einen relativ geringen Reibungswiderstand.

Besondere Bedeutung kommt in diesem Zusammenhang der Oberflächengüte der Tragflügel und der Wahl der Profilform zu. Da eine laminare Grenzschicht einen kleineren Reibungswiderstand als eine turbulente hat, versucht man, vor allem bei Segelflugzeugen, durch entsprechende Formgebung des Tragflügelprofils den Umschlag in die turbulente Grenzschicht möglichst weit nach hinten zu verschieben (sogenanntes Laminarprofil).

Induzierter Widerstand

Der aufgrund der Tragflächenumströmung auf der Oberseite herrschende Unterdruck und auf der Flügelunterseite wirkende Überdruck versuchen sich an den Tragflügelenden auszugleichen. Dadurch entsteht eine zirkulare Umströmung der Tragflügelenden vom höheren zum tieferen Druck, also von unten nach oben, mit einem zum Rumpf hin gerichteten Drehsinn (Abb. 18). Durch die Vorwärtsbewegung des Flugzeuges lösen sich die so entstandenen Randwirbel von den Tragflügelenden ab, und es bilden sich zwei schlauchförmige Luftwirbelzöpfe, sogenannte Wirbelschleppen (engl. Wake Turbulences), die das Flugzeug hinter sich herzieht. Sie verursachen einen zusätzlichen Energieverlust, den man als induzierten Widerstand bezeichnet.

Die Wirbelstärke wird vor allem durch die Flugzeugmasse, die Fluggeschwindigkeit und die Gestaltung des Flügels bestimmt.

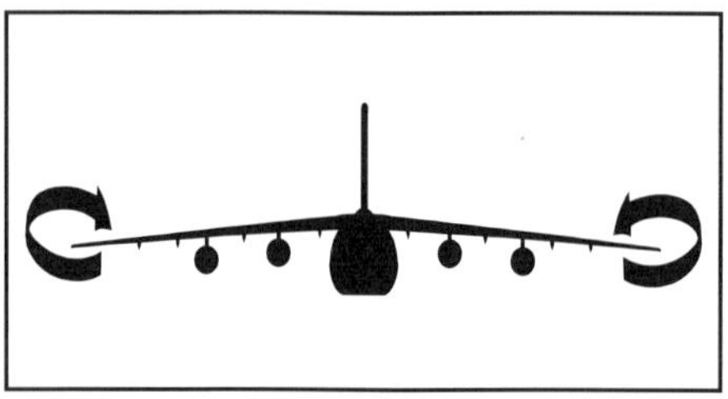

Abb. 18: Ursache des induzierten Widerstandes sind die an den Tragflügelenden durch Ausgleich der unterschiedlichen Drücke zwischen Unter- und Oberseite entstehenden Luftwirbel.

Abb. 19: Wirbelschleppen hinter einem großen, schweren Flugzeug.

Die stärksten Wirbel treten bei schweren Flugzeugen im Langsamflug (großer Anstellwinkel, ausgefahrene Landeklappen) auf.

Jedes Flugzeug erzeugt solche Wirbelschleppen. Bei kleinen Flugzeugen ist die in den Wirbeln enthaltene Energie allerdings so gering, daß sie keine Gefahr für andere Luftfahrzeuge darstellt. Anders bei Großraumflugzeugen wie z.B. Boeing 747 (Jumbo), Airbus A340 oder Mc Donnell-Douglas MD11. Der zu erzeugende Auftrieb ist um ein Vielfaches höher und folglich ist auch die in den Wirbeln enthaltene Energie sehr groß. Die Kraft der Wirbel ist bei großen Flugzeugen so gewaltig, daß sie eine ernsthafte Gefahr für nachfolgende, insbesondere kleinere Luftfahrzeuge darstellt (weitere Erläuterungen hierzu siehe Band 1 „Gefahrenhandbuch für Piloten" der Privatpiloten Bibliothek).

Um den induzierten Widerstand zu reduzieren, werden konstruktiv z.T aufwendige Maßnahmen getroffen. So tragen u.a. die Schränkung der Tragflügel (Erklärung hierzu folgt später) und eine entsprechende Formgebung der Tragflächenenden zu einer Verminderung des induzierten Widerstands bei. Auch die Schlankeit des Flügels (Flügelstreckung) hat Einfluß auf den induzierten Widerstand: Je größer die Spannweite im Verhältnis zur Flügeltiefe, desto geringer der induzierte Widerstand.

Dieser Effekt wird vor allem bei Segelflugzeugen ausgenutzt. Darüber hinaus versucht man bei einigen Flugzeugtypen durch an den Flügelenden angebrachte Umlenkkanten, Randkeulen (oft zusätzlich als Tanks genutzt) oder Endscheiben (sogenannte Winglets), die Intensität der Umströmung zu vermindern (Abb. 20).

Abb. 20: Segelflugzeug LS8 mit an den Tragflächen angebrachten Winglets zur Reduzierung des induzierten Widerstandes (Quelle: Prospekt Rolladen-Schneider).

Interferenzwiderstand

Jedes einzelne Flugzeugbauteil wie Rumpf, Tragflügel, Leitwerk, Fahrwerk, Propeller usw. erzeugt einen bestimmten Widerstand. Die Summe aller Einzelwiderstände entspricht nicht exakt dem am gesamten Flugzeug gemessenen Widerstand. Die sich aus der Summe der Einzelwiderstände und dem effektiven Gesamtwiderstand ergebende Differenz nennt man Interferenzwiderstand (Interferenz = Überlagerung).

Der Grund für diese Differenz liegt daran, daß sich die einzelnen Bauteile strömungstechnisch gegenseitig beeinflussen, sowohl positiv als auch negativ. Unter Umständen behindert das eine Bauteil die Umströmung eines anderen. Vor allem an den Übergängen zweier Bauteile wie z.B. Übergang vom Rumpf zur Tragfläche, Anschlußstellen von Streben oder Verbindung von Seiten- und Höhenleitwerk kann es zur Wirbelbildung und damit zu zusätzlichem Widerstand kommen. Durch entsprechende Abrundung bzw. Verkleidung werden Übergänge sanfter gestaltet und damit der Interferenzwiderstand meist verkleinert.

Gesamtwiderstand

Der Gesamtwiderstand läßt sich mit Hilfe einer Formel, ähnlich der Auftriebsformel, wie folgt darstellen:

$$W = c_W \times 1/2\ \rho \times v^2 \times S$$

Widerstand =
Widerstandsbeiwert x 1/2 Luftdichte
x Geschwindigkeit zum Quadrat x Fläche

Die Größe des Gesamtwiderstandes ist abhängig von der angeströmten Fläche, der Strömungsgeschwindigkeit, dem Anstellwinkel und der Luftdichte. Mit geringer werdender Luftdichte (zunehmender Höhe) nimmt also nicht nur der Auftrieb, sondern auch gleichzeitig der Widerstand ab.

Der in der Widerstandsformel enthaltene dimensionslose Widerstandsbeiwert c_W gibt Auskunft über die Güte des umströmten

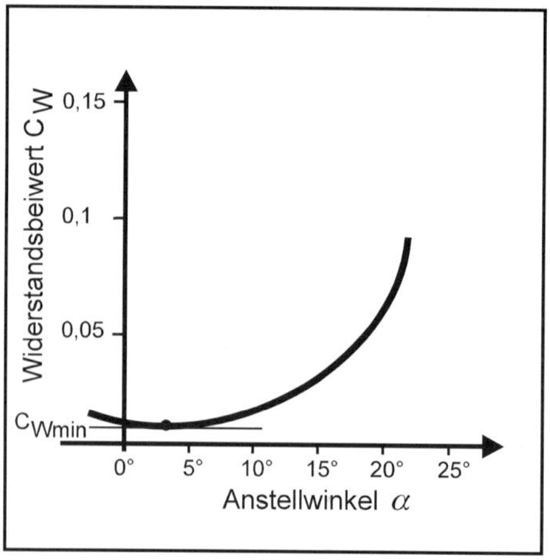

Abb. 21: Abhängigkeit zwischen Anstellwinkel und Widerstandsbeiwert (beliebig gewähltes Beispiel).

Körpers in bezug auf seinen Widerstand. Je strömungsgünstiger die Form eines Flugzeuges, je höher die Oberflächengüte und je geringer der induzierte und der Interferenz-Widerstand sind, desto kleiner wird der Widerstandsbeiwert und damit der Widerstand insgesamt sein.

Der Widerstandsbeiwert liegt bei allen Flugzeugen weit unter dem Wert 1. Allerdings ist er, wie der Auftriebsbeiwert c_A, keine feste Größe, sondern verändert sich in Abhängigkeit vom jeweiligen Anstellwinkel. Wie aus der in Abb. 21 dargestellten Widerstandskurve gut zu erkennen ist, bleibt der Widerstandsbeiwert über einen großen Anstellwinkelbereich relativ gering und steigt erst bei größeren Anstellwinkeln stark an. Der geringste Widerstandsbeiwert c_{Wmin} wird in dem hier gezeigten Beispiel bei einem Anstellwinkel zwischen 2° und 3° erreicht.

Zusammenfassung

Widerstand hängt ab von

- Form und Größe des Flugzeuges
- Oberflächenbeschaffenheit
- Fluggeschwindigkeit (Strömungsgeschwindigkeit)
- Luftdichte
- Anstellwinkel

Widerstandsbeiwert c_W

- Dimensionsloser Wert
- Maß für die aerodynamische Güte eines Profils, Tragflügels bzw. Flugzeuges in bezug auf den Widerstand
- Abhängig von Form, Oberflächengüte und Anstellwinkel

Formwiderstand

- Hervorgerufen durch Form und Größe des Flugzeuges bzw. der einzelnen Flugzeugteile

Reibungswiderstand

- Hervorgerufen durch Luftreibung an der Oberfläche des Flugzeuges

Induzierter Widerstand

- Hervorgerufen durch Druckausgleich an den Tragflügelenden
- Besonders groß bei schweren Flugzeugen im Langsamflug (großer Anstellwinkel, Landeklappen ausgefahren)

Interferenzwiderstand

- Hervorgerufen durch gegenseitige Beeinflussung der Strömungen an den einzelnen Flugzeugteilen

Profil und Tragflügel

Auftrieb und Widerstand eines Flugzeuges hängen wesentlich von dem gewählten Profil und der Form und Größe des Tragflügels ab. So erzeugt ein dickes und stark gewölbtes Profil einen großen Auftrieb, aber gleichzeitig auch einen großen Widerstand. Mit einem dünnen und gering gewölbten Profil wird man dagegen nur wenig Auftrieb bei gleichzeitig geringem Widerstand erzielen. Deshalb findet man bei langsamen Flugzeugen im allgemeinen ein relativ dickes, bei schnellen Flugzeugen ein relativ dünnes Profil. Darüber hinaus wird ein schweres Flugzeug im Vergleich zu einem leichten eine weitaus größere Tragfläche benötigen, um die erforderliche Auftriebskraft zu erzeugen.

Bei der Festlegung von Profil und Tragflügel kommt es allerdings nicht nur auf die Größe von Auftrieb und Widerstand, sondern u.a. auch auf das Flugverhalten (z.B. Überziehverhalten), die Stabilität und die Wendigkeit (z.B. für Kunstflug) an. Auch muß der Tragflügel so beschaffen sein, daß er ohne Probleme die Landeklappen und Querruder integriert, die Treibstofftanks und ggf. ein Einziehfahrwerk aufnehmen kann und Platz für die aus Holm und Profilrippen aufgebaute Konstruktion bietet. Insgesamt sind also das gewählte Profil und die Tragflügelform und -größe ein Kompromiß aus verschiedenen Anforderungen bezüglich Verwendungszweck und Fertigung des Flugzeuges.

Profil

Ein Profil wird durch verschiedene Größen wie Profilsehne, Tiefe, Dicke, Wölbung und Form von Nase und Hinterkante beschrieben (Abb. 22). Den vorderen Teil nennt man Profilnase, den hinteren Profilhinterkante. Die Profilsehne (engl. Cord Line) ist, wie bereits bekannt, die Verbindungslinie zwischen dem vordersten Punkt der Profilnase und der Hinterkante. Bei Profilen mit nach innen gewölbter (konkaver) Unterseite wird die Profilsehne als Tangente von Profilhinterkante zur Unterseite festgelegt.

Die größte Länge des Profils bezeichnet man als Profiltiefe, die größte Dicke als Profildicke. Die Abstände der Stellen der größten Dicke und Wölbung von der Profilnase nennt man Dickenrücklage bzw. Wölbungsrücklage.

Profile haben je nach Dicke, Wölbung und Dicken- und Wölbungsrücklage verschiedene aerodynamische Eigenschaften. Je größer die Wölbung, um so stärker ist meist die Verschiebung der Lage des Druckpunktes (Druckpunktwanderung) bei Ver-

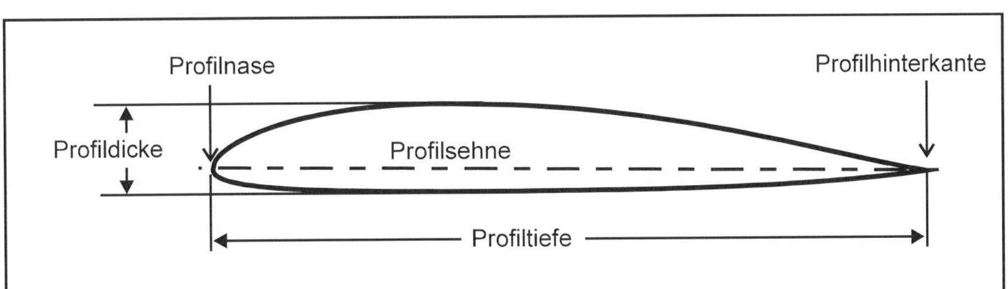

Abb. 22: Maße am Profil.

änderung des Anstellwinkels. Auch die Ausprägung der Profilnase (gerundet, spitz) hat Einfluß auf Auftrieb, Widerstand und Überziehverhalten.

Abb. 23 zeigt drei typische Profilformen für verschiedene Geschwindigkeitsbereiche und Verwendungszwecke. Das dargestellte Normalprofil hat auf der Oberseite eine stärkere Wölbung als auf der Unterseite, besitzt eine mittlere Dicke und erzielt damit einen relativ kleinen Auftriebs- und Widerstandsbeiwert. Es wird in dieser oder ähnlicher Form für viele ein- und zweimotorige Flugzeuge (mittlerer Geschwindigkeitsbereich) eingesetzt.

Das in der Mitte gezeigte Hochauftriebsprofil findet dort Verwendung, wo es auf großen Auftrieb und weniger auf große Fluggeschwindigkeit ankommt (z.B. bei vielen Segelflugzeugen). Profile für sehr große Geschwindigkeiten, wie das gezeigte Schnellflugprofil, sind dagegen dünn und haben kaum Wölbung. Auftriebs- und Widerstandsbeiwert sind sehr klein. Der erforderliche Auftrieb wird hier durch die große Fluggeschwindigkeit erzeugt.

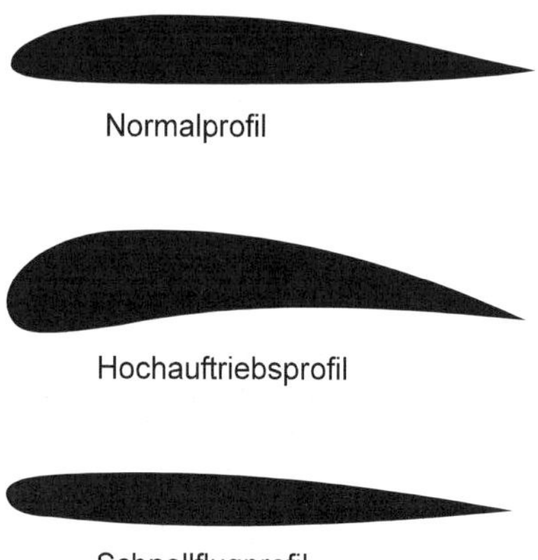

Abb. 23: Verschiedene Profilformen.

Sind Profilober- und unterseite gleichgeformt, so ist das Profil symmetrisch. Es besitzt die besondere Eigenschaft der Druckpunktfestigkeit, d.h., auch bei Veränderung des Anstellwinkels bleibt der Druckpunkt in der gleichen Position. Bei gewölbten Profilen läßt sich diese Eigenschaft dadurch erreichen, daß der hintere Teil des Profils nach oben gekrümmt wird (sogenannter S-Schlag).

Ist das Profil durch eine besonders große Dickenrücklage so geformt, daß der Umschlag von der laminaren in die turbulente Grenzschicht sehr weit hinten erfolgt, so bezeichnet man es als Laminarprofil. Der Widerstand ist gering, und das Flugzeug erreicht damit sehr gute Gleitflugeigenschaften. Deshalb wird es u.a. auch für Hochleistungs-Segelflugzeuge verwendet.

Allerdings muß die Oberfläche des Tragflügels in diesem Fall sehr formgetreu ausgeführt und glatt sein. Rauhigkeiten auf der Oberfläche, hervorstehende Bauteile oder Spalten können den Laminareffekt zunichte machen.

Tragflügel

Auch wenn alle Tragflügel auf den ersten Blick beinahe gleich aussehen, so weisen sie doch bei näherer Betrachtung z.T. sehr unterschiedliche Formen auf, wie es die Abbildungen 24 und 25 verdeutlichen. Viele der einmotorigen Flugzeuge besitzen einen rechteckigen bzw. annähernd rechteckigen Flügel. Trapezförmige oder gepfeilte Tragflügel werden meist bei schnelleren Flugzeugen verwendet.

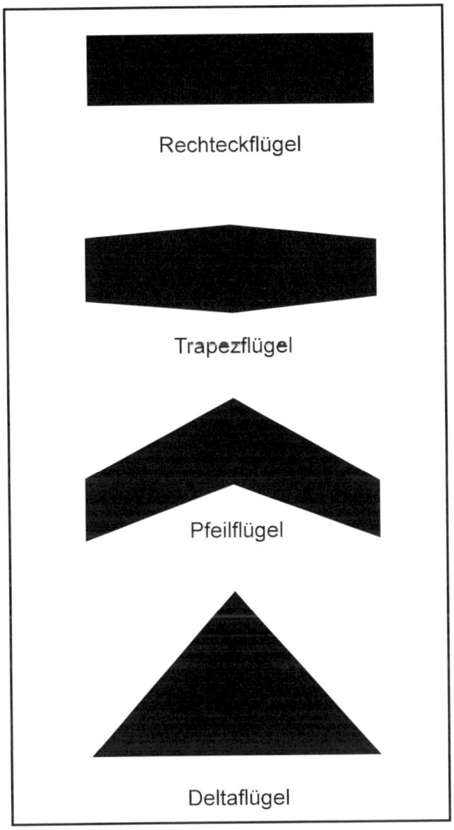

Abb. 24: Verschiedene Tragflügelformen.

Gepfeilte Tragflügel verbessern u.a. die Längsstabilität des Flugzeuges (siehe Kapitel 3), im Einzelfall werden sie auch zur Korrektur der Schwerpunktlage eingesetzt. Im allgemeinen sind die Tragflügel nach hinten gepfeilt (positive Pfeilung), seltener nach vorn (negative Pfeilung).

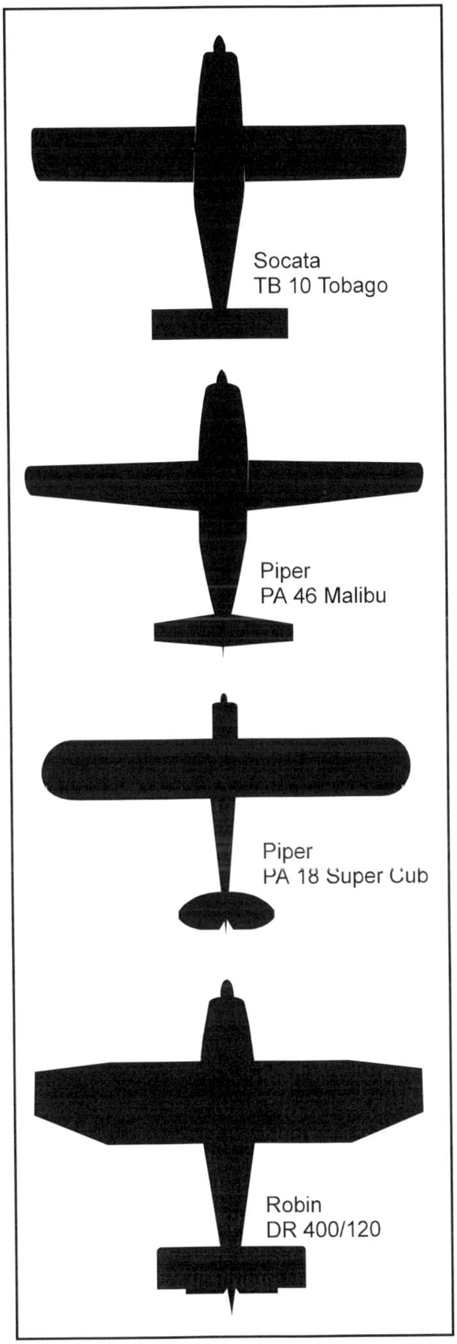

Abb. 25, rechts: Tragflügelformen am Beispiel verschiedener einmotoriger Flugzeuge.

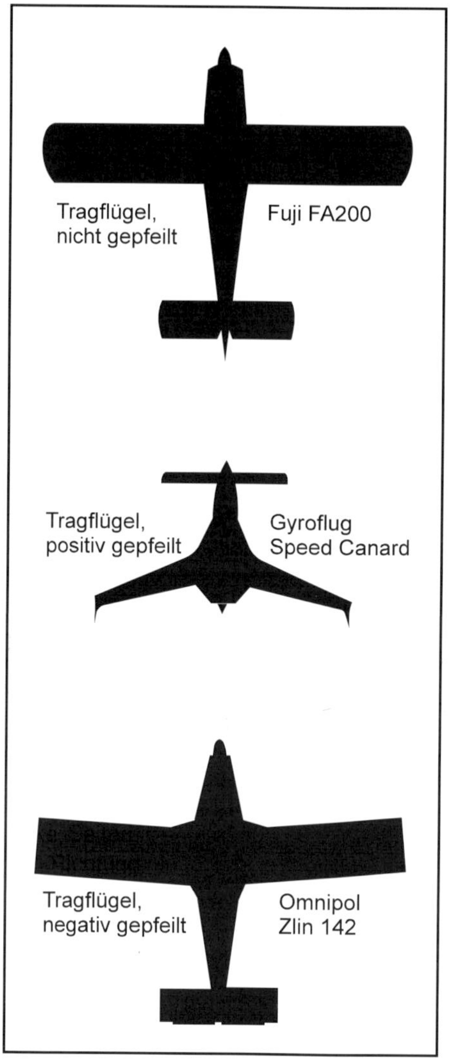

Abb. 26: Tragflügel-Pfeilung am Beispiel verschiedener einmotoriger Flugzeuge.

Sind die beiden Tragflügelhälften gegenüber dem Rumpf angewinkelt, so spricht man von V-Stellung. Die meist positive V-Stellung (nach oben angewinkelt) beträgt nur einige Grad und dient der Erhöhung der Stabilität um die Flugzeug-Längsachse.

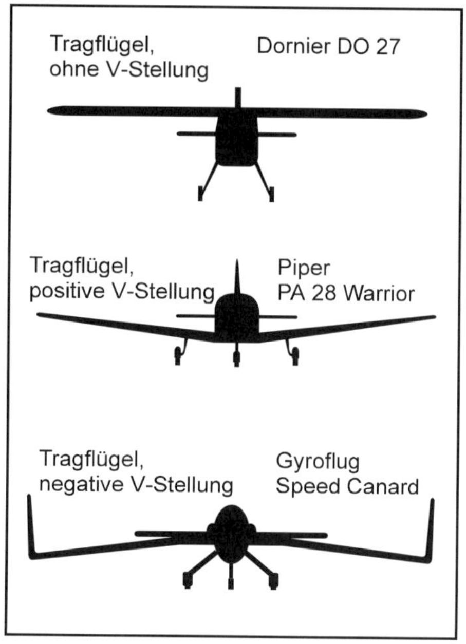

Abb. 27: Tragflügel-V-Stellung am Beispiel verschiedener einmotoriger Flugzeuge.

Die Länge einer Tragfläche, gemessen von Flügelspitze zu Flügelspitze, bezeichnet man als Spannweite (engl. Wing Span). Sie liegt bei den meisten einmotorigen Flugzeugen zwischen 9 m und 11 m und ist damit größer als die Länge des Flugzeugrumpfes. Aus Spannweite und Flügeltiefe läßt sich die Flügelfläche errechnen. Sie schließt allgemein das durch den Rumpf abgedeckte Flügelstück mit ein.

Ein Maß für die Schlankheit des Flügels ist seine Flügelstreckung. Sie ist das Verhältnis zwischen Spannweite und Flügeltiefe. Flugzeuge mit relativ geringer Reisefluggeschwindigkeit haben im allgemeinen eine relativ geringe Streckung. Hochleistungs-Segelflugzeuge besitzen dagegen meist eine sehr große Flügelstreckung (Abb. 28), um den induzierten Widerstand gering zu halten.

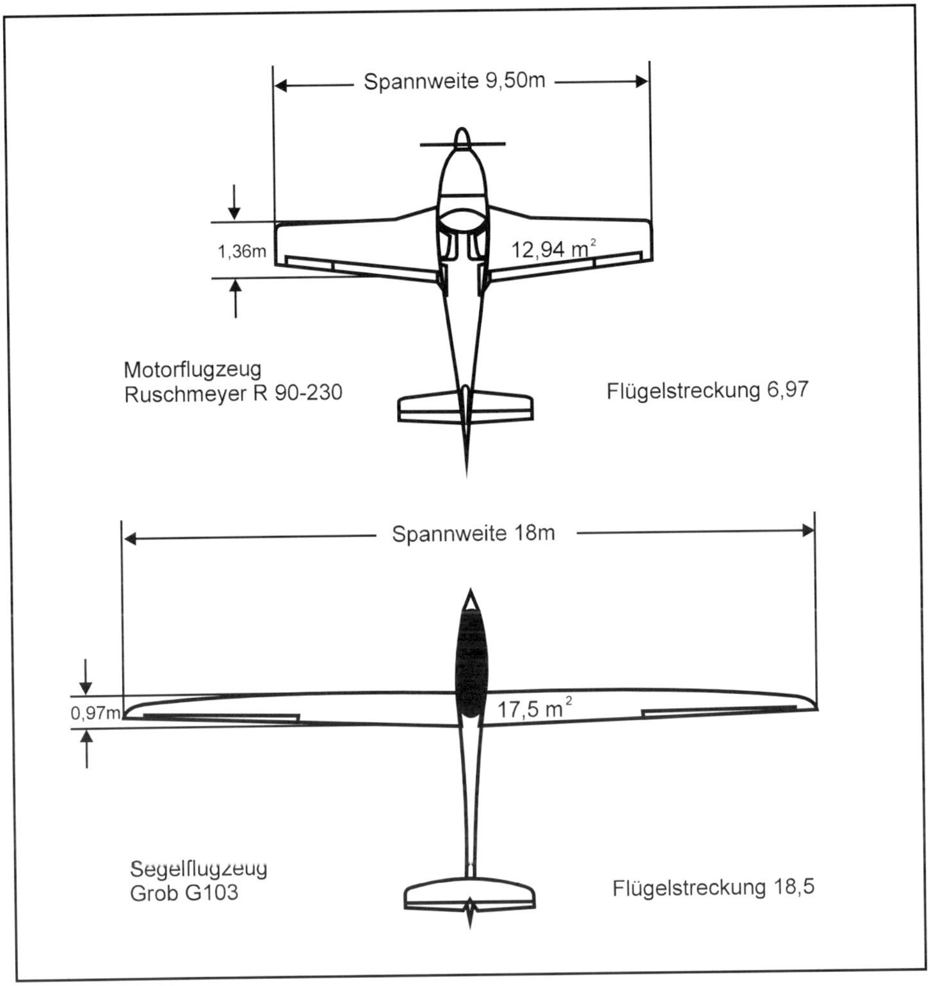

Abb. 28: Beispiele für die Flügelstreckung.

Den Winkel, unter dem ein Tragflügel am Flugzeugrumpf montiert ist, nennt man Einstellwinkel (engl. Angle of Incidence). Er ist festgelegt als Winkel zwischen Flugzeug-Längsachse und Profilsehne und wird oft mit dem Anstellwinkel verwechselt (s. Abb. 29). Der Einstellwinkel wird so gewählt, daß der Flugzeugrumpf im Reiseflug horizontal und damit strömungsgünstig liegt (z.B. Cessna 172 Einstellwinkel +1,5°).

Meist ist der Tragflügel so geformt, daß sich der Einstellwinkel von der Flügelwurzel zur Flügelspitze hin verändert. Man bezeichnet diese Verwindung des Tragflügels als geometrische Schränkung. Verändert man die Profilform über die Spannweite hin, so spricht man von aerodynamischer Schränkung (Abb. 30 und 31).

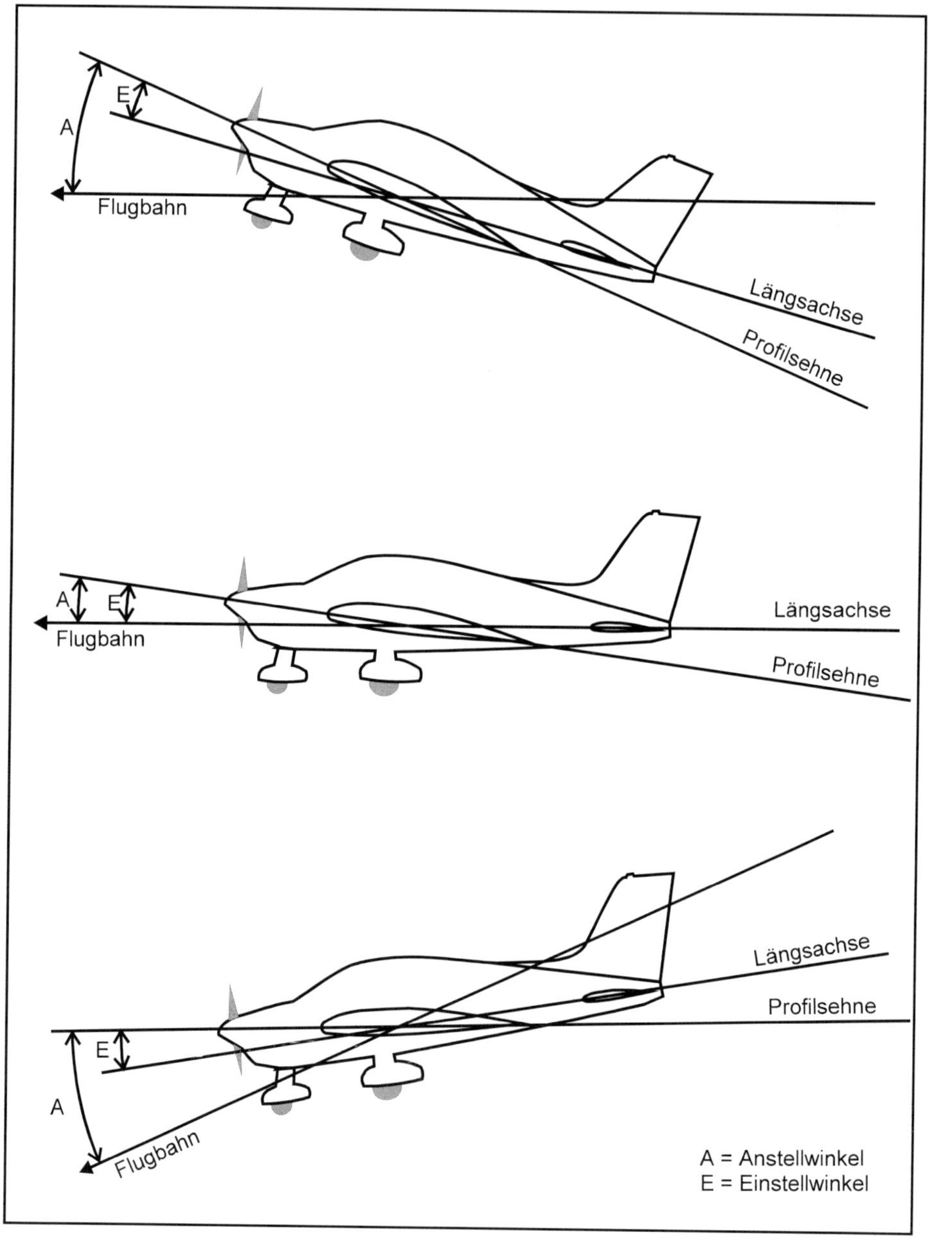

Abb. 29: Anstellwinkel und Einstellwinkel.

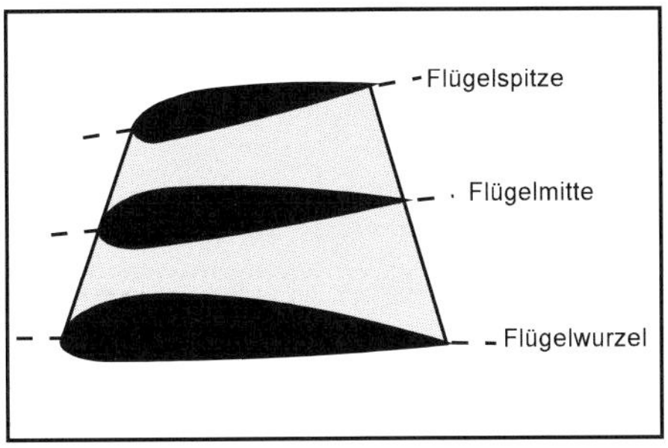

Abb. 30: Geometrische Schränkung eines Tragflügels.

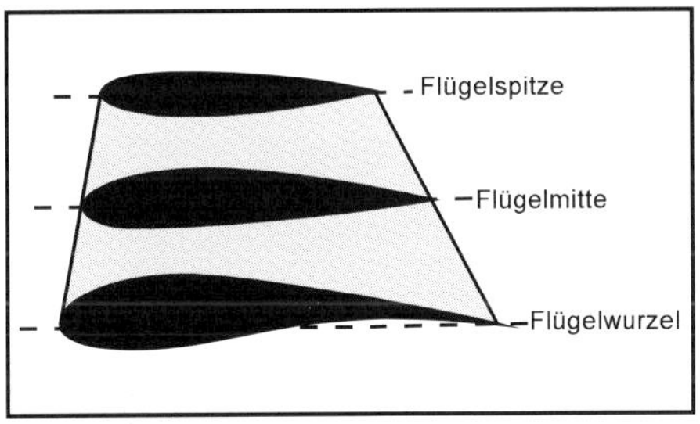

Abb. 31: Aerodynamische Schränkung eines Tragflügels.

In vielen Fällen werden beide Schränkungsarten kombiniert: An der Flügelwurzel ist das Profil dick und es hat einen großen Einstellwinkel (z.B. Cessna 172: +1,5°), zur Flügelspitze hin wird das Profil dünner und der Einstellwinkel kleiner, u.U. nimmt er sogar einen negativen Wert an (z.B. Cessna 172: -1,5°).

Durch entsprechende Schränkung läßt sich die Auftriebsverteilung über den Tragflügeln günstig beeinflussen, der induzierte Widerstand verringern und das Überziehverhalten verbessern. So reißt beim Überziehen die Strömung aufgrund des großen Einstellwinkels zuerst in Rumpfnähe ab und pflanzt sich bei anhaltendem Überziehen zur Flügelspitze hin fort. Der Strömungsabriß erfolgt also nicht schlagartig über den gesamten Flügel, sondern baut sich allmählich auf und läßt dem Piloten mehr Spielraum zu reagieren. Hinzu kommt, daß bei beginnendem Strömungsabriß die außen liegenden Querruder weiterhin einwandfrei angeströmt werden und das Flugzeug damit noch steuerbar bleibt.

Zusammenfassung

Normalprofil
- Mittlere Dicke und Wölbung, mittlerer Auftriebs- und Widerstandsbeiwert

Schnellflugprofil
- Geringe Dicke und Wölbung, geringer Auftriebs- und Widerstandsbeiwert

Druckpunktfestes Profil
- Druckpunkt bleibt bei Veränderung des Anstellwinkels an der gleichen Position

Laminarprofil
- Lange laminare Grenzschicht

Spannweite
- Länge des Tragflügels

Flügelstreckung
- Verhältnis Spannweite/Profiltiefe

Einstellwinkel
- Winkel zwischen Tragflügel (Profilsehne) und Flugzeug-Längsachse

Geometrische Schränkung
- Veränderung des Einstellwinkels über die Tragflügellänge

Aerodynamische Schränkung
- Veränderung der Profilform über die Tragflügellänge

Klappen

Landeklappen

Die im hinteren Teil der beiden Tragflächenhälften beweglich angebrachten Klappen (engl. Flaps) haben primär die Aufgabe, den Auftrieb zu erhöhen und die Mindestfluggeschwindigkeit zu verringern. Sie sind so in den Tragflügel eingebaut, daß sie sich im eingefahrenen Zustand in die Profilform einfügen und damit eine Einheit mit dem gesamten Tragflügel bilden. Werden die Klappen nach unten ausgeschlagen - man sagt „ausgefahren" -, so vergrößert sich die Wölbung der Tragfläche im Klappenbereich. Die Strömung wird stärker umgelenkt und der Druckunterschied (Unter-, Überdruck) am Tragflügel verstärkt. Das Resultat ist eine Erhöhung des Auftriebs bzw. des Auftriebsbeiwertes (Abb. 32) und dadurch eine Verringerung der Überzieh- und Mindestfluggeschwindigkeit.

Im Anflug läßt sich mit Hilfe der ausgefahrenen Klappen die Geschwindigkeit reduzieren und so die Landestrecke verkürzen und das Unfallrisiko aufgrund der geringeren Aufsetzgeschwindigkeit herabsetzen. Da die Klappen hauptsächlich für die Landung und nur im begrenzten Umfang auch für den Start eingesetzt werden, bezeichnet man sie allgemein als Landeklappen.

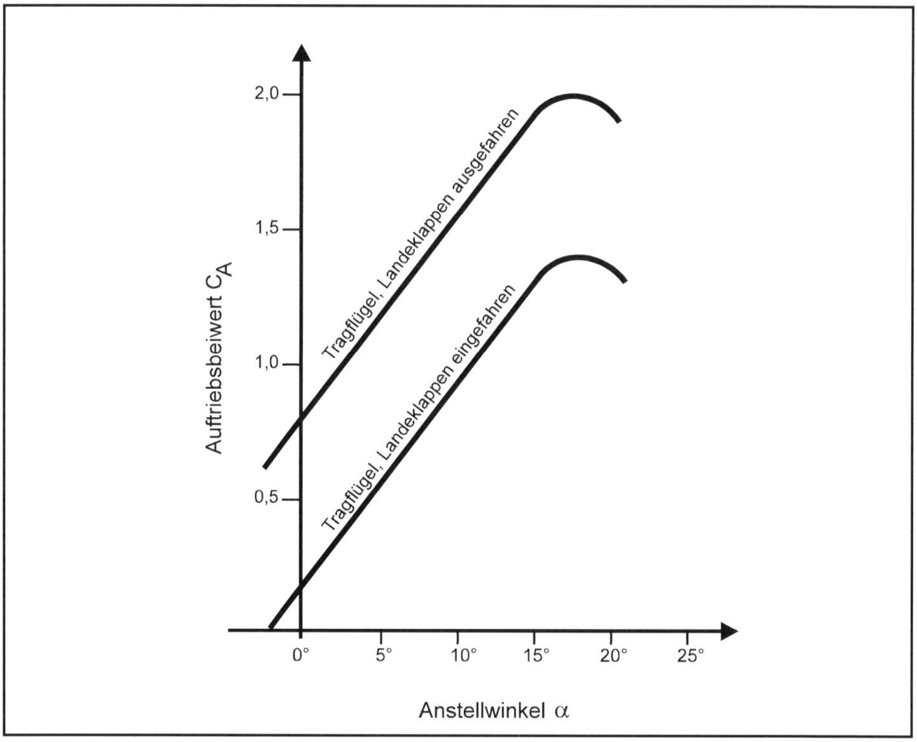

Abb. 32: Auftriebserhöhung mit Landeklappen, dargestellt durch die Auftriebskurve (beliebig gewähltes Beispiel).

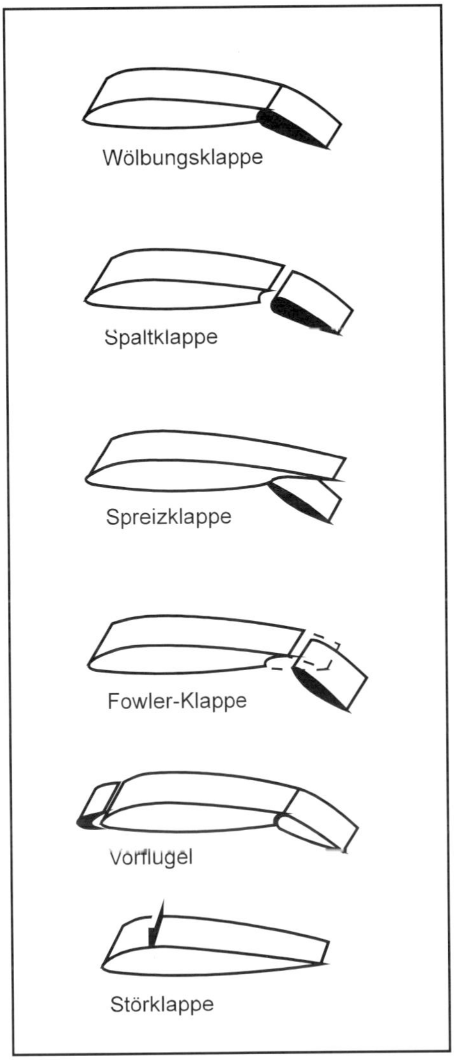

Abb. 33: Verschiedene Klappen am Tragflügel.

Landeklappen, die nur die Wölbung vergrößern, werden Wölb- oder Wölbungsklappen genannt. Die einfachste Form stellt die in Abb. 34 gezeigte Normalklappe dar. Mit ihr kann je nach Ausführung der maximale Auftriebsbeiwert bis zu 50% gesteigert werden. Bei großem Ausschlag (große Wölbung) besteht jedoch die Gefahr von Strömungsabriß. Deshalb wird die Klappe meist so angebracht, daß zwischen Tragflügel und Klappe ein kleiner Spalt bleibt. Man nennt diese Klappe dann Spaltklappe. Sie ist neben der Normalklappe die meist verwendete Landeklappe bei einmotorigen Flugzeugen.

Abb. 34: Wölbungsklappe (Normalklappe) am Motorflugzeug Grob G 115 (Quelle: Prospekt Grob).

Abb. 35: Spaltklappe am Motorflugzeug Piper PA 28.

Durch den Spalt wird Luft von der Unterseite (höherer Luftdruck) zur Oberseite (geringerer Luftdruck) gesogen. Der Grenzschicht wird dadurch zusätzliche Strömungsenergie zugeführt, die Strömung liegt auch bei größerem Klappenausschlag an und der maximale Auftriebsbeiwert nimmt weiter zu.

Ähnlich wie Wölbklappen wirken die sogenannten Spreizklappen. Sie haben kein Profil (flach) und sind an der Unterseite der Tragflügelhinterkante angebracht. Bei den heute eingesetzten Flugzeugen werden sie kaum noch verwendet.

Den größten Effekt erzielen die Fowler-Klappen. Diese werden nicht nur nach unten, sondern gleichzeitig nach hinten ausgefahren und vergrößern damit zusätzlich die auftriebserzeugende Fläche. Der maximale Auftriebsbeiwert kann hierdurch um über 100% gesteigert werden. Fowler-Klappen werden vor allem bei schnellen Flugzeugen verwendet, um die hohe Landegeschwindigkeit wirkungsvoll zu reduzieren.

Die Bedienung der Landeklappen erfolgt vom Cockpit aus über einen Hebel. Dieser ist entweder über Seilzüge bzw. Stangen unmittelbar mit den Landeklappen verbunden oder steuert elektrisch einen an den Klappen angebrachten kleinen Stellmotor. Die Klappen lassen sich in verschiedenen Stufen ausfahren (z.B. bei Piper PA 28: 15°, 25° und 40°), wobei der maximal mögliche Klappenausschlag meist 40° (gemessen zur Profilsehne) beträgt.

Durch Vollausschlag der Landeklappen ergibt sich bei vielen der einmotorigen Flugzeuge eine Reduzierung der Überziehgeschwindigkeit um etwa 6 bis 10 kt. Zur Unterscheidung bezeichnet man die Überziehgeschwindigkeit bei eingefahrenen Klappen (Klappenstellung 0°) mit V_{S1} und die Überziehgeschwindigkeit bei voll ausgefahrenen Klappen mit V_{SO}. Beide Geschwindigkeiten sind im Flughandbuch angegeben und zusätzlich auf dem Fahrtmesser besonders markiert (siehe Kapitel 5).

Um die Landeklappen und insbesondere die Klappenanschlüsse vor zu hohen Belastungen zu schützen, wird für jedes Flugzeug eine höchstzulässige Fluggeschwindigkeit für ausgefahrene Landeklappen festgelegt. Diese Geschwindigkeit trägt die Bezeichnung V_{FE}. Die Abkürzung „FE“ steht für „Flaps Extended“ (Klappen ausgefahren). Auch diese Geschwindigkeit wird im Flughandbuch und auf dem Fahrtmesser angegeben.

Landeklappen werden im Anflug niemals auf einmal in die maximale Stellung gebracht, sondern immer stufenweise und der Geschwindigkeit angepaßt ausgefahren. Mit größer werdendem Ausschlag nimmt der durch die Klappen erzeugte Widerstand zu. Die Klappen wirken nun wie eine (Luft-) Bremse. Dies ist durchaus gewollt und hilft, im Anflug die Geschwindigkeit rasch zu reduzieren und den Anflugwinkel ggf. zu erhöhen. Die bremsende Wirkung kann u.U. so stark sein, daß ihr durch Erhöhung der Triebwerksleistung entgegengewirkt werden muß. Das Ausfahren der Landeklappen hat darüber hinaus meist den Effekt, daß sich der Druckpunkt etwas nach hinten verschiebt und das Flugzeug dadurch leicht nach vorne kippt (Kopflastigkeit).

Werden die Landeklappen beim Start ausgefahren, dann erreicht das Flugzeug aufgrund des erhöhten c_A-Wertes bereits bei einer niedrigeren Geschwindigkeit den für das Abheben erforderlichen Auftrieb. Die Abhebegeschwindigkeit wird geringer und dadurch die Startrollstrecke kürzer, was besonders beim Start von kurzen Bahnen vorteilhaft ist. Dies gilt allerdings nur für kleine Klappenausschläge, bei denen ein günstiges Verhältnis zwischen Auftrieb und Widerstand (hoher Auftrieb, geringer Widerstand) erreicht werden kann. Ein großer Klappenausschlag führt zwar zu einer weiteren Erhöhung des Auftriebs, gleichzeitig aber auch zu einer starken Widerstandszunahme. Der hohe Widerstand bei voll ausgeschlagenen Klappen hemmt die Beschleunigung des Flugzeuges beim Startlauf so stark, daß sich die Startrollstrecke u.U. extrem verlängert. Im schlimmsten Fall reicht die verfügbare Bahnlänge für den Startlauf dann nicht mehr aus. Es ist daher unbedingt erforderlich, die im Flughandbuch angegebene Klappenstellung für den Start (meist 10° bis 15°) zu beachten.

Störklappen

Segelflugzeuge besitzen anstelle von Landeklappen meist Störklappen. Es handelt sich hierbei um rechteckig geformte Platten, die senkrecht aus der Flügeloberseite bzw. Flügelober- und -unterseite ausgefahren werden können und den Widerstand erhöhen (Abb. 33 und 36). Die Geschwindigkeit läßt sich so wirksam reduzieren und durch Aus- und Einfahren der Störklappen der Gleitwinkel im Anflug steuern.

Abb. 36: Ausgefahrene Störklappe am Segelflugzeug Grob G 103 (Quelle: Prospekt Grob).

Auch schnelle Flugzeuge wie z.B. Düsenverkehrsflugzeuge verfügen zusätzlich zu den Landeklappen über Störklappen. Sie dienen hier dazu, die Geschwindigkeit schnell abzubauen, die Sinkrate zu vergrößern und nach dem Aufsetzen die Rollstrecke zu verkürzen.

Vorflügel

Eine ganz andere Möglichkeit, den Auftrieb zu steigern und die Mindestfluggeschwindigkeit zu verringern, stellen die sogenannten Vorflügel dar. Es sind längs der Vorderkante des Tragflügels angebrachte kleine Hilfsflügel, die nach vorne ausgefahren werden können, so daß zwischen beiden Flügeln ein Spalt entsteht.

Bei großem Anstellwinkel strömt die Luft von der Unterseite durch den Spalt zur Oberseite und die Strömung bleibt dadurch auch über den kritischen Anstellwinkel hinaus noch am Tragflügel anliegend. Mit ausgefahrenen Vorflügeln lassen sich so sehr viel größere Anstellwinkel erfliegen, der Auftriebsbeiwert enorm steigern und die Lande- und Abhebegeschwindigkeit weiter reduzieren.

Vorflügel werden heute fast ausschließlich bei schnellen Flugzeugen (Düsenverkehrsflugzeuge) eingesetzt. Für langsame Flugzeuge sind sie im allgemeinen nicht erforderlich (Ausnahme: Flugzeuge mit besonderen Kurzstart-/-landeeigenschaften).

Zusammenfassung

Landeklappen

- erhöhen Auftrieb
- reduzieren Überzieh-/Mindest-/Aufsetzgeschwindigkeit
- verkürzen Landestrecke
- verringern Unfallrisiko bei Landung
- verkürzen Startstrecke

Landeklappenarten

- Wölbungsklappen (Normal- und Spaltklappen)
- Spreizklappen
- Fowler-Klappen

Zu beachtende Geschwindigkeiten bei Verwendung von Landeklappen

- V_{S1} Überziehgeschwindigkeit, Landeklappen eingefahren (Triebwerk im Leerlauf)
- V_{SO} Überziehgeschwindigkeit, Landeklappen ausgefahren (Triebwerk im Leerlauf)
- V_{FE} Höchstzulässige Geschwindigkeit mit ausgefahrenen Landeklappen

Polardiagramm

Auftrieb und Widerstand sind die bestimmenden aerodynamischen Faktoren für ein Flugzeug. Ihre Größen verändern sich mit dem Anstellwinkel. In Abb. 15 wurde die Veränderung des Auftriebsbeiwertes, in Abb. 21 die Veränderung des Widerstandsbeiwertes in Abhängigkeit vom Anstellwinkel in Diagrammen dargestellt.

Fügt man beide Diagramme zu einem einzigen zusammen, so erhält man das sogenannte Polardiagramm. Es zeigt nicht nur in sehr anschaulicher Weise den Zusammenhang zwischen Auftrieb und Widerstand für ein bestimmtes Profil, eine Tragfläche oder für ein Flugzeug insgesamt, sondern gibt darüber hinaus Auskunft über die aerodynamische Güte eines Flugzeuges. Für den Fachmann lassen sich daraus u.a. Schlüsse auf die Flugleistungen und das Flugverhalten ziehen. Es ist sozusagen die Visitenkarte eines Flugzeuges.

Da dieses Diagramm von Otto Lilienthal entwickelt wurde, wird es meist als Lilienthalsches Polardiagramm bezeichnet. Die in diesem Diagramm dargestellte Kurve nennt man Polare. Auf der waagerechten Achse (Abzisse) des Polardiagramms werden die c_W-Werte, auf der senkrechten Achse (Ordinate) die c_A-Werte abgetragen. Da die Widerstandsbeiwerte sehr viel kleiner als die Auftriebsbeiwerte sind, wird für die c_W-Achse meist ein fünfmal bis zehnmal größerer Maßstab verwendet. Jeder einzelne Punkt auf der Polaren gibt für einen bestimmten Anstellwinkel die jeweils gemessenen c_A- und c_W-Werte an.

Betrachtet man die in Abb. 37 für viele einmotorige Flugzeuge typische Polare, so erkennt man, daß die Kurve mit größer werdendem Anstellwinkel anfänglich beinahe senkrecht ansteigt, ohne daß dabei der Widerstand merklich zunimmt. In diesem Bereich liegt der günstigste Anstellwinkel für den Reiseflug und den besten Gleitwinkel. Mit weiterer Anstellwinkelvergrößerung verringert sich die Zunahme des Auftriebs erst allmählich, dann immer stärker. Gleichzeitig steigt der Widerstand stark an, erkennbar an der zunehmenden Krümmung der Polaren. Der obere Scheitelpunkt der Polaren markiert den größtmöglich erreichbaren Auftrieb (c_{Amax}) und die geringste Fluggeschwindigkeit (V_{min}, V_S). Der zugehörige Anstellwinkel wird, wie bereits bekannt, als kritischer Anstellwinkel bezeichnet. Bei weiterer Anstellwinkelvergrößerung beginnt sich die Strömung an den Tragflächen abzulösen und das Flugzeug gerät in den überzogenen Flugzustand. Der Auftrieb fällt ab, und der Widerstand nimmt erheblich zu.

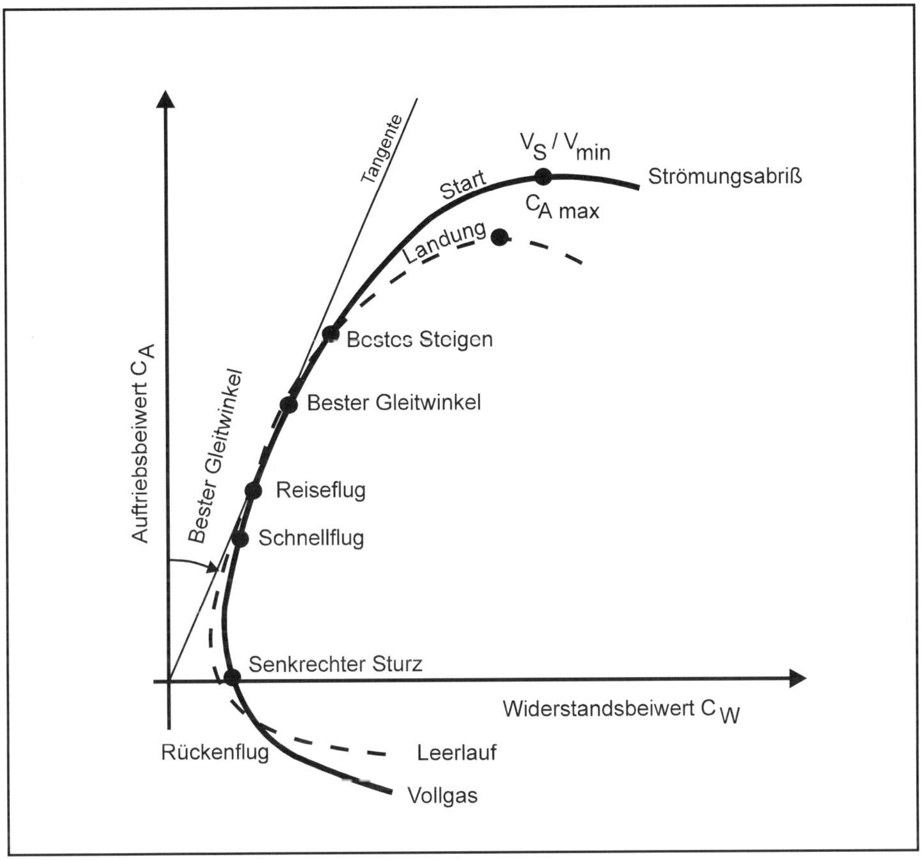

Abb. 37: Polardiagramm (beliebig gewähltes Beispiel).

Legt man vom Schnittpunkt der c_A- und c_W-Achse (Nullpunkt) eine Tangente an die Polare, so ergibt der Berührungspunkt den Anstellwinkel mit dem günstigsten Verhältnis zwischen Auftrieb und Widerstand (größter c_A-Wert bei kleinstem c_W-Wert). Mit diesem Anstellwinkel erreicht das Flugzeug die beste Gleitzahl. Unter der Gleitzahl versteht man das Verhältnis zwischen der Flughöhe und der im Gleitflug aus dieser Höhe zurückgelegten Entfernung (siehe Kapitel 3). Der Winkel der Gleitflugbahn gegenüber der Horizontalen wird als Gleitwinkel bezeichnet. Der zur besten Gleitzahl zugehörige beste Gleitwinkel ist der Winkel zwischen der c_A-Achse und der Tangente an die Polare (wenn c_A und c_W im gleichen Maßstab eingetragen werden).

Unterhalb des Anstellwinkels für die beste Gleitzahl liegt der Anstellwinkel für den Reiseflug (meist nur 1° bis 3°), oberhalb für den günstigsten Steigflug. Der Schnittpunkt der Polare mit der c_W-Achse gibt den Anstellwinkel an, bei dem das Flugzeug keinen Auftrieb erzeugt ($c_A = 0$), sich also im Sturzflug befindet. Der unterhalb der c_W-Achse liegende Ast der Polaren zeigt den Zustand für Rückenflug an.

In Abb. 37 sind zwei verschiedene Polare dargestellt: Die Polare bei Vollgas und bei Leerlauf. Zu erkennen ist, daß sich bei Leerlauf der obere Teil der Polare weiter nach unten verschiebt, d.h., die maximal erreichbare Auftriebsbeiwert ist bei Leerlauf geringer als bei Vollgas. Der Grund dafür liegt darin, daß bei Vollgas der Propellerluftstrom zusätzlich die Tragflächen anbläst und damit bei gleichzeitiger Vergrößerung des Widerstandes den Auftrieb erhöht. Die Abhebegeschwindigkeit (Vollgas beim Start) ist bei einmotorigen Flugzeugen daher im allgemeinen etwas geringer als die Landegeschwindigkeit (Leerlauf).

Zusammenfassung

Polardiagramm
- stellt c_A und c_W für verschiedene Anstellwinkel dar
- gibt die aerodynamischen Eigenschaften für verschiedene Flugzustände an

---

Kontroll- und Übungsaufgaben

1. Was versteht man unter Aerodynamik?

2. Erklären Sie den Unterschied zwischen einer laminaren und turbulenten Strömung!

3. Was versteht man bei einem Flugzeug unter Auftrieb?

4. Wovon hängt die Größe des Auftriebs ab?

5. Was versteht man unter dem Auftriebsbeiwert c_A und wovon hängt die Größe dieses Wertes ab?

6. Was versteht man unter dem kritischen Anstellwinkel?

7. Welche Größe hat der kritische Anstellwinkel bei den meisten einmotorigen Flugzeugen?

8. Was versteht man unter einem Profil?

9. Warum werden für die Auftriebserzeugung Tragflächen mit aufwendig entwikkelten, gewölbten Profilen und nicht einfach gefertigte ebene Platten verwendet (wie z.B. bei einfachsten Modellflugzeugen oder Papierfliegern)?

10. Erklären Sie die Begriffe
- *Druckpunkt*
- *Staupunkt*
- *Umschlagpunkt*
- *Ablösepunkt.*

11. Was versteht man unter einem stromlinienförmig gestalteten Körper?

12. Was versteht man unter der Überziehgeschwindigkeit V_S?

13. Die Strömung löst sich mit zunehmenden Anstellwinkel an der Tragflügelvorderkante ab und setzt sich bei weiterer Anstellwinkelvergrößerung in Strömungsrichtung fort. Ist diese Aussage richtig?

14. Wo reißt beim Überziehen die Strömung am Tragflügel zuerst ab, an der Flügelwurzel oder am Flügelende?

15. Ist die Überziehgeschwindigkeit bei ausgefahrenen Landeklappen kleiner oder größer als bei eingefahrenen Landeklappen?

16. In welchem Bereich liegen die Überziehgeschwindigkeiten der meisten einmotorigen Flugzeuge?

17. Welche aerodynamische Eigenschaft sollte ein Tragflügel haben?

18. Warum starten und landen Flugzeuge generell gegen den Wind?

19. Erklären Sie den Unterschied zwischen Einstellwinkel und Anstellwinkel!

20. Wozu dient die Schränkung von Tragflügeln?

21. Bei welchem Flugzustand ist der induzierte Widerstand am größten, bei welchem am geringsten?

22. Zu jedem Flugzeug gehört ein genau festgelegter Widerstandsbeiwert c_W. Ist diese Aussage richtig?

23. Warum sollte man sein Flugzeug ab und zu mal waschen und die Oberfläche wie beim Auto pflegen?

24. Welchen Einfluß hat die Vereisung der Tragfläche auf die Strömung?

25. Wozu dienen Landeklappen?

26. Welche aerodynamische Wirkung haben Landeklappen?

27. Warum dürfen Landeklappen für den Start im allgemeinen nicht voll ausgefahren werden?

28. Was passiert, wenn im Landeanflug mit voll ausgefahrenen Landeklappen plötzlich die Landeklappen eingefahren werden?

29. Worin besteht der wesentliche aerodynamische Unterschied zwischen Landeklappen (Wölbungsklappen) und Störklappen?

30. Welche Zusammenhänge stellt ein Polardiagramm dar?

Kapitel 3

Fluglehre

Kräfte am Flugzeug

Während des Fluges wird ein Flugzeug im wesentlichen von den vier Kräften Gewicht (Schwerkraft), Auftrieb, Vortrieb und Widerstand beeinflußt. Die Schwerkraft wirkt, unabhängig von der Lage des Flugzeuges, vom Schwerpunkt aus in Richtung zum Erdmittelpunkt. Der Auftrieb greift am Tragflügel (Druckpunkt) an und steht im rechten Winkel zur Anströmrichtung, also senkrecht zur Flugbahn. Der Vortrieb ist aufgrund der Triebwerksanordnung parallel zur Flugzeug-Längsachse nach vorne gerichtet. Der Widerstand wirkt in Richtung der Anströmung und damit entgegengesetzt zur Flugbahn.

Meist werden die vier Kräfte zur Vereinfachung im Schwerpunkt des Flugzeuges angreifend dargestellt. Im unbeschleunigten Horizontalflug sind dann alle vier Kräfte im Gleichgewicht. Das Flugzeuggewicht wird vom Auftrieb „getragen" und der Vortrieb ist genauso groß wie der durch die Strömung erzeugte Widerstand.

Diese vereinfachte Darstellung der im Flugzeug-Schwerpunkt wirkenden Kräfte ist nicht ganz korrekt, ist aber für viele flugmechanische Betrachtungen ausreichend. In der

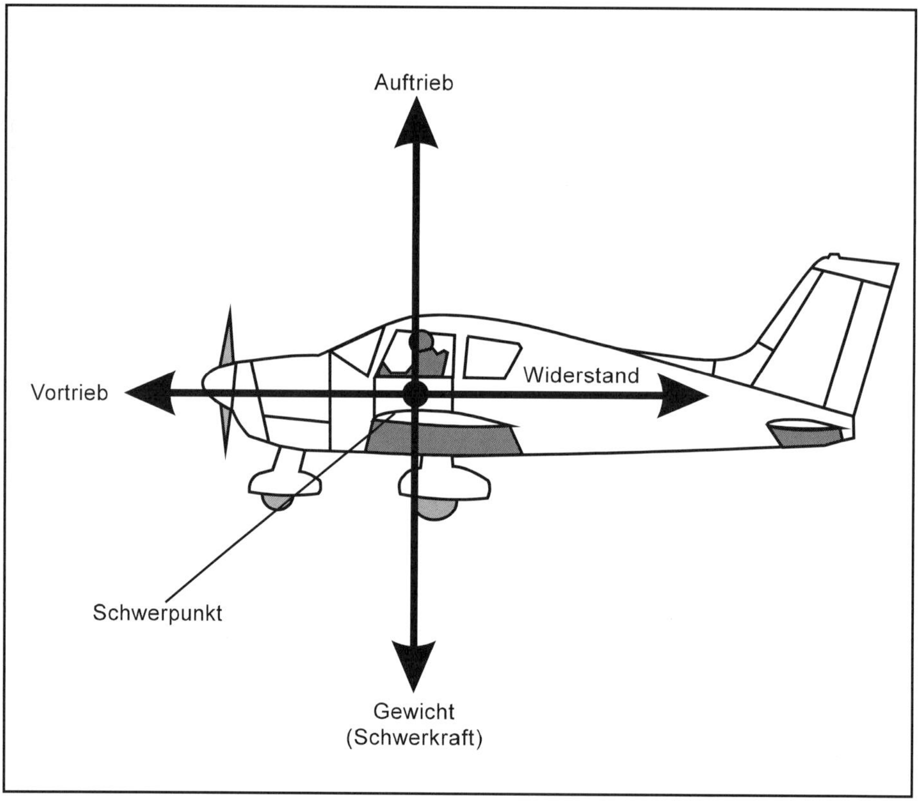

Abb. 38: Vereinfacht dargestellt greifen alle Kräfte im Schwerpunkt des Flugzeuges an.

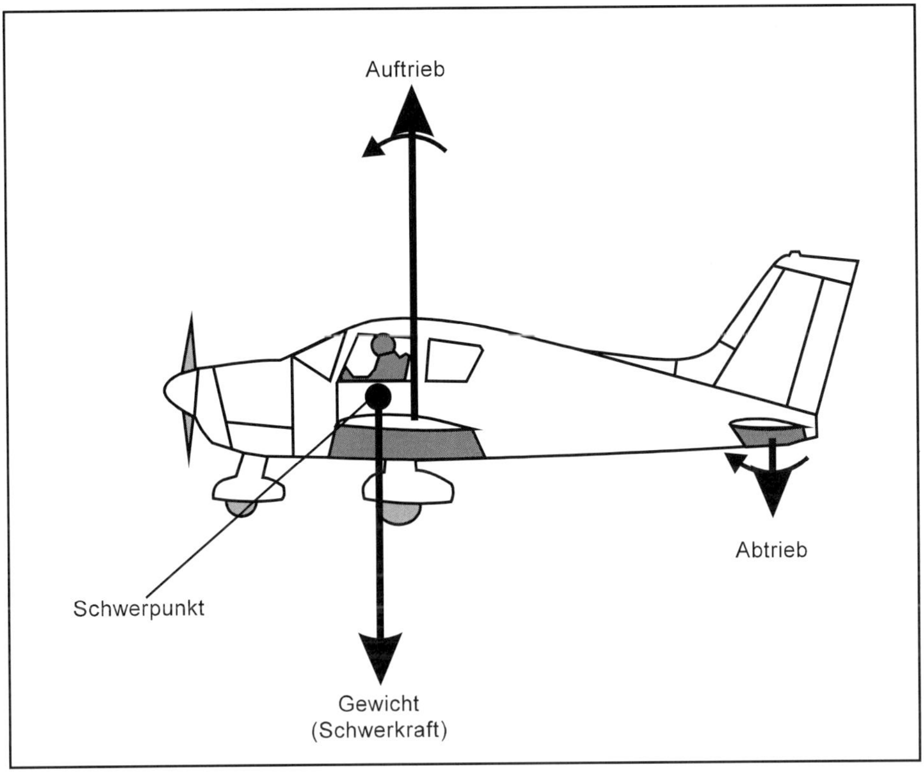

Abb. 39: Kräfte und Drehmomente am Flugzeug.

Praxis wirkt jedoch nur die Schwerkraft im Schwerpunkt. Alle anderen Kräfte greifen mehr oder weniger entfernt vom Schwerpunkt aus an und bewirken dadurch verschieden große Drehmomente um den Schwerpunkt.

Ein Drehmoment entsteht dadurch, daß eine Kraft auf einen Körper einwirkt und diesen um einen bestimmten Punkt, in diesem Fall den Flugzeug-Schwerpunkt, dreht. Mathematisch gesehen ist das Drehmoment das Produkt aus Kraft und Hebelarm (Abstand zwischen Kraftangriffspunkt und Drehpunkt): Je größer der Hebelarm und die Kraft, desto größer ist das Drehmoment.

Von besonderem Interesse für die Steuerung eines Flugzeuges ist das durch den Auftrieb erzeugte Drehmoment. Die meisten Flugzeuge sind so konstruiert, daß der Auftrieb etwas hinter dem Schwerpunkt angreift (Abb. 39). Dadurch wird ein linksdrehendes Moment erzeugt, welches das Flugzeug nach vorne kippen lassen möchte (sogenanntes kopflastiges Moment). Damit dies nicht passiert, muß eine Gegenkraft bzw. ein entgegengesetzt drehendes Moment erzeugt werden. Dies geschieht über das Höhenleitwerk. Es besitzt meist ein annähernd symmetrisches Profil mit einem negativen Einstellwinkel (bei Cessna 172 -3,5°) und erzeugt, anders als die Tragfläche, eine nach unten gerichtete

Kraft, den Abtrieb („negativer Auftrieb") und damit ein rechtsdrehendes, hecklastiges (schwanzlastiges) Moment. Das linksdrehehende Moment vom Auftrieb und das rechtsdrehende Moment vom Abtrieb müssen im Gleichgewicht sein. Jedes Ungleichgewicht führt zu einer Drehung um den Schwerpunkt bzw. um die Querachse des Flugzeuges.

Aus Abb. 39 geht hervor, daß dem Höhenleitwerk eine wichtige Funktion zukommt. Es muß das Flugzeug im Gleichgewicht (in Längsrichtung) halten. Da der Abstand zwischen Schwerpunkt und Höhenleitwerk sehr groß ist (großer Hebelarm), kann die am Höhenleitwerk erzeugte Gegenkraft (Abtrieb) relativ klein sein. Mit Hilfe des Höhenruders kann diese Gegenkraft verändert und damit das Flugzeug um den Schwerpunkt bzw. um die Querachse gesteuert werden.

Verschiebt sich der Schwerpunkt z.B. durch entsprechende Beladung weiter nach vorn, so wird das linksdrehende Moment durch den größeren Hebelarm (Abstand Schwerpunkt - Druckpunkt) größer und muß durch ein größeres rechtsdrehendes Moment ausgeglichen werden. Da der hierfür erforderliche Abtrieb am Höhenleitwerk nicht beliebig vergrößert werden kann, sind der Schwerpunktverschiebung bei einem Flugzeug enge Grenzen gesetzt. Hierauf wird in Kapitel 7 ausführlich eingegangen.

Unterschiedliche Beladung, Veränderungen der Triebwerksleistung, der auf Tragfläche und Höhenleitwerk wirkende Propellerluftstrom, verschiedene Stellungen der einzelnen Ruder und Klappen und Änderung der Luftdichte mit der Höhe führen jeweils zu einer Veränderung der am Flugzeug wirkenden Kräfte.

Flugzeuge sind im allgemeinen so konstruiert, daß sich die Kräfte und die dadurch erzeugten Drehmomente ausgleichen und das Flugzeug unter normalen Bedingungen steuerbar bleibt.

Zusammenfassung

- Am Flugzeug wirken Gewicht, Auftrieb, Vortrieb, Widerstand und zusätzlich Abtrieb am Höhenleitwerk.
- Die Kräfte und die von diesen erzeugten Drehmomente sind im unbeschleunigten Horizontalflug im Gleichgewicht.

Steuerung

Jedes Flugzeug verfügt über eine Steuerung (engl. Control), mit deren Hilfe Bewegungen um seine Achsen ausgeführt und Kurven, Steigen und Sinken eingeleitet werden. Die Steuerung besteht aus der Bedieneinrichtung im Cockpit und den mit dieser meist über Seilzüge oder Stangen verbundenen Höhenruder, Querruder und Seitenruder. Die Ruder wirken wie Klappen und verändern bei ihrem Ausschlag die Strömung am Tragflügel bzw. am Leitwerk.

Die Bedienung von Höhen- und Querruder erfolgt über das vor dem Pilotensitz beweglich montierte Steuerhorn (engl. Control Wheel) bzw. über den Steuerknüppel (engl. Control Stick), die Bedienung des Seitenruders über die im Cockpitboden installierten Fußpedale.

Steuerung und Flugzeugbewegungen sind so aufeinander abgestimmt, daß der Steuerausschlag jeweils in Richtung der Flugzeugbewegung durchgeführt wird:

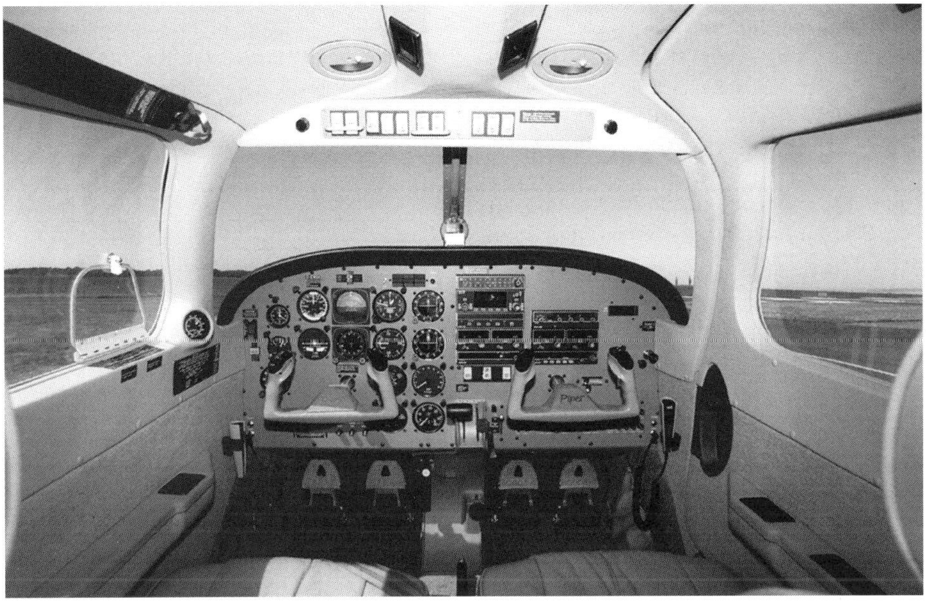

Abb. 40: Blick in das Cockpit der Piper Archer III. Das Flugzeug hat (wie alle mehrsitzigen Flugzeuge) eine Doppelsteuerung: Oben das Steuerhorn für die Höhen- und Querrudersteuerung, am Boden die Fußpedale für die Seitenrudersteuerung (Quelle: Piper).

- Drücken des Steuerhorns/Steuerknüppels - Sinken,
- Ziehen des Steuerhorns/Steuerknüppels - Steigen,
- Drehen des Steuerhorns bzw. Bewegen des Steuerknüppels nach links - Kurve nach links,
- Drehen des Steuerhorns bzw. Bewegen des Steuerknüppels nach rechts - Kurve nach rechts,
- Treten des linken Pedals - Richtungsänderung nach links,
- Treten des rechten Pedals - Richtungsänderung nach rechts.

Die Bewegungen eines Flugzeuges im Raum vollziehen sich um drei konstruktiv festgelegte Achsen. Diese Achsen stehen senkrecht aufeinander und schneiden sich im Schwerpunkt des Flugzeuges, wie es die Abb. 41 zeigt.

Die Längsachse verläuft mitten durch den Flugzeugrumpf. Bewegungen um diese Achse werden mit den Querrudern gesteuert und Rollen (engl. Roll) genannt. Die Querachse verläuft senkrecht zur Längsachse von Flügelspitze zu Flügelspitze. Bewegungen um die Querachse werden als Kippen oder Nicken (engl. Pitch) bezeichnet und über das Höhenruder gesteuert. Die Hochachse verläuft senkrecht durch den Flugzeug-Schwerpunkt. Bewegungen um diese Achse nennt man Wenden oder Gieren (engl. Yaw), sie werden mit dem Seitenruder gesteuert.

Höhenrudersteuerung

Die Steuerung um die Flugzeug-Querachse erfolgt über das hinter der Höhenflosse beweglich angebrachte Höhenruder (engl.

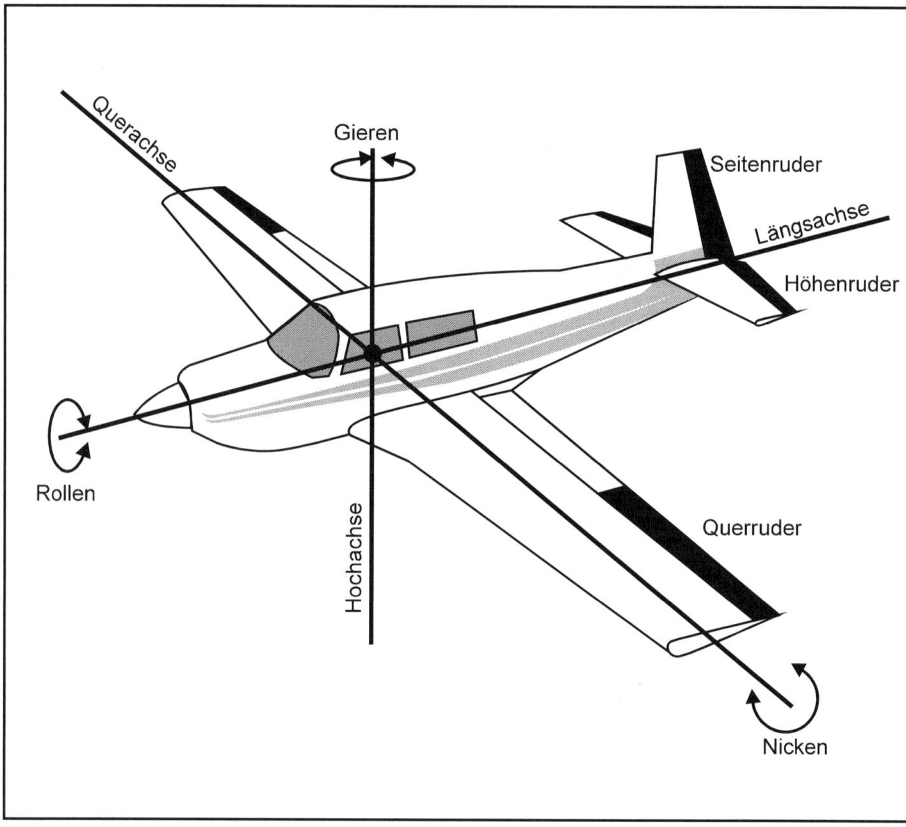

Abb. 41: Achsen, Bewegungen und Ruder am Flugzeug.

Elevator). Durch Ziehen am Steuerhorn bzw. Steuerknüppel bewegt sich das Höhenruder nach oben, die Wölbung des gesamten Höhenleitwerks (Höhenflosse plus Höhenruder) ändert sich negativ, und es wird ein erhöhter Abtrieb erzeugt, der das Flugzeugheck nach unten zieht.

Das Flugzeug dreht sich um die Querachse, die Flugzeugnase geht nach oben und der Anstellwinkel der Tragfläche wird vergrößert, was schließlich zu einer Auftriebserhöhung und ggf. zur Einleitung eines Steigfluges führen kann.

Wird das Steuerhorn bzw. der Steuerknüppel nach vorne gedrückt, schlägt das Höhenruder nach unten aus und es tritt der umgekehrte Effekt auf: Das Flugzeugheck bewegt sich nach oben, die Flugzeugnase senkt sich, und das Flugzeug geht ggf.in den Sinkflug über.

Mit der Höhenrudersteuerung (engl. Pitch Control) wird nicht nur direkt der Anstellwinkel verändert, sondern indirekt auch die Fluggeschwindigkeit.

Abb. 42, rechts: Funktion von Höhen-, Quer- und Seitenrudersteuerung.

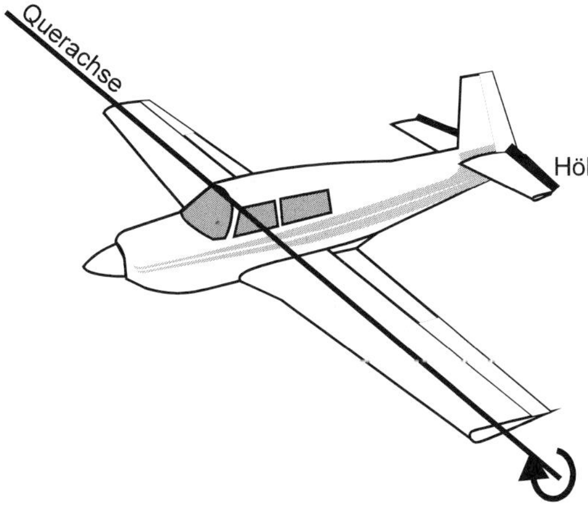

Steuer ziehen - Höhenruderausschlag oben
Nicken nach oben um Querachse

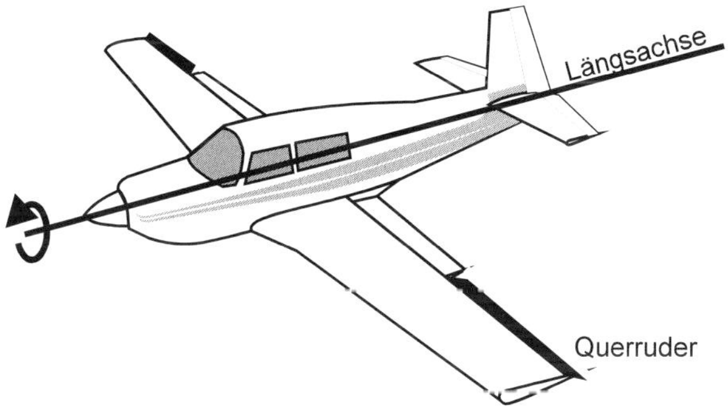

Steuer rechts - Querruderausschlag rechts oben, links unten
Rollen nach rechts um Längsachse

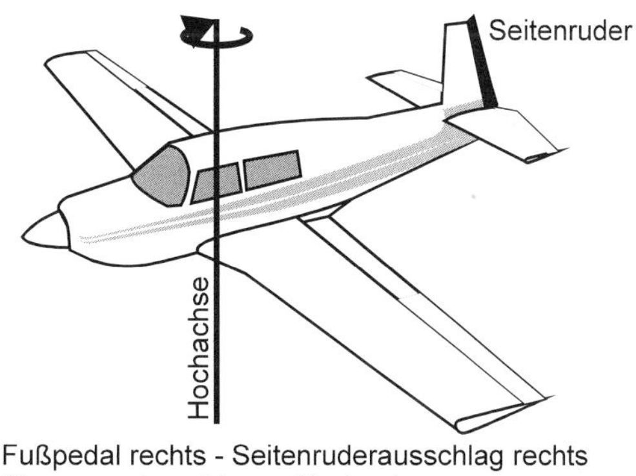

Fußpedal rechts - Seitenruderausschlag rechts
Gieren nach rechts um Hochachse

Durch Ziehen am Steuerhorn (Steuerknüppel) wird der Widerstand erhöht und das Flugzeug langsamer, durch Drücken wird es schneller.

Während des Anfluges und vor allem bei der Landung muß das Höhenruder stark gezogen werden, um mit möglichst hohem Auftrieb (großer Anstellwinkel) und geringster Geschwindigkeit zu landen. Um hier die Höhenruderwirkung zu erhöhen und um darüber hinaus der auftretenden Kopflastigkeit bei ausgefahrenen Landeklappen (siehe Kapitel 2) entgegenwirken zu können, ist das Höhenruder im allgemeinen so angebracht, daß es nach oben mit einem größeren Winkel als nach unten ausschlagen kann.

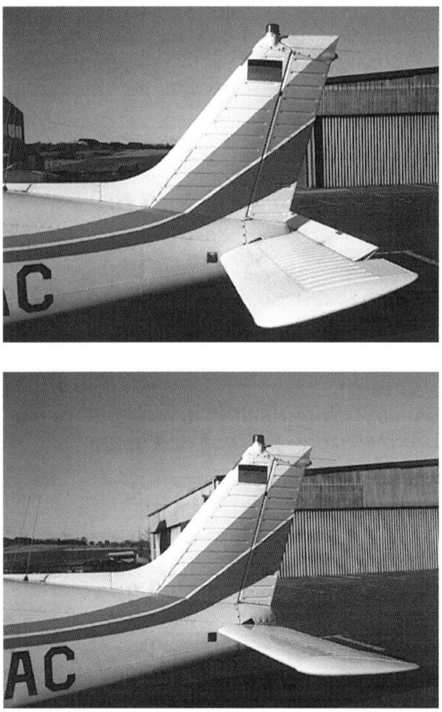

Abb. 43: Bewegliche Höhenflosse (Pendelruder) bei einer Piper PA 28.

Bei der Cessna 172 beträgt der maximale Höhenruderausschlag nach unten 23°, nach oben dagegen 28°.

Viele Flugzeugtypen haben eine am Heck fest montierte Höhenflosse. Es gibt aber auch eine Reihe von Flugzeugen (z.B. Piper PA 28, Socata TB 10), bei denen die gesamte Höhenflosse beweglich angebracht ist und gleichzeitig als Höhenruder dient (sogenanntes Pendelruder, Abb. 43); ein separates Höhenruder fehlt also. Der Effekt für die Höhensteuerung ist hierbei der gleiche wie bei einem hinter einer festen Höhenflosse beweglich angebrachten Höhenruder.

Querrudersteuerung

Die Querruder (engl. Aileron) an beiden Enden der Tragflächen dienen der Drehung des Flugzeuges um die Längsachse (Rollen). Sie schlagen immer gegenläufig aus und unterstützen sich dadurch in ihrer Wirkung. Wird das Steuerhorn nach rechts gedreht bzw. der Steuerknüppel nach rechts bewegt, schlägt das rechte Querruder nach oben, das linke nach unten aus. Das nach unten ausgeschlagene Querruder erzeugt zusätzlichen Auftrieb, das nach oben ausgeschlagene Querruder führt zu einer Verminderung des Auftriebs. Insgesamt ergibt sich so ein Drehmoment nach rechts um die Flugzeug-Längsachse. Bei einem Steuerausschlag nach links schlägt das linke Querruder nach oben und das rechte Querruder nach unten aus und das Flugzeug rollt nach links.

Ruderausschläge führen nicht nur zu einer Veränderung des Auftriebs, sondern auch zu zusätzlichem Widerstand. Durch die am hinteren Teil der Tragflächen angebrachten Querruder erzeugt das nach unten ausgeschlagene Querruder bei gleichem Aus-

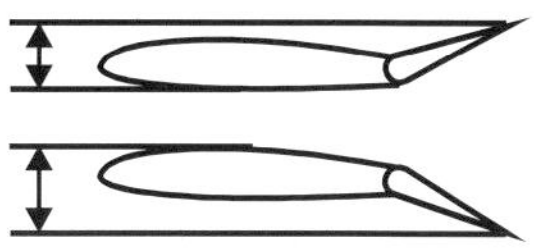

Bei gleichem Querruderausschlag erzeugt das nach unten ausgeschlagene Querruder mehr Widerstand.

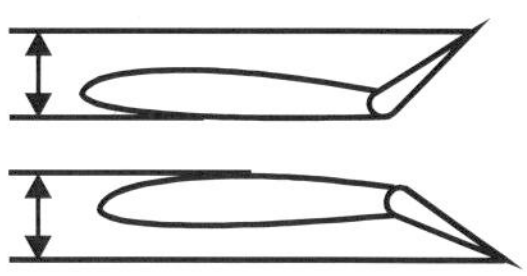

Bei unterschiedlichem Querruderausschlag erzeugen beide Querruder gleich viel Widerstand.

Abb. 44: Gleicher Querruderausschlag erzeugt ein negatives Wendemoment (oben), unterschiedlicher Querruderausschlag verhindert das negative Wendemoment (unten).

schlagwinkel mehr Widerstand als das nach oben ausgeschlagene (Abb. 44). Bei der oben beschriebenen Rollbewegung nach rechts entsteht also an der linken Tragfläche mehr Widerstand und damit eine Drehung um die Hochachse in die entgegengesetzte Richtung zum Rollmoment. Diese Drehung nach der falschen Seite nennt man negatives Wendemoment. Ihm wird konstruktiv dadurch entgegengewirkt, daß bei einem Queruderausschlag die Ruder verschieden stark aussschlagen: Nach oben stärker als nach unten (sogenannte Differential-Querruder). Bei der Cessna 172 beträgt der maximale Querruderauschlag nach oben 20°, nach unten 15°.

Seitenrudersteuerung

Das Seitenruder (engl. Rudder) an der Seitenflosse wird über die beiden Fußpedale im Cockpit gesteuert. Wird das rechte Seitenruderpedal getreten, so schlägt das Seitenruder sinngemäß nach rechts aus, das Flugzeugheck bewegt sich nach links und die Flugzeugnase nach rechts, d.h., das Flugzeug dreht sich um die Hochachse nach rechts. Entsprechendes gilt für die Betätigung des linken Seitenruderpedals.

Die Seitenrudersteuerung dient der Richtungshaltung, vor allem während des Langsamfluges. Kurven unter normalen Flugbedingungen werden hauptsächlich mit den Querrudern und nicht mit Hilfe des Seitenruders durchgeführt.

Einige Flugzeuge (z.B. Beech Bonanza V35B, siehe Abb. 45) haben anstelle eines getrennten Höhen- und Seitenleitwerkes ein sogenanntes V-Leitwerk. Die dort angebrachten beiden Ruder übernehmen gleichzeitig die Funktion als Höhen- und Seitenruder. Für die Höhensteuerung schlagen beide Ruder nach oben (Ziehen) oder nach unten (Drücken) aus. Beim Betätigen des Steuerhorns (Steuerknüppels) nach rechts schlägt das rechte Ruder nach unten, das linke nach oben aus, bei Betätigung nach links umgekehrt. Wird mit Höhen- und Seitenruder gleichzeitig gesteuert, so überlagern sich die Ruderausschläge. Wird z.B. das Steuerhorn nach rechts gedreht und gleichzeitig gezogen, schlägt das linke Ruder stark nach oben aus, das rechte dagegen schwach nach unten.

Um die Kräfte zur Betätigung der Ruder zu verringern und darüber hinaus ein Flattern (Vibration) zu verhindern, werden sie aerodynamisch und statisch ausgeglichen.

Der sogenannte aerodynamische Ausgleich erfolgt meist in der Weise, daß ein Teil des Ruders vor dem Drehpunkt angeordnet ist (Abb. 46). Wird das Ruder ausgeschlagen, dann trifft die anströmende Luft

Abb. 45: Beech Bonanza V35B mit V-Leitwerk (Quelle: Bachmann).

auf die vor dem Drehpunkt angeordnete Fläche und unterstützt dadurch den Ruderausschlag. Beim statischen Ausgleich (Massenausgleich) sind vor der Ruderdrehachse Massen in der Art angebracht,

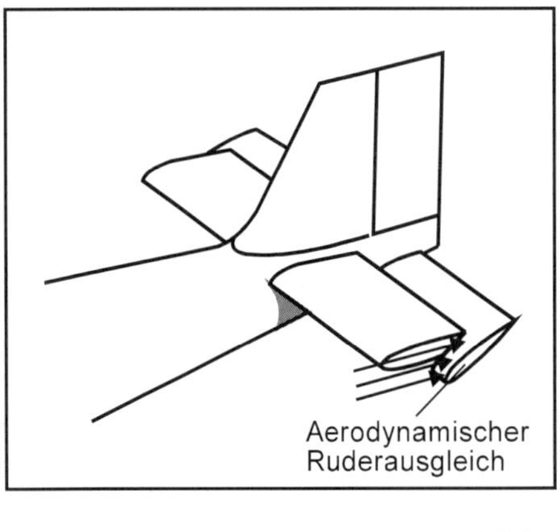

Abb. 46: Aerodynamischer Ruderausgleich beim Höhenruder.

daß sie dem Rudergewicht entgegenwirken und der Schwerpunkt im Drehpunkt zu liegen kommt.

Die Flugzeugsteuerung dient dazu, bewußte Änderungen der Fluglage herbeizuführen, z.B. Einleitung einer Kurve, und Abweichungen von der Sollfluglage zu korrigieren. Sie bereitet jedem Piloten am Anfang der Ausbildung größere Schwierigkeiten. Er muß lernen, verschiedene Steuerbewegungen gleichzeitig auszuführen und dabei das richtige Maß für die Steuerausschläge zu finden. Erschwert wird dies dadurch, daß die Ruderwirkung abhängig von der Fluggeschwindigkeit verschieden stark ist. Bei großer Geschwindigkeit sind die aufzuwendenden Steuerkräfte groß und die Reaktion der Ruder im allgemeinen sehr gut. Bei geringer Geschwindigkeit (Langsamflug, Landung) vermindern sich die Steuerkräfte und die Ruderwirkung läßt nach.

Ruder sind aerodynamische Flächen. Sie verändern die Strömumg und erzeugen je nach Stellung nicht nur erhöhte oder verringerte Luftkräfte an Tragflächen und Leitwerk, sondern auch mehr oder weniger starken zusätzlichen Widerstand. Deshalb sollte man als Pilot mit den Rudern „sparsam" umgehen und sie nicht mehr als notwendig benutzen. Harte, abrupte Ausschläge können die Steuerflächen und das Flugzeug stark beanspruchen und sollten vermieden werden.

Zusammenfassung

Steuerung um Längsachse (Rollen) mit Querruder
- Rollen nach rechts, Steuerhorn nach rechts, rechtes Querruder nach oben, linkes Querruder nach unten
- Rollen nach links, Steuerhorn nach links, linkes Querruder nach oben, rechtes Querruder nach unten

Steuerung um Querachse (Nicken) mit Höhenruder
- Nicken nach oben („Nose up"), Steuerhorn ziehen, Höhenruder nach oben
- Nicken nach unten („Nose down"), Steuerhorn drücken, Höhenruder nach unten

Steuerung um Hochachse (Gieren) mit Seitenruder
- Gieren nach rechts, rechtes Pedal drücken, Seitenruder nach rechts
- Gieren nach links, linkes Pedal drücken, Seitenruder nach links

---

Trimmung

Die Trimmung hat die Aufgabe, die Ruder in einer bestimmten Stellung zu halten und den Piloten dadurch von Steuerdrükken zu entlasten. Dazu sind am Ende der Ruder mit Scharnieren bewegliche kleine Klappen, die sogenannten Trimmklappen (engl. Trim Tab), angebracht. Diese können vom Cockpit aus über ein Handrad (Trimmrad) so verstellt werden, daß sie nach oben oder unten bzw. beim Seitenruder nach links oder rechts ausschlagen und so das eigentliche Ruder in einer bestimmten Position halten.

Da in Richtung der Flugzeug-Längsachse die größten Schwerpunktverschiebungen stattfinden können, sind grundsätzlich alle Flugzeuge mit einer Höhenrudertrimmung, einige zusätzlich mit einer Seitenrudertrimmung, ausgestattet. Über eine Querrudertrimmung verfügen nur größere Flugzeuge.

Stellen wir uns vor, ein Flugzeug befindet sich im Horizontalflug und der Pilot muß, um die Flughöhe zu halten, ständig am Steuerhorn drücken. Offenbar ist das Flugzeug hecklastig. Das Höhenruder muß also zur Höhenhaltung etwas nach unten ausgeschlagen bleiben. Wird nun über das Trimmrad im Cockpit die Trimmklappe am Höhenruder nach oben verstellt, dann wird es durch die an der Trimmklappe wirkende Luftkraft nach unten gedrückt und auch ohne Zutun des Piloten in der gewünschten Stellung gehalten. Der Pilot wird in diesem Fall solange das Trimmrad nach vorne drehen (er trimmt kopflastig, engl. Nose down), bis er am Steuerhorn keinen Druck mehr spürt und das Flugzeug die Flughöhe auch ohne Steuerdruck hält. Er hat den Steuerdruck sozusagen „weggetrimmt". Entsprechend verhält es sich, wenn das Flugzeug kopflastig ist (Abb. 47).

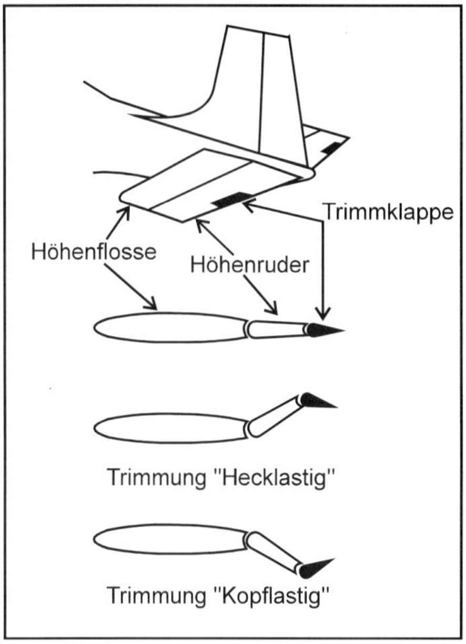

Abb. 47: Höhenrudertrimmung.

In diesem Fall muß das Trimmrad nach hinten gedreht werden, also hecklastig (engl. Nose up) getrimmt werden.

In gleicher Weise wird die Trimmung für den Steig- und Sinkflug eingesetzt. Nachdem das Flugzeug durch Ziehen am Steuerhorn in den Steigflug gebracht worden ist, wird das Trimmrad solange nach hinten gedreht (Nose up), bis am Steuerhorn kein Ziehen mehr nötig ist und das Flugzeug in der gewünschten Steigfluglage bleibt.

Das Trimmrad wird also immer in die Richtung gedreht, in der Kraft auf das Steuerhorn ausgeübt werden muß: Steuerhorn nach vorne drücken - Trimmrad nach vorne drehen; Steuerhorn ziehen - Trimmrad nach hinten drehen. Die Trimmklappe schlägt hierbei immer in die entgegengesetzte Richtung wie das Höhenruder aus. Größere Flugzeuge verfügen zusätzlich über eine elektrisch bedienbare Höhenrudertrimmung. Über einen kleinen Hebel am Steuerhorn wird ein Stellmotor bedient, der die Trimmeinrichtung nach vorn bzw. hinten verstellt.

Das Trimmrad im Cockpit hat eine Anzeige, auf der der Pilot die Stellung der Trimmung ablesen kann. In der Mitte ist die Nullstellung. In dieser Stellung liegt die Trimmklappe in Flucht mit dem Höhenruder. Die vordere Stellung ist meist mit „Nose down", die hintere mit „Nose up" beschriftet.

Der Ausschlag der Ruder durch die Steuerung verändert nicht die Stellung der Trimmklappe zum Ruder. Steuerung und Trimmung sind getrennte Anlagen und arbeiten unabhängig voneinander.

Die Seitenrudertrimmung funktioniert nach dem gleichen Prinzip wie die Höhenrudertrimmung und wird über ein separates Trimmrad im Cockpit eingestellt. Hat das Flugzeug z.B. die Tendenz, um die Hochachse nach rechts wegzudrehen (zu gieren), so muß der Pilot ständig durch entsprechenden Druck auf das linke Seitenruderpedal das Flugzeug in der Richtung halten. Durch Drehung des Trimmrades nach links läßt sich dieser Druck ausgleichen: Die Trimmklappe am Seitenruder schlägt nach rechts aus und hält es dadurch in einer nach links ausgeschlagenen Position. Fehlt eine Trimmklappe am Seitenruder, wie bei vielen Leichtflugzeugen üblich, dann wird das Seitenruder über eine Feder in der durch die Drehung des Trimmrades eingestellten Position gehalten.

Die Trimmung nimmt dem Piloten einen konstanten Steuerdruck zur Erhaltung einer bestimmten Fluglage ab, entlastet ihn also von unnötiger „Steuerarbeit" und trägt zur Stabilisierung einer gewünschten Fluglage und letztlich zu einem ruhigen Flugverlauf bei. In geringem Maß kann die Trimmung aerodynamische Unsymmetrien bei verschiedenen Geschwindigkeiten und die unterschiedliche Wirkung des Luftschraubendralls (siehe hierzu Kapitel 4) ausgleichen. Keinesfalls ist die Trimmung jedoch dazu geeignet, einer fehlerhaften Einstellung der Steuerung oder gar einer unzulässigen Schwerpunktlage entgegenzuwirken.

Die Trimmung sollte nicht dazu benutzt werden, das Flugzeug zu steuern. Vielmehr muß das Flugzeug immer zuerst über die Rudersteuerung in die gewünschte Fluglage gebracht und anschließend dafür ausgetrimmt werden.

Eine einfache Form der Trimmung stellt die sogenannte Bügelkante (Trimmblech) dar. Sie ist ein Blechstreifen, der an der Ruderhinterkante von Seitenruder und ggf. Querruder angenietet ist und mit einer speziellen Zange nach oben oder unten verbogen („gebügelt") werden kann. Die Bügelkante funktioniert im Prinzip wie eine Trimmklappe, kann allerdings nur am Boden eingestellt werden und dient zur Beseitigung während des Fluges festgestellter unerwünschter Lastigkeiten wie z.B. ständiges leichtes Hängen einer Tragfläche oder Drehen.

Zusammenfassung

Trimmung
- dient dem Ausgleich von Steuerdrücken
- sollte grundsätzlich in jeder Fluglage benutzt werden

Höhenrudertrimmung - Flugzeug kopflastig
- Trimmrad nach hinten drehen („Nose up")
- Trimmklappe schlägt nach unten, Höhenruder nach oben aus

Höhenrudertrimmung - Flugzeug hecklastig (schwanzlastig)
- Trimmrad nach vorne drehen („Nose down")
- Trimmklappe schlägt nach oben, Höhenruder nach unten aus

Ein gut ausgetrimmtes Flugzeug ist Voraussetzung für einen ruhigen Flug.

Stabilität

Unter der Stabilität eines Flugzeuges versteht man das Gleichgewicht der Kräfte sowie das Verhalten gegenüber Störungen der Gleichgewichtslage, ausgelöst z.B. durch Turbulenzen, Böen oder Ruderausschläge. Ein Flugzeug ist im stabilen Gleichgewicht, wenn es, nachdem es für einen bestimmte Geschwindigkeit bzw. Triebwerksleistung ausgetrimmt worden ist, nach einer Störung der Fluglage wieder von selbst (ohne Zutun des Piloten) in die Ausgangslage zurückkehrt.

Ausgewogene Stabilität ist eine wichtige Voraussetzung für die Steuerung des Flugzeuges und für das sichere Fliegen überhaupt. Instabilität (Ungleichgewicht der Kräfte), z.B. hervorgerufen durch falsche Beladung und damit unzulässige Verschiebung der Schwerpunktlage, verschlechtert die Steuerbarkeit und kann im schlimmsten Fall zur Steuerlosigkeit führen.

Grundsätzlich unterscheidet man zwischen der statischen und dynamischen Stabilität. Die statische Stabilität beschreibt die Tendenz des Flugzeuges, in die Ausgangslage zurückzukehren. Die dynamische Stabilität ist ein Maß für das Bewegungsverhalten des Flugzeuges nach einer Störung.

Die verschiedenen Stabilitätszustände eines Körpers bzw. eines Flugzeuges können sehr einfach mit Hilfe einer Kugel dargestellt werden. Die obere Darstellung der Abb. 48 zeigt eine Kugel in einer Schale. Wird diese Kugel aus der Ausgangslage, also aus der Mitte der Schale, bewegt, so rollt sie wieder in die Ausgangslage zurück. Die Kugel ist statisch stabil. Wird die Schale umgedreht und die Kugel auf die Schale gelegt, rollt sie herunter und entfernt sich damit zunehmend von der Ausgangslage. Es herrscht in diesem Fall statische Instabilität (Labilität).

Die Kugel verhält sich statisch indifferent (neutral), wenn sie nach einer Störung aus der Gleichgewichtslage weder in die Ausgangslage noch in eine andere Lage strebt, sondern vielmehr in der Lage bleibt, in die sie gebracht wurde.

Auf das Verhalten eines Flugzeuges übertragen bedeutet das: Ein Flugzeug ist dann

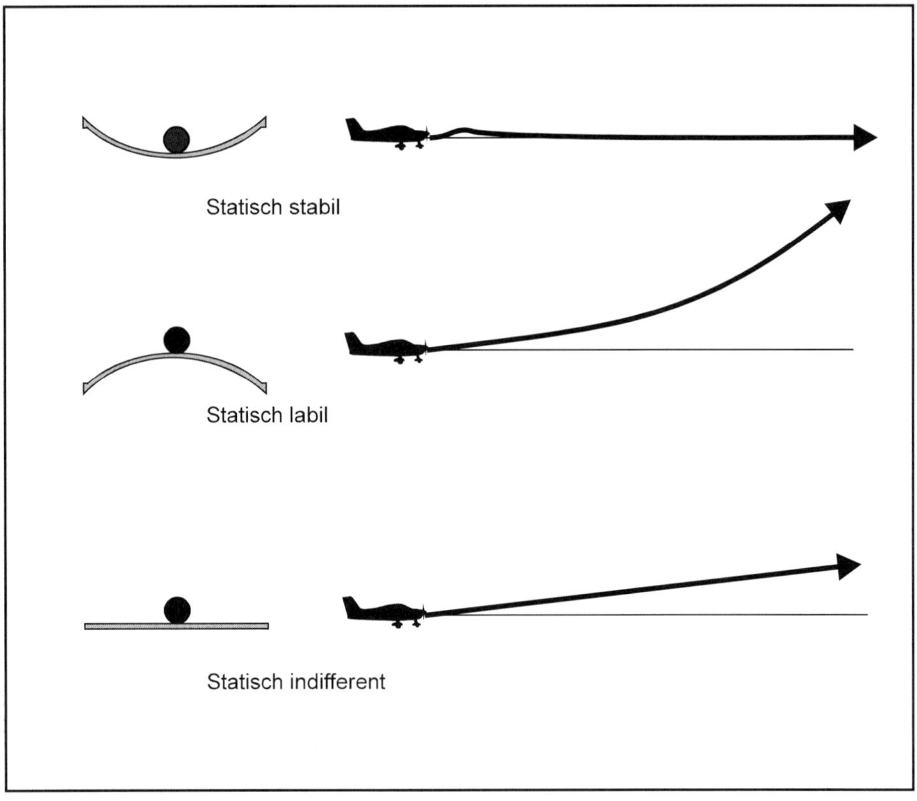

Abb. 48: Statische Flugstabilitätszustände, bezogen auf die Bewegung um die Querachse.

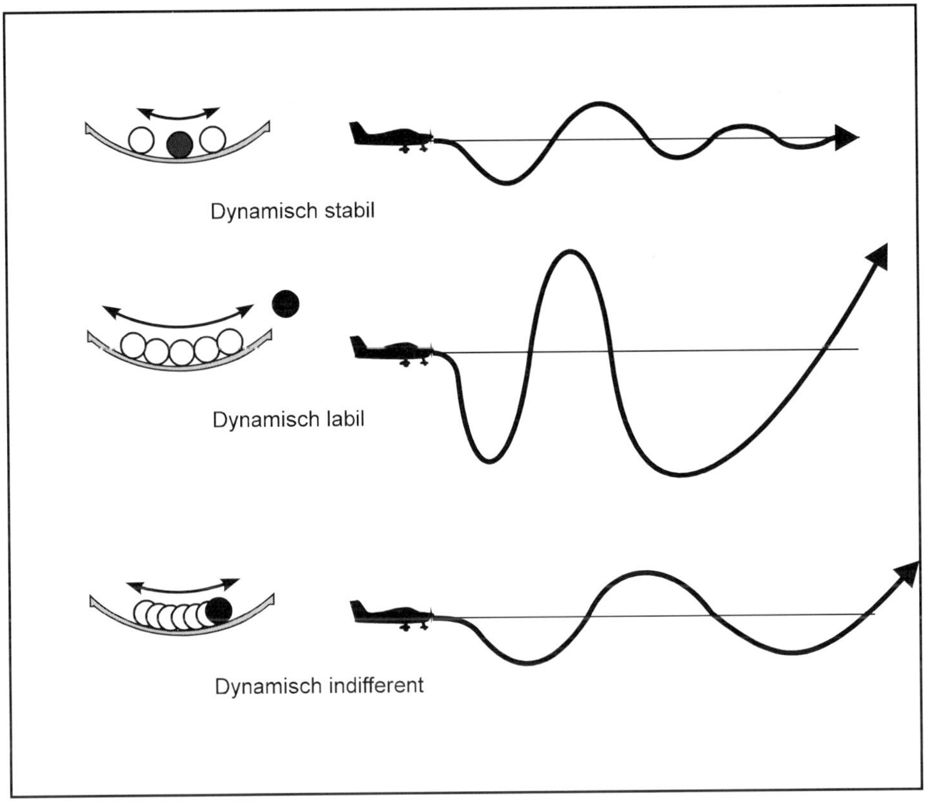

Abb. 49: Dynamische Flugstabilitätszustände, bezogen auf die Bewegung um die Querachse.

statisch stabil, wenn es nach einer Störung der Fluglage wieder in die Ausgangslage zurückkehrt. Bleibt das Flugzeug in der Lage, in die es die Störung gebracht hat, dann ist es statisch indifferent (neutral). Verstärkt sich die Abweichung in der Richtung, in die es durch die Störung gebracht wurde, so ist es statisch instabil.

Abb. 48 veranschaulicht die verschiedenen Stabilitätszustände bezogen auf die Bewegung um die Flugzeug-Querachse. Für Bewegungen um die Längsachse und Hochachse gilt entsprechendes. Von Bedeutung ist nicht nur, daß ein Flugzeug in seine ursprüngliche Fluglage zurückkehrt, sondern wie es zurückkehrt, d.h., welche Bewegungen es nach einer Störung des Gleichgewichts ausführt. Dieses Verhalten bezeichnet man als dynamische Stabilität.

Ein dynamisch stabiles Flugzeug wird nach einer Störung der Fluglage in abklingenden Pendelbewegungen wieder zur Ausgangslage selbständig zurückkehren. Dies entspricht dem Verhalten einer Kugel, die, nachdem sie aus der Mitte einer Schale gestoßen wurde, mehrmals hin und her schwingt und schließlich wieder in der Mitte zur Ruhe kommt (Abb. 49, oben).

Wird die Schale mit der Hand so hin und her bewegt, daß die Schwingungen der Kugel nicht abnehmen, sondern gleich bleiben, dann spricht man von dynamischer Indifferenz. Ebenso verhält sich ein dynamisch indifferentes Flugzeug, das nach einer Störung in gleich großen Pendelbewegungen um die Ausgangslage schwingt und dabei nicht wieder zur ursprünglichen Fluglage zurückkehrt.

Dynamische Labilität liegt vor, wenn die Pendelbewegungen größer werden und sich das Flugzeug immer weiter von der Ausgangslage entfernt. Mit einer Kugel kann man dieses Verhalten demonstrieren, indem man diese aus der Mitte der Schale stößt und zusätzlich mit der Hand die Schale so hin und her bewegt, daß die Pendelbewegungen immer größer werden und die Kugel schließlich aus der Schale springt.

Flugzeuge werden im allgemeinen so konstruiert, daß sie um alle drei Bewegungsachsen statisch und dynamisch stabil sind. Man unterscheidet in diesem Zusammenhang zwischen der Längs-, Quer- und Richtungsstabilität.

Längsstabilität

Unter der Längsstabilität versteht man die Stabilität in Richtung Längsachse und damit den Ausgleich der Bewegungen um die Flugzeug-Querachse. Sie wird durch das Höhenleitwerk erreicht. Die Höhenflosse erzeugt ein sogenanntes rückstellendes Moment und wirkt dadurch dämpfend (stabilisierend) auf jede Veränderung der Fluglage um die Querachse.

Senkt das Flugzeug aufgrund einer Störung die Nase, dann wird infolge der Anstellwinkelverkleinerung der Auftrieb geringer und der Druckpunkt wandert (bei nicht druckpunktfesten Profilen) etwas nach hinten. Gleichzeitig vergrößert sich aufgrund der geänderten Fluglage der negative Anstellwinkel der Höhenflosse. Der Abtrieb nimmt zu und verstärkt das hecklastige Moment.

Die Höhenflosse wird dadurch nach unten gezogen und das Flugzeug so wieder in die Ausgangslage zurückgeführt (Abb. 50).

Bei einer Vergrößerung des Anstellwinkels tritt der umgekehrte Effekt ein: Die Höhenflosse erzeugt weniger Abtrieb, das hecklastige Moment wird schwächer als das durch den Auftrieb erzeugte kopflasti-

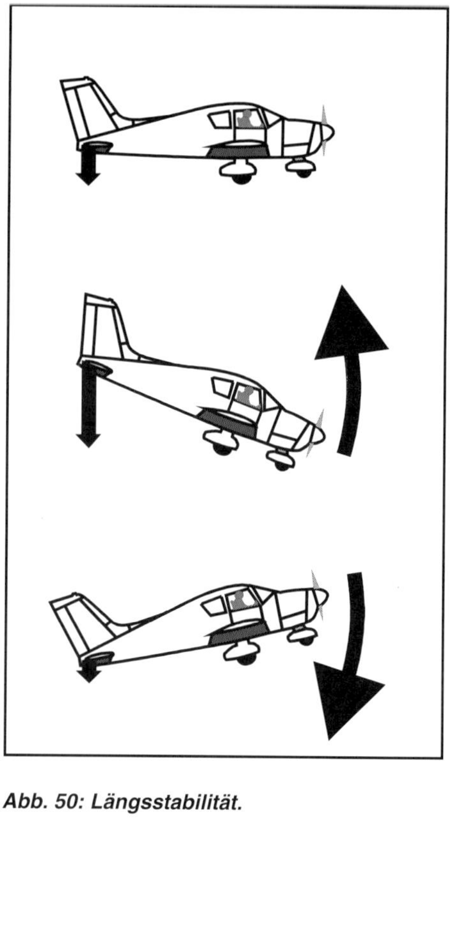

Abb. 50: Längsstabilität.

ge und das Flugzeug kippt nach vorn, bis sich beide Momente wieder ausgleichen.

Die Längsstabilität läßt sich während eines Fluges mit einem gut ausgetrimmten, statisch stabilen Flugzeug demonstrieren: Der Pilot drückt das Flugzeug leicht an und läßt anschließend das Steuerhorn bzw. den Steuerküppel los. Das Flugzeug wird sich mit einigen Pendelbewegungen selbst wieder in die ursprüngliche Fluglage zurückbringen.

Ist ein Flugzeug falsch beladen und der Schwerpunkt dadurch außerhalb des zulässigen Bereichs, dann reicht die stabilisierende Wirkung der Höhenflosse nicht mehr aus, um Drehbewegungen um die Querachse voll auszugleichen. Das Flugzeug wird instabil. Richtige Beladung und eine genaue Schwerpunktberechnung sind daher wichtige Voraussetzungen für den Erhalt einer guten Längsstabilität.

Querstabilität

Querstabilität, d.h. die Stabilität um die Längsachse, ist gegeben, wenn das Flugzeug um die Längsachse auftretende Störungen selbst ausgleicht. Konstruktiv wird dies meist durch eine leichte (positive) V-Stellung der Tragflächen erreicht. Wird z.B. die rechte Tragfläche durch eine Böe angehoben (Rollmoment nach links), so rutscht das Flugzeug etwas nach links unten weg. Die abwärtsgerichtete Fläche erhält durch die zusätzliche Anströmung (größerer effektiver Anstellwinkel) mehr Auftrieb als die angehobene. Die unterschiedliche Auftriebsverteilung (linke Fläche mehr Auftrieb, rechte Fläche weniger Auftrieb) erzeugt ein Drehmoment nach rechts um die Längsachse zurück in die Ausgangslage.

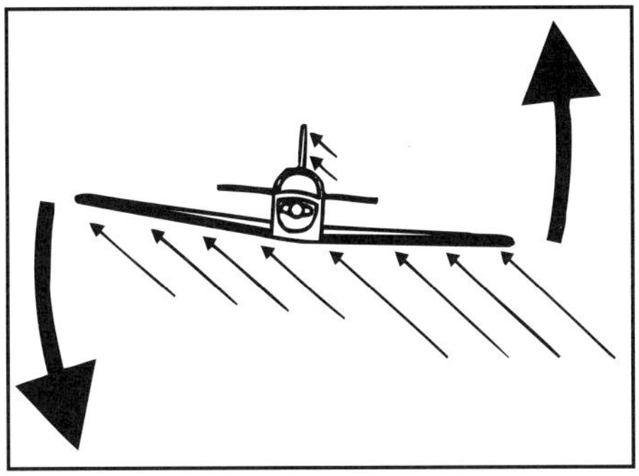

Abb. 51: Querstabilität.

Durch die Schräglage und das seitliche Wegrutschen wird das Seitenleitwerk seitlich angeblasen und damit die aufrichtende Wirkung unterstützt. Dabei entsteht zusätzlich ein Giermoment um die Hochachse. Das Flugzeug rollt und giert bis die Ausgangslage wieder erreicht ist.

Bei Schulterdeckern und Hochdeckern wird die Querstabilität allein schon durch die tiefe Lage des Schwerpunktes (Rumpf unterhalb der Tragfläche) erzeugt. Deshalb spielt eine V-Stellung hier meist keine so große Rolle.

Richtungsstabilität

Die Stabilität um die Hochachse nennt man Richtungsstabilität oder auch Kursstabilität. Sie wird mit Hilfe des Seitenleitwerks und zusätzlich mit den Tragflächen erzeugt. Wird das Flugzeug durch eine Störung um die Hochachse gedreht (das Flugzeug giert), so wird das Seitenleitwerk (und zusätzlich der Rumpf) seitlich angeblasen und wieder in die Strömung, d.h. in die Ausgangslage, zurückgedrückt (sogenannte Wetterfahnenwirkung).

Durch die Drehung des Flugzeuges werden die Tragflächen unterschiedlich stark

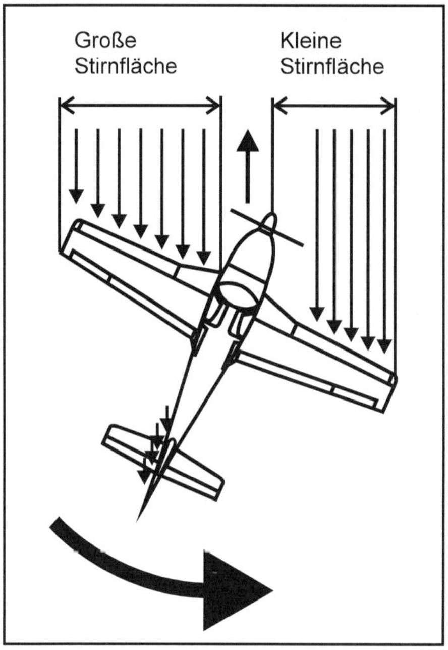

Abb. 52: Richtungsstabilität.

angeströmt, der vorschiebende Tragflügel mehr als der zurückliegende. Am vorschiebenden Flügel entsteht mehr Widerstand als am zurückliegenden. Die Widerstandsdifferenz erzeugt so ein rückdrehendes Moment und unterstützt damit die Richtungsstabilität. Dieser Effekt wird durch gepfeilte Tragflügel noch verstärkt.

Die verschieden starke Anströmung der Tragflächen führt darüber hinaus zu einer Auftriebsdifferenz an den beiden Tragflächen und damit zu einer zusätzlichen Rollbewegung.

Die Betrachtungen zur Stabilität zeigen, welche Bedeutung die einzelnen Flächen am Flugzeug haben. Das Leitwerk übernimmt hierbei in der Tat eine „leitende" Funktion, da es das Flugzeug in der gewünschten Flugbahn hält und im wesentlichen die Stabilisierung der Fluglage übernimmt. Im englischen wird daher die Höhenflosse zutreffend als „Horizontal Stabilizer", die Seitenflosse als „Vertical Stabilizer" bezeichnet.

Um eine bestimmte Stabilität zu erreichen, müssen die Größen der einzelnen Flächen und der Abstand des Leitwerks zum Schwerpunkt konstruktiv genau bestimmt werden. Grundsätzlich sollte ein Flugzeug statisch und dynamisch stabil gebaut sein. Je größer allerdings die Stabilität, desto geringer ist die Wendigkeit. Eine gute Stabilität zeichnet sich u.a. dadurch aus, daß das Flugzeug ohne zu großen Kraftaufwand zu steuern ist und stabil in der Luft liegt. Ein nicht stabiles Flugzeug weicht ständig von seiner Fluglage ab und der Pilot muß mit den Rudern ständig gegensteuern.

Die Stabilität eines Flugzeuges ist nicht nur abhängig von der Konstruktion und der Beladung, sondern zusätzlich auch von der Fluggeschwindigkeit und der Luftdichte. Mit zunehmender Flughöhe wird die Stabilität im allgemeinen schlechter, das Flugzeug benötigt längere Zeit zum Ausgleich von Störungen und reagiert auf Anstellwinkeländerungen empfindlicher. Es sollte deshalb dort besonders gut ausgetrimmt werden.

Zusammenfassung

Stabilitätszustände

Statisch stabil
- Rückkehr zur Ausgangslage

Statisch instabil
- Verstärkung der Abweichung von der Ausgangslage

Statisch indifferent
- Verbleib in der durch die Abweichung hervorgerufenen neuen Lage

Dynamisch stabil
- Rückkehr in die Ausgangslage durch abklingende Pendelbewegungen

Dynamisch instabil
- Sich verstärkende Pendelbewegungen um die Ausgangslage

Dynamisch indifferent
- Gleichbleibende Pendelbewegungen um die Ausgangslage

Längsstabilität (Stabilität um die Querachse)
- wird erreicht durch Höhenleitwerk

Querstabilität (Stabilität um die Längsachse)
- wird erreicht durch V-Stellung der Tragflächen und Seitenleitwerk

Richtungsstabilität (Stabilität um die Hochachse)
- wird erreicht durch Seitenleitwerk und Tragflächen

Flugzeuge sind im allgemeinen statisch und dynamisch stabil.

Steigflug

Um das Flugzeug in den Steigflug zu überführen, muß der Pilot am Steuerhorn bzw. Steuerknüppel ziehen. Das Höhenruder schlägt nach oben aus, der Anstellwinkel vergrößert sich, der Auftrieb nimmt zu und das Flugzeug geht in eine schräg nach oben gerichtete Steigflugbahn über. Gleichzeitig wird die Triebwerksleistung soweit erhöht, daß die gemäß Flughandbuch für den Steigflug empfohlene Steigfluggeschwindigkeit eingehalten werden kann.

Die Steigleistung, d.h. die Steigrate (engl. Rate of Climb), hängt im wesentlichen von der Triebwerksleistung und nicht, wie immer wieder vermutet wird, von der Erhöhung des Auftriebs ab. Das Flugzeug wird durch die schräg nach oben gerichtete Vortriebskraft quasi nach oben gezogen und trägt dabei sogar einen Teil der Flugzeugmasse.

Befindet sich das Flugzeug im Steigflug, ist die erforderliche Triebwerksleistung eingestellt und das Flugzeug für den Steigflug ausgetrimmt, wird es auch eine konstante Fluggeschwindigkeit halten. Sind (kleine) Korrekturen der Fluggeschwindigkeit erforderlich, so werden diese nicht durch Verändern der Triebwerksleistung, sondern ausschließlich durch Wahl eines anderen Anstellwinkels vorgenommen.

Nehmen wir an, die Steigfluggeschwindigkeit beträgt 90 kt. Verringert sie sich während des Steigflugs, wird das Steuerhorn etwas nachgelassen und der Anstellwinkel dadurch verkleinert, bis am Fahrtmesser erneut 90 kt angezeigt werden. Erhöht sich die Geschwindigkeit, so wird am Steuerhorn etwas gezogen, bis wieder 90 kt erreicht sind.

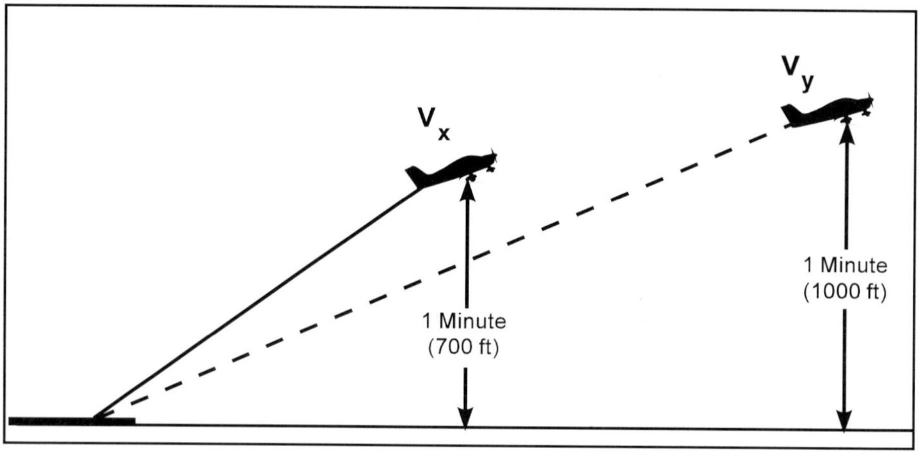

Abb. 53: Steigfluggeschwindigkeiten: Geschwindigkeit für den besten Steigwinkel V_x, Geschwindigkeit für die beste Steigrate V_y.

Der Steigflug wird mit der im Flughandbuch festgelegten Triebwerksleistung und Geschwindigkeit durchgeführt. Dabei wird im allgemeinen zwischen der Geschwindigkeit für den besten Steigwinkel V_x (engl. Best Angle of Climb Speed), der Geschwindigkeit für die beste Steigrate V_y (engl. Best Rate of Climb Speed) und der Geschwindigkeit für den Steigflug in Reiseflughöhe unterschieden.

Mit der Geschwindigkeit für den besten Steigwinkel V_x erzielt das Flugzeug den größten Höhengewinn in kürzestmöglicher Horizontalentfernung, mit der Geschwindigkeit für die beste Steigrate V_y erreicht das Flugzeug den größten Höhengewinn in kürzestmöglicher Zeit (Abb. 53). Aus Sicherheitsgründen (schnell Höhe gewinnen) und zur Verminderung von Fluglärm sollte der Steigflug nach dem Start grundsätzlich mit V_y durchgeführt werden. Sind jedoch unmittelbar im Abflugbereich Hindernisse zu überwinden, dann ist bis zum Überflug V_x einzuhalten (siehe hierzu Band 1 „Gefahrenhandbuch für Piloten“ der Privatpiloten Bibliothek).

Für den Reiseflug wird meist eine Steiggeschwindigkeit empfohlen, die größer ist als

	Cessna 172	Piper PA 28 Cadet
Bester Steigwinkel v_x	60 kt	63 kt
Beste Steigrate v_y	70 kt	79 kt
Reisesteigflug v_{climb}	80 kt	87 kt

Abb. 54: Beispiele für Steigfluggeschwindigkeiten.

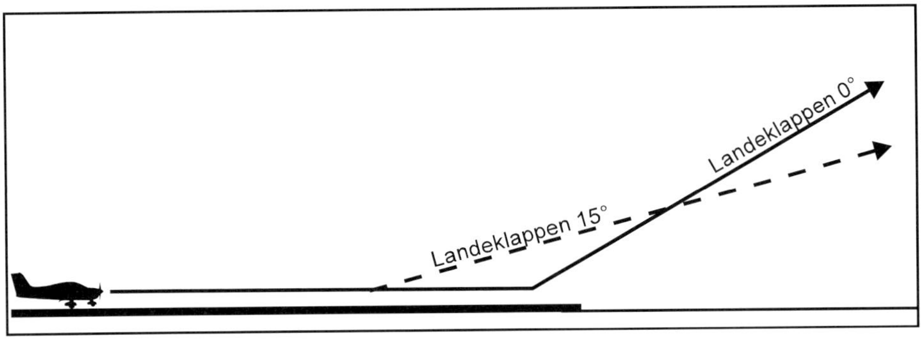

Abb. 55: Ausgefahrene Landeklappen haben immer eine Verschlechterung der Steigrate zur Folge.

V_y. Das Flugzeug steigt dann nicht mit der bestmöglichen Steigrate und die Steigflugbahn ist flacher. Dies ermöglicht zum einen eine bessere Vorwärtssicht aus dem Cockpit, zum anderen wird der Motor durch die günstigere Anströmung besser gekühlt.

Das Ausfahren der Landeklappen hat immer eine Verschlechterung der Steigrate zur Folge. Landeklappen werden zum Start gesetzt, um die Startrollstrecke zu verkürzen und Hindernisse unmittelbar hinter der Startbahn in größerer Höhe überfliegen zu können, wie es die Abb. 55 demonstriert.

Zusammenfassung

Im Steigflug
- Korrekturen der Steigfluggeschwindigkeit mit dem Steuerhorn (Anstellwinkelveränderung) durchführen
- Korrekturen der Steigrate mit Veränderung der Triebwerksleistung durchführen

Steigrate
- Höhengewinn pro Zeit, gemessen in ft/min oder m/s
- Ausgefahrene Landeklappen verschlechtern die Steigrate

Steiggeschwindigkeiten
- V_x - Geschwindigkeit für den besten Steigwinkel
- V_y - Geschwindigkeit für die beste Steigrate

Sinkflug

Der Sinkflug wird im allgemeinen durch Reduzierung der Triebwerksleistung eingeleitet. Die Fluggeschwindigkeit nimmt ab, an den Tragflächen wird weniger Auftrieb erzeugt und das Flugzeug geht in den Sinkflug über. Die Größe der Sinkrate und der Fluggeschwindigkeit hängen dabei von der eingestellten Triebwerksleistung und dem Anstellwinkel ab. Ähnlich wie beim Steigflug wird im Sinkflug die Geschwindigkeit über die Veränderung des Anstellwinkels korrigiert (Ziehen bzw. Drükken des Steuerhorns) und die Sinkrate durch Einstellung der Triebwerksleistung bestimmt.

Im Reise-Sinkflug spielt die Einhaltung einer genau festgelegten Sinkrate und Fluggeschwindigkeit im allgemeinen keine so große Rolle. Anders im Anflug. Hier muß das Flugzeug aus dem Horizontalflug mit einer genau vorgegebenen Geschwindigkeit in den Sinkflug überführt werden. Dazu wird im Horizontalflug zuerst die Triebwerksleistung reduziert und durch Ziehen am Steuerhorn ein Sinken des Flugzeuges verhindert. Die Fluggeschwindigkeit nimmt dadurch schnell ab. Bei Erreichen der für den Sinkflug festgelegten Geschwindigkeit wird die Triebwerksleistung weiter reduziert, und das Flugzeug sinkt.

Die Geschwindigkeit wird nun, wie bereits erwähnt, mit dem Steuerhorn bzw. Steuerknüppel gehalten: Wird das Flugzeug zu schnell, muß gezogen, wird es zu langsam, muß gedrückt werden. Die Sinkrate wird gleichzeitig durch entsprechende Einstellung der Triebwerksleistung gehalten bzw. korrigiert. Stimmen Fluggeschwindigkeit und Sinkrate, dann wird das Flugzeug für diesen Flugzustand ausgetrimmt.

Das Ausfahren der Landeklappen führt zu einer Reduzierung der Geschwindigkeit und Erhöhung der Sinkrate und erfordert eine entsprechende Korrektur des Anstellwinkels und der Triebwerksleistung. Gleichzeitig tritt bei vielen Flugzeugen der Effekt auf, daß sich durch die ausgefahrenen Landeklappen der Druckpunkt etwas nach hinten verschiebt und das Flugzeug dadurch leicht nach vorne kippt (Kopflastigkeit).

Zusammenfassung

Im Sinkflug
- Korrekturen der Sinkfluggeschwindigkeit mit dem Steuerhorn (Anstellwinkelveränderung) durchführen
- Korrekturen der Sinkrate mit Veränderung der Triebwerksleistung durchführen

Sinkrate
- Höhenverlust pro Zeit, gemessen in ft/min oder m/s
- Ausgefahrene Landeklappen erhöhen die Sinkrate

Gleitflug

Unter einem Gleitflug versteht man einen Flug ohne Triebwerksleistung (Motor abgestellt bzw. im Leerlauf, Segelflug). Das Flugzeug gleitet hierbei auf einer schrägen Flugbahn (Gleitflugbahn) nach unten. Der fehlende Vortrieb des Propellers wird nun durch einen Teil der in Richtung Flugbahn wirkenden Schwerkraft ersetzt (Abb. 56). Das Flugzeug wird nach schräg unten gezogen und erhält so die notwendige Vorwärtsgeschwindigkeit. Die Tragflächen werden dabei weiter angeströmt, so daß das Flugzeug voll steuerbar und flugfähig bleibt. Der erzeugte Auftrieb reicht allerdings nicht mehr aus, das Gewicht des Flugzeuges

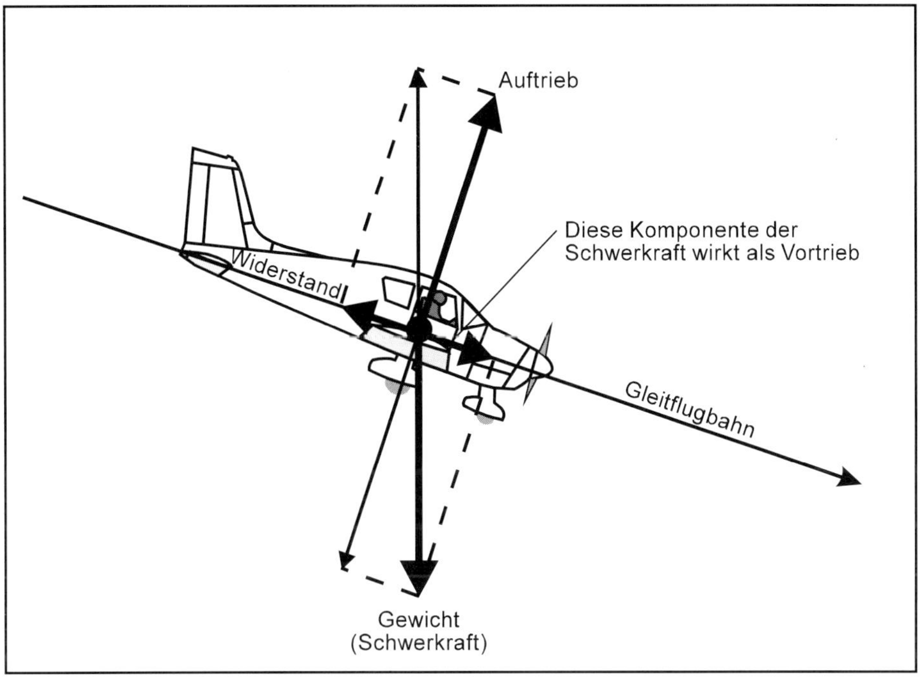

Abb. 56: Kräfte am Flugzeug im Gleitflug (vereinfachte Darstellung).

zu halten. Es verliert Höhe und sinkt mit einem bestimmten Winkel, dem Gleitwinkel.

Jedes Flugzeug, egal ob ein kleines einmotoriges Leichtflugzeug oder ein großes Düsenverkehrsflugzeug, hat mehr oder weniger gute Gleitflugeigenschaften und kann bei Motorausfall sicher zur Erde sinken. Die immer noch weit verbreitete Ansicht, ein Flugzeug müßte bei Motorausfall zwangsläufig abstürzen, ist falsch.

Der Winkel der Gleitflugbahn (Gleitwinkel) ist ein Maß für die Gleitflugeigenschaft eines Flugzeuges. Er wird ausgedrückt als Gleitzahl, als Verhältnis zwischen der Flughöhe und der im Gleitflug zurückgelegten Strecke. Eine Gleitzahl von z.B. 1:12 bedeutet, daß das Flugzeug ohne Triebwerksleistung aus 1 km Höhe noch 12 km weit gleiten kann (bei Windstille). Motorflugzeuge haben eine geringe Gleitzahl (1:10 bis 1:15), Segelflugzeuge dagegen eine sehr hohe (1:25 bis über 1:50). Generell gilt: Je höher der Auftriebsbeiwert c_A und je geringer der Widerstandsbeiwert c_W, also je größer das Verhältnis Auftrieb/Widerstand, desto größer ist die Gleitzahl.

In der fliegerischen Praxis wird die beste Gleitzahl durch Einhalten der Geschwindigkeit für bestes Gleiten (engl. Speed for best Glide) erreicht. Sie garantiert die größtmögliche Gleitstrecke bei Motorausfall. Jeder Pilot sollte diese Geschwindigkeit für sein Flugzeug kennen. Abweichungen von der festgelegten Gleitgeschwindigkeit, egal, ob nach oben oder unten, verschlechtern den besten Gleitwinkel und verkürzen damit die Gleitstrecke.

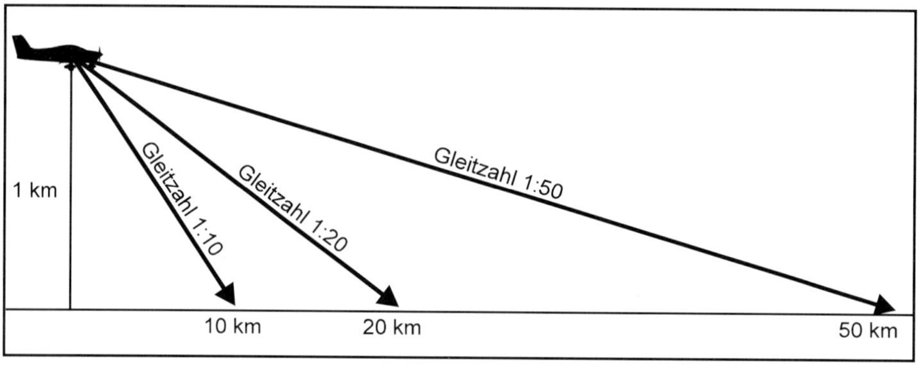

Abb. 57: Die Gleitzahl gibt das Verhältnis zwischen Flughöhe und Flugstrecke im Gleitflug an (Darstellung nicht maßstabsgerecht).

Die Abb. 58 zeigt ein Schaubild zur Gleitflugstrecke aus dem Flughandbuch der Cessna 172. Wie zu sehen, kann die 172 aus einer Flughöhe von 10.000 ft noch etwa 30 km weit gleiten. Das entspricht einer Gleitzahl von 1:10. Weiterhin erkennt man, daß sich die Geschwindigkeit für bestes Gleiten mit abnehmenden Gewicht

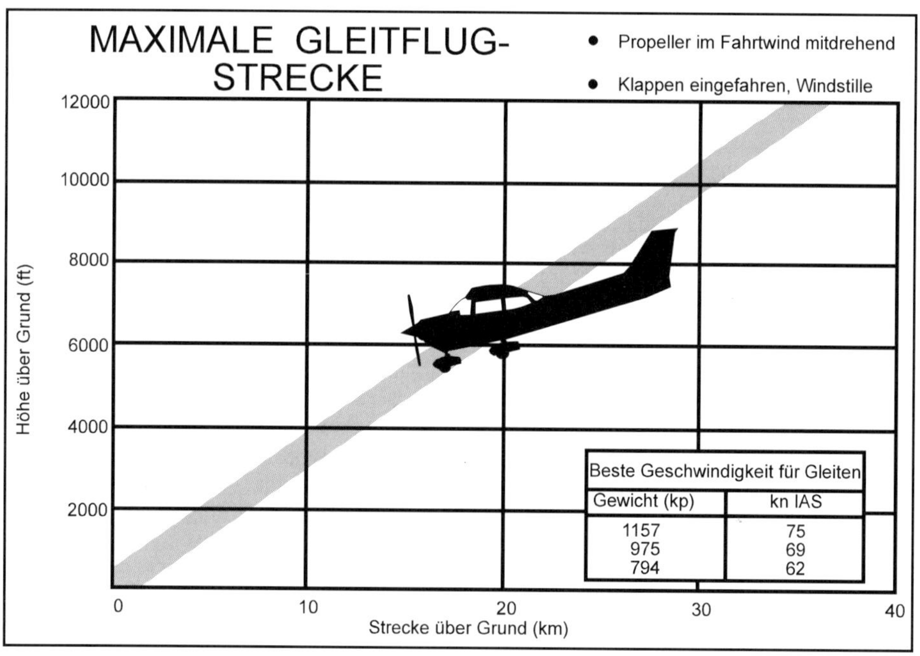

Abb. 58: Maximale Gleitflugstrecke bei Motorausfall für eine Cessna 172 (Quelle: Flughandbuch Cessna 172).

(Masse) ebenfalls verringert. Die maximale Gleitstrecke verändert sich dadurch nicht, vorausgesetzt die entsprechende Gleitgeschwindigkeit wird strikt eingehalten. Auch die Luftdichte hat Einfluß auf die Gleitzahl. Mit zunehmender Luftdichte (geringere Höhe) nimmt die Gleitzahl zu.

Das Ausfahren der Landeklappen hat immer eine Verschlechterung des Gleitwinkels und damit eine Verkürzung der Gleitstrecke zur Folge (Abb. 59). Es wäre also falsch, die Anflugstrecke im Anflug durch Ausfahren der Landeklappen verlängern zu wollen.

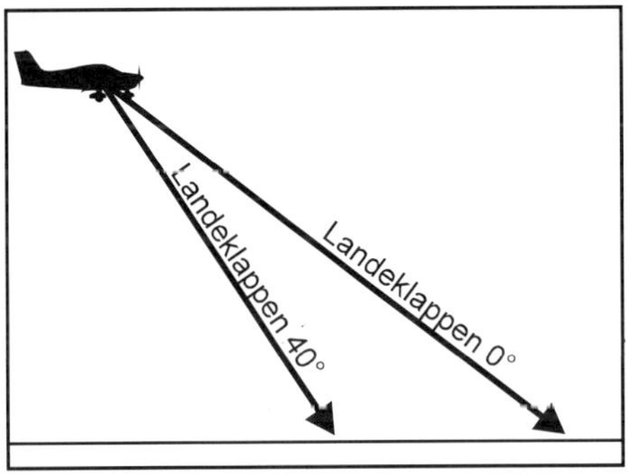

Abb. 59: Ausgefahrene Landeklappen verschlechtern die Gleitzahl und verkürzen die Gleitstrecke.

Zusammenfassung

Gleitflug
- Motorloser Flug bzw. Flug ohne Triebwerksleistung

Gleitzahl
- Verhältnis zwischen der Flughöhe und der aus dieser Höhe ohne Triebwerksleistung zurückgelegten Strecke

Geschwindigkeit besten Gleitens
- Garantiert die größtmögliche Gleitstrecke

Seitengleitflug

Der Seitengleitflug (engl. Slip) ist ein besonderes Flugmanöver, um eine hohe Sinkrate im Anflug ohne wesentliche Zunahme der Geschwindigkeit zu erreichen. Querruder und Seitenruder werden hierbei in die entgegengesetzte Richtung ausgeschlagen (man sagt: „Die Ruder werden gekreuzt").

Bei einem Seitengleitflug nach links wird das Steuerhorn bzw. der Steuerknüppel nach links bewegt, also Querruder links gegeben, und gleichzeitig das Seitenruder nach rechts ausgeschlagen. Das Flugzeug schiebt mit der nach links hängenden Tragfläche voraus und verliert hierbei Höhe. Je mehr Querruder und Seitenruder benutzt werden, um so höher ist die Sinkrate und damit der Anflugwinkel.

Querruder- und Seitenruderausschlag müssen so aufeinander abgestimmt sein, daß die Anflugrichtung gehalten werden kann. Die Geschwindigkeit wird weiterhin mit dem Höhenruder kontrolliert. Dabei ist zu beachten, daß der Fahrtmesser aufgrund der schrägen Anströmung des Staurohrs nicht ganz korrekt anzeigt.

Da die heutigen Motorflugzeuge über sehr wirksame Landeklappen verfügen, ist die Durchführung eines Seitengleitfluges zur Erhöhung der Sinkrate im Anflug kaum noch erforderlich, außer im Falle einer Notlandung. Allerdings stellt der Seitengleitflug eine gute Möglichkeit zum Ausgleich von Seitenwind im Anflug (Seitenwindlandung) dar. Hierbei wird der Seitengleitflug in Richtung des Windes durchgeführt und dadurch ein Wegdriften aus der Anflugrichtung verhindert. Bei Segelflugzeugen ist der Seitengleitflug eine gängige Methode zur Erhöhung der Sinkrate und zur Steuerung des Anfluges.

Zusammenfassung

Seitengleitflug dient

- zur Erhöhung der Sinkrate im Anflug (Verkürzung der Gleitstrecke)
- zur Kompensierung des Windeinflusses im Anflug.

Seitengleitflug links:
Querruder links, Seitenruder rechts

Seitengleitflug rechts:
Querruder rechts, Seitenruder links

Kurvenflug

Im Kurvenflug tritt zusätzlich zu den im Horizontalflug wirkenden Kräften eine weitere Kraft, die Zentrifugalkraft, auf. Die Zentrifugalkraft, auch Fliehkraft genannt, wirkt vom Kurvenmittelpunkt nach außen (will also das Flugzeug aus der Kurve schieben) und muß durch eine entsprechend große Gegenkraft ausgeglichen werden. Diese Gegenkraft wird dadurch erzeugt, indem das Flugzeug in eine Schräglage (Querneigung) gebracht wird.

Durch die Querneigung (engl. Bank) neigt sich auch die Auftriebskraft, die senkrecht zum Tragflügel wirkt. Stellt man sich die Auftriebskraft nun in eine vertikale (senkrechte) und in eine horizontale (waagerechte) Komponente zerlegt vor, so erkennt man, daß die vertikal gerichtete Komponente des Auftriebs der Schwerkraft (Gewicht), die horizontal gerichtete Komponente der Zentrifugalkraft entgegenwirkt (Abb. 60). Das Flugzeug muß also so in die Kurve gelegt werden, daß die horizontal wirkende Auftriebskomponente genau so groß wie die Zentrifugalkraft wird. Dies ist dann erreicht, wenn die Auftriebskraft und die Resultierende aus Zentrifugalkraft und Schwerkraft (sogenanntes Scheinlot) in einer Linie liegen. Das Flugzeug beschreibt dann exakt eine Kreisbewegung (bei Windstille), es fliegt eine koordinierte („saubere“) Kurve.

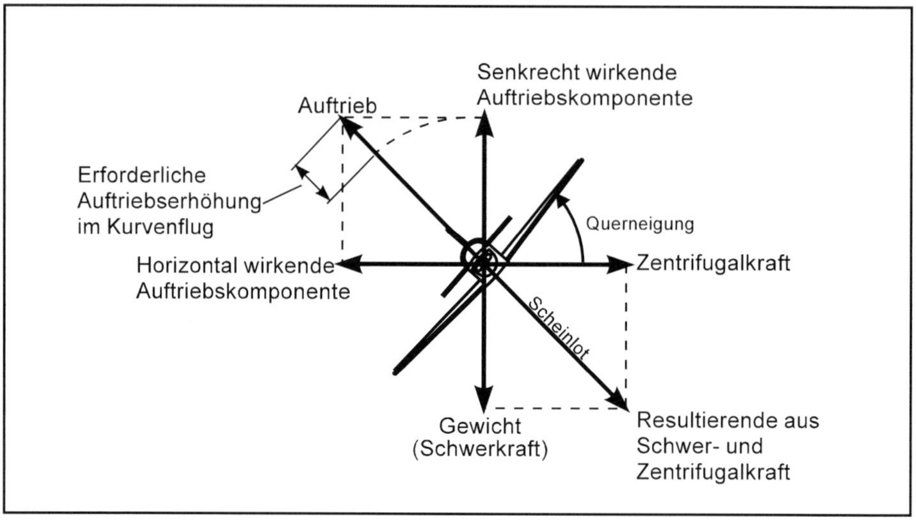

Abb. 60: Kräfte im Kurvenflug.

Entscheidend für eine koordinierte Kurve ist die Querneigung (Schräglage) des Flugzeuges. Je höher die Geschwindigkeit, desto größer muß für einen bestimmten Kreisradius die Querneigung gewählt werden. Je größer die Querneigung bei gleicher Geschwindigkeit, desto kleiner wird der Kurvenradius.

Jede Kreisbewegung eines Körpers erzeugt eine nach außen wirkende Zentrifugalkraft, die durch eine entsprechend große Gegenkraft ausgeglichen werden muß. Im Alltag ist dieser Effekt sehr gut bei einem Motorradfahrer zu beobachten. Der Motorradfahrer muß sich mit seinem Motorrad wie ein Flugzeug in die Kurve legen, um eine der Zentrifugalkraft entgegengesetzte Kraft zu erzeugen. Je höher die Geschwindigkeit, um so mehr muß er sich mit dem Motorrad in die Kurve legen.

Grundsätzlich sollten Kurven mit einer Drehgeschwindigkeit von 3° pro Sekunde geflogen werden. Man nennt diese Kurve die Standardkurve (engl. Standard Turn bzw. Standard Rate of Turn). Für einen Vollkreis bei dieser Drehgeschwindigkeit benötigt man 2 Minuten, für einen 180°-Kurve 1 Minute. Aufgrund der vorgegebenen Drehgeschwindigkeit ergibt sich für eine bestimmte Fluggeschwindigkeit eine entsprechende Querneigung. Bei 80 kt beträgt die Querneigung 12,4° (Kurvenradius 0,42 NM), bei 100 kt 15,4° (Kurvenradius 0,48 NM) und bei 170 kt 25° (Kurvenradius 0,9 NM). Überschlägig läßt sich die Querneigung durch folgende Formel leicht bestimmen:

Kurven-Querneigung (°) = TAS : 10 + 7

Beispiel:

TAS = 110 kt
110 : 10 + 7 = 18
Die Schräglage beträgt also 18°.

Anmerkung: TAS = True Airspeed/Wahre Geschwindigkeit (Erklärung siehe Kapitel 5).

Das Einnehmen der korrekten Querneigung und das Einhalten der Drehgeschwindigkeit von 3° pro Sekunde ist für jeden Piloten am Anfang nicht ganz einfach und bedarf einiger Übung. Unterstützt wird er hierbei durch die Anzeigen am künstlichen Horizont und am Wendezeiger (siehe Kapitel 5).

Passen Querneigung, Drehgeschwindigkeit und Fluggeschwindigkeit nicht zueinander, dann liegen Auftriebskraft und die Resultierende aus Schwerkraft und Zentrifugalkraft nicht in einer Wirkungslinie und die Kurve wird „unsauber", d.h. unkoordiniert geflogen. Ist die Querneigung zu groß, dann ist die Zentrifugalkraft kleiner als die entgegengesetzt wirkende Horizontalkomponente des Auftriebs und das Flugzeug rutscht in Richtung zum Kurvenmittelpunkt (Rutschkurve) und sinkt dabei. Ist die Querneigung zu gering, dann ist die Zentrifugalkraft zu groß und das Flugzeug schiebt nach außen (Schiebekurve) und beginnt zu steigen. Durch Verringerung bzw. Erhöhung des Querruderausschlags kann die Querneigung leicht korrigiert und das Flugzeug in die richtige Kurvenlage gebracht werden.

In den Abbildungen zum Kurvenflug erkennen wir, daß in der Kurve der erforderliche Auftrieb zunehmen muß, um das Flugzeug in der Höhe zu halten. Das ist verständlich, da ein Teil der Auftriebskraft verwendet wird, um eine der Zentrifugalkraft entgegengesetzte Kraft zu erzeugen. Soll das Flugzeug in der Kurve also nicht sinken, muß der Auftrieb entsprechend erhöht werden. In der Praxis zieht man leicht am Steuerhorn (Steuerknüppel). Dadurch wird der Anstellwinkel vergrößert.

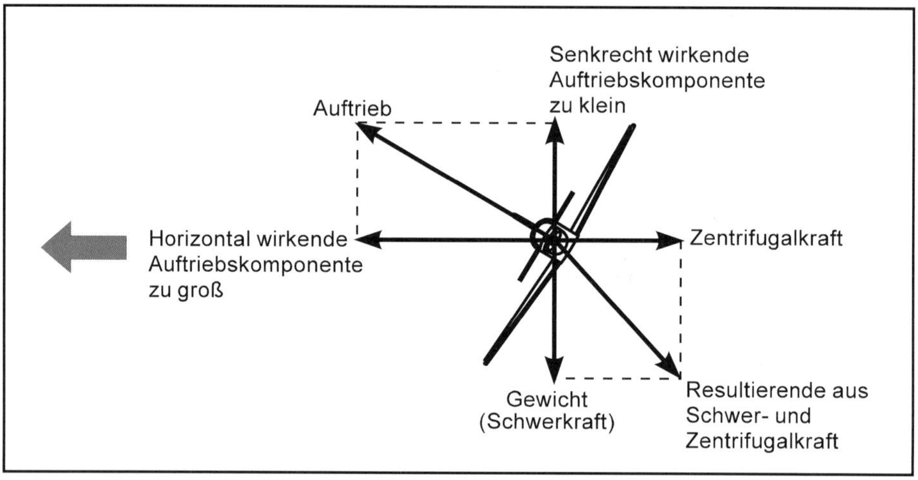

Abb. 61: Rutschkurve.

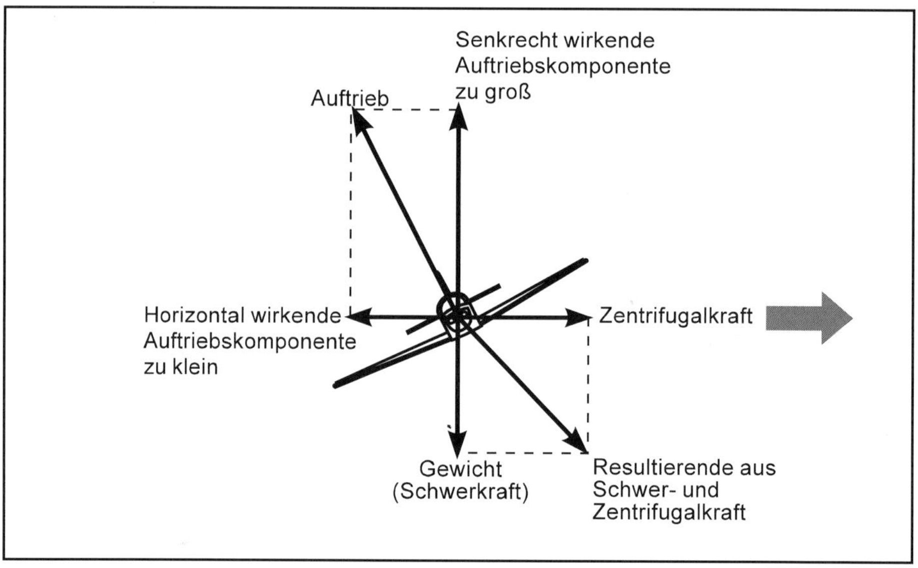

Abb. 62: Schiebekurve.

In Abb. 63 ist ein Flugzeug mit einer Masse von 1.000 kg, entsprechend einer Schwerkraft von rund 10.000 N (N = Newton), dargestellt. Im Geradeausflug muß eine Auftriebskraft von 10.000 N erzeugt werden, um das Flugzeug im horizontalen Gleichgewicht zu halten. Führt das Flugzeug nun eine Kurve mit einer Querneigung von z.B. 20° aus, dann ist zum Halten der Höhe bereits eine Auftriebskraft von 10.600 N erforderlich, bei einer Querneigung von 60° beträgt sie 20.000 N. In gleichem Maße vergrößert sich die Resultierende aus Schwerkraft und Zentrifugalkraft. Bei 60° Querneigung ist das Flugzeug scheinbar doppelt so schwer. Die Flächenbelastung beträgt nun das 2-fache gegenüber der im Horizontalflug.

Die am Flugzeug wirkenden Kräfte nehmen also mit größer werdender Kurven-Querneigung zu, erst allmählich, dann immer stärker. Die Zunahme der Belastung bezeichnet man als das Lastvielfache (engl. Load Factor) und verwendet dafür den Buchstaben „g“ (Bezeichnung für die Erdbeschleunigung). Im unbeschleunigten Horizontalflug beträgt das Lastvielfache 1 g.

Bei einer Kurven-Querneigung von 40° erhöht sich das Lastvielfache auf 1,3 g, bei 60° auf 2 g und bei 70° bereits auf beinahe 3 g.

Jedes Flugzeug ist nur für eine bestimmte Belastung, d.h. ein bestimmtes Lastvielfaches, konstruiert. Das maximal zulässige Lastvielfache ist im jeweiligen Flughandbuch angegeben (siehe Kapitel 6).

Die erhöhte Belastung in der Kurve wirkt sich allerdings nicht nur auf das Flugzeug, sondern auch auf die Insassen aus. Ihr Gewicht erhöht sich scheinbar und sie werden stärker in die Sitze gedrückt. Bei extrem hoher Belastung wird das Blut im Körper nach unten gepresst und es kann vorübergehende Bewustlosigkeit auftreten (siehe hierzu Band 1 „Gefahrenhandbuch für Piloten“ der Privatpiloten-Bibliothek).

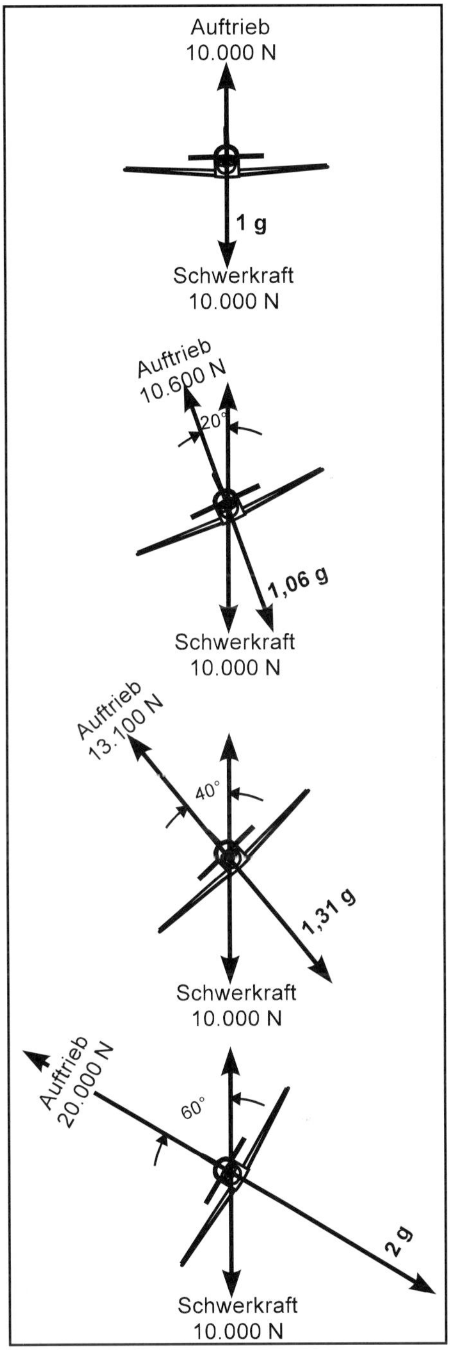

Abb. 63: Vergrößerung des Lastvielfachen g in der Kurve.

Mit Erhöhung der Flächenbelastung bzw. des Lastvielfachen in der Kurve nimmt darüber hinaus die Überziehgeschwindigkeit (Mindestgeschwindigkeit) merklich zu. Bei einer Querneigung von 20° beträgt die Zunahme 3%, bei 60° dagegen schon 41%. Nehmen wir an, ein Flugzeug hat eine Überziehgeschwindigkeit von 50 kt. Bei einer Kurve mit einer Querneigung von 60° beträgt die Überziehgeschwindigkeit dann 70 kt. Jeder Pilot sollte sich dieser Erhöhung der Überziehgeschwindigkeit bewußt sein, insbesondere bei Kurven mit geringen Geschwindigkeiten (z.B. im Landeanflug und im Abflug).

Zur Einleitung einer Kurve wird das Steuerhorn bzw. der Steuerknüppel in Richtung der Kurve ausgelenkt und zur Unterstützung das Seitenruder in Kurvenrichtung leicht ausgeschlagen. Zusätzlich wird mit zunehmender Kurvenlage am Steuerhorn (Steuerknüppel) gezogen, um die Flughöhe zu halten. Hat das Flugzeug die für die Kurve erforderliche Schräglage eingenommen, werden die Querruder und das Seitenruder wieder in Neutralstellung gebracht. Das Höhenruder bleibt weiterhin gezogen.

Durch Querruderausschlag in die der Kurve entgegengesetzte Richtung, u.U. unterstützt durch entsprechenden Seitenruderausschlag, wird das Flugzeug wieder aus der Kurve genommen. Das Steuerhorn bzw. der Steuerknüppel wird leicht nach vorne bewegt und so das Höhenruder wieder in die Neutralstellung gebracht.

Je steiler die Kurve, um so mehr muß das Steuerhorn gezogen werden. Bei einer Steilkurve (Kurve mit einer Querneigung von mehr als 30°) wächst der Anstellwinkel stark an, der Widerstand nimmt dementsprechend zu und die Fluggeschwindigkeit ab. Gleichzeitig erhöht sich die Überziehgeschwindigkeit und die Gefahr besteht, in den überzogenen Flugzustand zu geraten. Deshalb ist es in diesem Fall erforderlich, die Triebwerksleistung zu erhöhen, um eine sichere Geschwindigkeit zu halten.

Kurven-Querneigung	0°	20°	40°	60°	80°	90°
Lastvielfache g	1,0	1,1	1,3	2,0	5,8	∞
Zunahme der Überziehgeschwindigkeit	0%	3%	14%	41%	140%	∞

Abb. 64: Mit Vergrößerung der Kurven-Querneigung nehmen das Lastvielfache und die Überziehgeschwindigkeit zu.

Zusammenfassung

Koordinierte Kurve
- Kräfte sind im Gleichgewicht
- Querneigung, Drehgeschwindigkeit und Fluggeschwindigkeit sind aufeinander abgestimmt

Rutschkurve
- Querneigung zu groß
- Das Flugzeug rutscht in Richtung zum Kurvenmittelpunkt

Schiebekurve
- Querneigung zu gering
- Flugzeug schiebt aus der Kurve

Standardkurve
- Kurve mit Drehgeschwindigkeit von 3° pro Sekunde

Lastvielfache
- Verhältnis zwischen der tatsächlich am Flugzeug-Schwerpunkt angreifenden Gesamtkraft und der Gewichtskraft des Flugzeuges, angegeben als Vielfaches der Erdbeschleunigung
- In der Kurve nimmt das Lastvielfache zu

Achtung: Im Kurvenflug erhöht sich die Überziehgeschwindigkeit!

Langsamflug und Überziehen

Fliegt ein Flugzeug sehr langsam (z.B. im An- und Abflug), dann ist aufgrund der Nähe zur Überziehgeschwindigkeit besondere Vorsicht geboten. Die am Flugzeug angreifenden Luftkräfte werden schwächer, die Ruderwirkung nimmt ab und das Flugzeug reagiert träge auf Steuerausschläge (Man sagt: Die Steuerung wird weich). Der Pilot neigt daher dazu, Korrekturen mit großen Steuerausschlägen auszuführen, und die Gefahr besteht, daß das Flugzeug dabei in den überzogenen Flugzustand gerät.

Im Langsamflug dürfen Kurven nur mit geringer Querneigung ausgeführt werden. Das für den Kurvenflug nach unten ausgeschlagene Querruder erzeugt zwar mehr Auftrieb, aber wegen der stärkeren Strömungsumlenkung (größerer Anstellwinkel im Bereich des Querruders) reißt die Strömung hier früher ab und das Flugzeug kippt u.U. über die Tragfläche weg. Die Richtung sollte daher im Langsamflug primär mit dem Seitenruder und nicht mit dem Querruder korrigiert bzw. gehalten werden.

Kommt man während des Langsamfluges einmal unversehens in den überzogenen Flugzustand, so muß man, besonders in Bodennähe, sofort reagieren: Flugzeugnase absenken (Anstellwinkel verkleinern), also Höhensteuer nachlassen bzw. nach vorn bewegen, und gleichzeitig die Triebwerksleistung erhöhen; dabei Querruder in Neutralstellung bringen und mit dem Seitenruder das Flugzeug geradeaus halten. Es gibt nur diese Möglichkeit, aus einem Stall herauszukommen. Zieht der Pilot jetzt vor Schreck am Höhensteuer, um die Flughöhe zu halten, so gerät das Flugzeug erst recht in den überzogenen Flugzustand und verliert an Höhe.

Die meisten der heute gängigen einmotorigen Flugzeuge haben ein ausgesprochen gutmütiges Überziehverhalten. Der Strömungsabriß erfolgt nicht plötzlich, sondern vollzieht sich über einen größeren Anstellwinkelbereich und pflanzt sich von der Tragflügelwurzel zur Tragflügelspitze hin allmählich fort. Es bleibt so genügend Zeit zum (sofortigen) Reagieren. Hinzu kommt, daß das Flugzeug wegen der an Tragfläche und Höhenleitwerk wirkenden Kräfte und Momente mit zunehmenden Anstellwinkel immer kopflastiger wird. D.h., das Flugzeug selbst neigt dazu, den Anstellwinkel zu verkleinern und dadurch den überzogenen Flugzustand zu beenden.

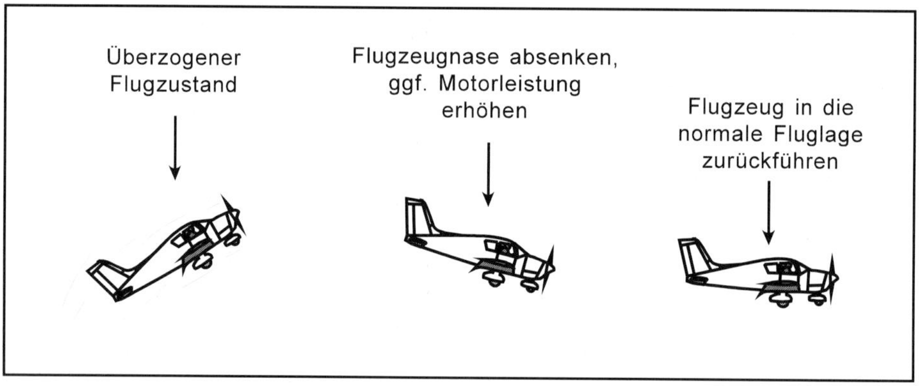

Abb. 65: Herausnehmen aus dem überzogenen Flugzustand.

Für den Piloten gibt es eindeutige Hinweise, die ihn auf den bevorstehenden Strömungsabriß aufmerksam machen. Die Fluggeschwindigkeit wird geringer, die Flugzeugnase zeigt schräg nach oben, die Steuerung wird träger und einige Flugzeuge beginnen darüber hinaus, bei Annäherung an den kritischen Anstellwinkel zu schütteln Dieses Schütteln wird bei manchen Flugzeugen durch Anbringen einer sogenannten Turbulenzkante an der Tragflügelvorderseite künstlich erzeugt.

Am eindringlichsten wird der überzogene Flugzustand allerdings durch die in jedem Flugzeug installierte Überziehwarnung (engl. Stall Warning) angekündigt. Diese ist so eingestellt, daß sie 5 bis 10 kt über der Überziehgeschwindigkeit auslöst und ein akustisches (Warnton) oder optisches (rote Warnlampe) Signal erzeugt.

Abb. 66 zeigt, wie eine Überziehwarnanlage funktioniert. An der Tragflügelvorderkante befindet sich eine beweglich ange-

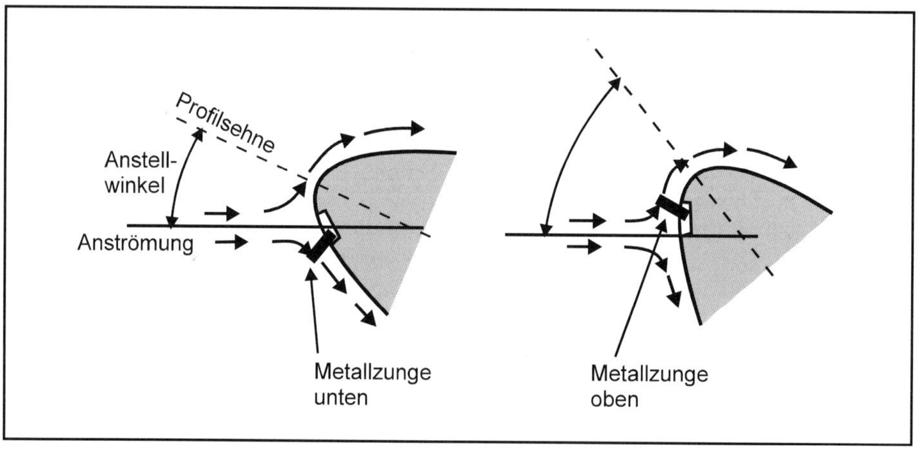

Abb. 66: Funktion einer Überziehwarnanlage.

brachte Metallzunge. Diese wird unter normalen Flugbedingungen (kleiner Anstellwinkel) von der Strömung nach unten gedrückt. Vergrößert sich der Anstellwinkel, dann verschiebt sich der Staupunkt entlang der Profilvorderkante immer weiter nach unten und schließlich, kurz vor Erreichen des kritischen Anstellwinkels, drückt die Strömung die Metallzunge nach oben. Dadurch schließt sich ein mit der Metallzunge verbundener elektrischer Kontakt und löst im Cockpit ein Warnsignal aus.

Andere Ausführungen verwenden anstelle der Metallzunge eine kleine Öffnung in der Tragflügelvorderkante. Bei großem Anstellwinkel ensteht an der Öffnung ein Unterdruck (Sog), der eine sogenannte Stimmlippe in Schwingungen versetzt und so einen Warnton erzeugt.

Zusammenfassung

Im Langsamflug fliegt das Flugzeug nahe der Überziehgeschwindigkeit. Deshalb:

- Fluggeschwindigkeit im Auge behalten
- nur kleine Steuerausschläge ausführen
- Kurven mit nur geringer Querneigung fliegen.

So beendet man den überzogenen Flugzustand:

- Höhensteuer nach vorn bewegen (Anstellwinkel verkleinern)
- die Triebwerksleistung erhöhen (Fahrt aufnehmen).

Trudeln

Unter Trudeln (engl. Spin) versteht man eine Drehbewegung des Flugzeuges um eine meist nur eine halbe Spannweite vom Schwerpunkt liegende Achse. Die Strömung über den Tragflächen (und auch am Höhenleitwerk) ist weitgehend abgelöst, das Flugzeug dreht mit einer Umdrehung pro Sekunde und verliert dabei oft mehr als 300 ft Höhe. Die Drehung des Flugzeuges ist stabil (Autorotation) und würde sich ohne ein gezieltes Eingreifen des Piloten bis zum Aufschlag am Boden fortsetzen.

Bewußt durchgeführtes Trudeln ist Kunstflug. Unbeabsichtigtes Trudeln dagegen ist ein gefährlicher Flugzustand. Jeder Pilot muß wissen, wie er ein trudelndes Flugzeug wieder in die normale Fluglage zurückbringt.

Der Ablauf ist im Prinzip immer der gleiche: Vergrößerung des Anstellwinkels, Abnahme der Geschwindigkeit, Langsamflug, Strömungsabriß, Abkippen über eine Tragfläche, Drehung des Flugzeuges und dann Trudeln.

Um aus dem Trudeln wieder herauszukommen, gibt es nur eine Möglichkeit: Seitenruder voll gegen die Trudelrichtung auslenken, Querruder in Neutralstellung bringen und Triebwerksleistung zurücknehmen. Das Steuerhorn (Steuerknüppel) wird dabei etwas nach vorne bewegt, um den überzogenen Flugzustand zu beenden. Die Ruder werden solange in dieser Stellung gehalten, bis die Drehung aufhört. Dies kann meist noch eine bis eineinhalb Umdrehungen dauern.

Falsch wäre, die fallende Tragfläche mit den Querrudern wieder anheben zu wollen, denn dies bewirkt genau das Gegenteil:

Eine zusätzliche Anstellwinkelvergrößerung des abkippenden Tragflügels im Querruderbereich (Querruderausschlag nach unten) und damit erst recht den völligen Strömungsabriß.

Sobald die Drehung des Flugzeuges beendet ist, wird das Seitenruder in Neutralstellung gebracht und das Flugzeug aus dem Sturzflug weich abgefangen, d.h., das Steuerhorn bzw. der Steuerknüppel wird leicht gezogen und die Triebwerksleistung erhöht. Bei zu starkem Ziehen besteht die Gefahr, daß das Flugzeug wieder in den überzogenen Flugzustand gerät und seine Struktur überbeansprucht wird.

Beim Trudeln kann der Anstellwinkel bis zu 40° groß werden und das Flugzeug neigt sich etwa 45° bis 70° nach unten. Man nennt diese Form des Trudelns daher auch Steiltrudeln. Eine besonders gefährliche Form des Trudelns stellt das sogenannte Flachtrudeln dar. Hierbei neigt sich das Flugzeug „nur" etwa 10° bis 45° zur Horizontalen und der Anstellwinkel kann Werte bis zu 80° annehmen. Flachtrudeln entsteht vor allem durch eine extrem rückwärtige Schwerpunktlage (z.B. durch falsche Beladung). Der Trudelzustand ist sehr stabil und kaum zu beenden. Unter Umständen können voller Seitenruderausschlag entgegen der Trudelrichtung, stoßweises Geben von Vollgas oder wechselndes Drükken und Ziehen das Flachtrudeln in ein Steiltrudeln überführen.

Trudeln ist nicht zu verwechseln mit einer Steilspirale (engl. Spiral) Bei einer Steilspirale liegt die Strömung an den Tragflächen an und das Flugzeug ist weiterhin steuerbar.

Zusammenfassung

Trudeln: Stabile Drehbewegung eines Flugzeuges um eine vertikale Achse bei abgerissener Strömung und extrem starker Sinkrate.

So bringen Sie das Flugzeug aus dem Trudeln:
- Seitenruder voll gegen die Drehrichtung ausschlagen
- Querruder in Neutralstellung bringen
- Höhensteuer leicht drücken
- Triebwerksleistung auf Leerlauf

Nach Beendigung der Drehung
- Ruder in Neutralstellung bringen
- Flugzeug sanft abfangen (Höhenruder ziehen)
- Triebwerksleistung erhöhen

Bodeneffekt

Beim Starten und Landen kommen die Tragflächen dem Boden so nahe, daß sich die Randwirbel um die Tragflügelenden nicht voll ausbilden können. Der induzierte Widerstand wird dadurch verringert, und es steht mehr Strömungsenergie für die Auftriebserzeugung zur Verfügung. Der Auftriebsbeiwert nimmt merklich zu, und das Flugzeug ist bereits bei einer geringeren Fluggeschwindigkeit als unter normalen Bedingungen flugfähig. Dieser durch den Boden ausgeübte Einfluß auf die Umströmung der Tragflächen wird Bodeneinfluß oder auch Bodeneffekt (engl. Ground Effect) genannt.

Der Bodeneinfluß macht sich erst bemerkbar, wenn der Abstand der Tragflächen vom Boden kleiner als die Flügelspannweite ist. Bei einem Abstand von einem Viertel der Spannweite reduziert sich der induzierte Widertsand um etwa 25%, bei einem Abstand entsprechend einem Zehntel der Spannweite sogar um rund 50%. Der Bodeneffekt entsteht also nur in unmittelbarer Bodennähe, direkt nach dem

Start und kurz vor der Landung. Aufgrund der Tragflächenanordnung ist er bei Tiefdeckern stärker ausgeprägt als bei Schulter- oder Hochdeckern.

Beim Start läßt sich der Bodeneffekt dazu ausnutzen, die Startstrecke zu verkürzen. Da das Flugzeug in Bodennähe bereits bei einer geringeren Geschwindigkeit flugfähig ist, kann es schon vor Erreichen der festgelegten Abhebegeschwindigkeit vom Boden abheben und so (aufgrund des nun nicht mehr vorhandenen Rollwiderstandes) schneller Fahrt aufnehmen. Dazu ist es allerdings erforderlich, das Flugzeug unmittelbar nach dem Abheben erst einmal in geringer Höhe über dem Boden zu führen, bis die festgelegte Steigfluggeschwindigkeit erreicht ist. Steigt das Flugzeug aus dem Bodeneffekt heraus, ohne die erforderliche Geschwindigkeit erreicht zu haben, dann sackt es wieder durch. Dieses Flugmanöver erfordert also ein präzises Einhalten der Flughöhe und eine genaue Beobachtung der Geschwindigkeit. Es sollte daher nur von geübten Piloten eingesetzt werden.

Weniger günstig macht sich der Bodeneffekt bei der Landung bemerkbar. Das Flugzeug schwebt länger und verlängert dadurch die Landestrecke.

Zusammenfassung

Bodeneffekt

- entsteht im bodennahen Flug durch Reduzierung des induzierten Widerstandes bei gleichzeitiger Erhöhung des Auftriebs
- macht sich bemerkbar bei einem Abstand des Tragflügels zum Boden, der kleiner als seine Spannweite ist
- führt beim Start zu einer verringerten Abhebegeschwindigkeit
- führt beim Landen zu längerem Ausschweben

Kontroll- und Übungsaufgaben

1. Im unbeschleunigten Horizontalflug ist der vom Triebwerk erzeugte Vortrieb größer als der durch die Strömung erzeugte Widerstand. Ist diese Aussage richtig?

2. Der am Höhenleitwerk erzeugte Abtrieb wirkt dem an den Tragflächen erzeugten Auftrieb entgegen. Warum kann die Abtriebskraft sehr viel kleiner als die Auftriebskraft sein?

3. Welches ist das wichtigste Ruder am Flugzeug?

4. Warum sind die Querruder am Ende und nicht an der Wurzel der Tragflächen angebracht?

5. Das Steuerhorn wird zum Einleiten einer Linkskurve nach links gedreht.
a) Welches Querruder schlägt nach unten, welches nach oben aus?
b) Welches Querruder hat den größeren Ausschlag?

6. Die Fußpedale im Cockpit haben neben der Seitenruderbewegung noch andere Aufgaben. Welche?

7. Welche Aufgabe hat die Trimmung?

8. Sie haben vor dem Start vergessen, die Höhenrudertrimmung auf Null (neutral) zu stellen. Die Trimmung ist total kopflastig eingestellt. Was wird beim Start passieren?

9. Die statische und dynamische Stabilität eines Flugzeuges wird weitestgehend konstruktiv festgelegt. Auf welche Stabilität (Längs-, Quer-, Richtungsstabilität) hat der Pilot unmittelbaren Einfluß?

10. Erklären Sie die Begriffe „Kopflastigkeit“ und „Hecklastigkeit“!

11. Wodurch erhält ein Flugzeug im Gleitflug die für die Erzeugung des Auftriebs erforderliche Vorwärtsgeschwindigkeit?

12. Wo finden Sie für Ihr Flugzeug die Geschwindigkeit für bestes Gleiten?

13. Einmotorige Flugzeuge haben eine Gleitzahl von etwa 1:10 bis 1:15. Schätzen Sie die Gleitzahl vom Airbus A 320!

14. Während des Fluges fällt der Motor aus. Wie bringen Sie das Flugzeug auf die nun einzuhaltende Geschwindigkeit für bestes Gleiten?

15. Im Anflug führen Sie einen Seitengleitflug durch, um die Sinkrate zu erhöhen. Wie stellen Sie die Triebwerksleistung ein?

16. Warum hat das Ausfahren der Landeklappen im Gleitflug eine Verkürzung der Gleitflugstrecke zur Folge?

17. Die für ein Flugzeug ermittelte Gleitzahl nimmt mit größer werdender Flugzeugmasse (größere Beladung) ab. Ist diese Aussage richtig?

18. Jeder Pilot muß sich vergegenwärtigen, daß im Kurvenflug die Überziehgeschwindigkeit zunimmt. Bei welchem Flugzustand muß er diesen Umstand besonders berücksichtigen?

19. Was versteht man unter einer sauber geflogenen Kurve?

20. Standardkurve mit 3° pro Sekunde, Fluggeschwindigkeit TAS 80 kt. Mit welcher Kurven-Querneigung muß die Kurve geflogen werden?

21. Warum sollte man im Langsamflug möglichst nicht die Querruder betätigen?

22. Je langsamer ein Flugzeug fliegt, um so größer ist der Anstellwinkel. Warum ist das so?

23. Für ungeübte Piloten ist Trudeln ein gefährlicher Flugzustand. Besteht unter normalen Umständen die Gefahr, ins Trudeln zu geraten?

24. Durch welche Maßnahmen kann man das Trudeln beenden?

25. Warum ist das Flachtrudeln so gefährlich?

Kapitel 4

Triebwerk

Einführung

Das Flugzeugtriebwerk hat die wichtige Aufgabe, Vortriebskraft (Schub) zu erzeugen und dadurch dem Flugzeug die erforderliche Geschwindigkeit zu verleihen. Es besteht im wesentlichen aus dem Motor und dem von diesem angetriebenen Propeller. Der Propeller wirkt hierbei, vereinfacht dargestellt, wie eine sich drehende Tragfläche mit nach vorne gerichtetem „Auftrieb".

Die für die einmotorigen Kleinflugzeuge verwendeten Kolbenmotoren (engl. Piston Engine) arbeiten wie Automotoren nach dem bekannten Viertakt-Otto-Prinzip. Aufbau und Arbeitsprinzip von Flugzeug- und Automotoren sind daher prinzipiell gleich.

Ein Motor besteht hauptsächlich aus den Zylindern mit Kolben, Pleuelstangen, Ventilen und Zündkerzen, Kurbelwelle, Vergaser bzw. Einspritzsystem, Zündanlage, Ölschmierung, Auspuffanlage und Anlasser. Im weiteren Sinn gehören zu einem Motor auch Bedienelemente wie Gas- und Gemischhebel, Instrumente zur Leistungseinstellung und Motorüberwachung und die Kraftstoffanlage.

Anders als Automotoren sind Flugzeugmotoren, bis auf wenige Ausnahmen, luftgekühlt, laufen mit relativ niedrigen Drehzahlen, arbeiten mit von der Batterie unabhängigen Doppel-Zündanlagen und können nur mit einem speziellen Luftfahrt-Kraftstoff betrieben werden. Auch bei der Bedienung des Motors gibt es wesentliche Unterschiede. Neben dem mit dem Gaspedal im Auto vergleichbaren Gashebel befinden sich im Cockpit zusätzlich ein Gemischhebel zur Einstellung des Kraftstoff/Luft-Gemischs, ein Hebel für die Betätigung der Vergaservorwärmung und ggf. ein weiterer Hebel zum Verstellen des Propellers.

Abb. 67: 4-Zylinder-Triebwerk von Textron Lycoming (Quelle: Prospekt Textron Lycoming).

Abb. 68: 6-Zylinder-Triebwerk von Textron Lycoming (Quelle: Prospekt Textron Lycoming).

Das Triebwerk ist meist vor dem Cockpit angebracht und durch eine entsprechende Verkleidung (engl. Cowling) aerodynamisch in den Rumpf integriert. Der Motor sitzt in einer aus Stahlrohren gebildeten Halterung, die am Vorderteil des Rumpfes befestigt ist (Abb. 69). Zwischen Motor und Cockpit befindet sich ein sogenannter Brandschott, der bei Motorbrand ein Übergreifen des Feuers auf das Cockpit verhindern bzw. verzögern soll.

Abb. 69: Triebwerk beim Motorflugzeug Grob G 115 (Quelle: Prospekt Grob).

Die bei den einmotorigen Flugzeugen eingesetzten Motoren stammen überwiegend von den amerikanischen Herstellern Textron Lycoming und Teledyne Continental Motors.

Die Motoren leisten etwa 100 PS (74 kW) bis 250 PS (184 kW) und verbrauchen im Durchschnitt 25 bis 40 Liter Kraftstoff pro Stunde. Die meist aus zwei Blättern bestehenden Propeller können eine Umlaufgeschwindigkeit bis zu 2.700 Umdrehungen pro Minute haben.

Um den vom Triebwerk ausgehenden Lärm zu reduzieren, werden Flugzeuge heute u.a. mit Auspuff-Dämpfern versehen und mit Dreiblatt- oder Vierblattpropellern ausgerüstet. Durch Lärmzeugnisse, die in vielen Fällen die Landegebühren reduzieren, wird die Umrüstung auf lärmärmere Triebwerke indirekt gefördert. Jeder Pilot ist aufgerufen, das Triebwerk so zu bedienen, daß möglichst wenig Lärm erzeugt und die Bevölkerung vor unnötigen Belästigungen geschützt wird.

Zusammenfassung

Flugzeugtriebwerk

- Viertakt-Otto-Motor mit Propeller
- Funktionsweise ähnlich Automotor
- Leistung 100 bis 250 PS

Motor

Aufbau und Arbeitsweise

Die Arbeitsweise eines Kolbenmotors basiert auf der Verbrennung eines Gemischs aus Kraftstoff (Benzin) und Luft in einem geschlossenen Raum, dem Zylinder. Das Kraftstoff/Luft-Gemisch wird entweder in einem dem Zylinder vorgeschalteten Vergaser (Vergasermotor) oder durch Kraftstoff-Einspritzung unmittelbar in das Ansaugrohr bzw. vor das Einlaßventil (Einspritzmotor) gebildet. In den Zylindern eingelassene Zündkerzen erzeugen Funken, welche die explosionsartige Verbrennung des Gasgemischs auslösen.

Das Gas dehnt sich aus und drückt einen im Zylinder geführten Kolben nach unten. Über eine am Kolben beweglich angebrachte Pleuelstange wird die Abwärtsbewegung auf die Kurbelwelle übertragen und diese dadurch in Drehung versetzt. Die Kurbelwelle schließlich ist unmittelbar mit dem Propeller verbunden und treibt diesen an.

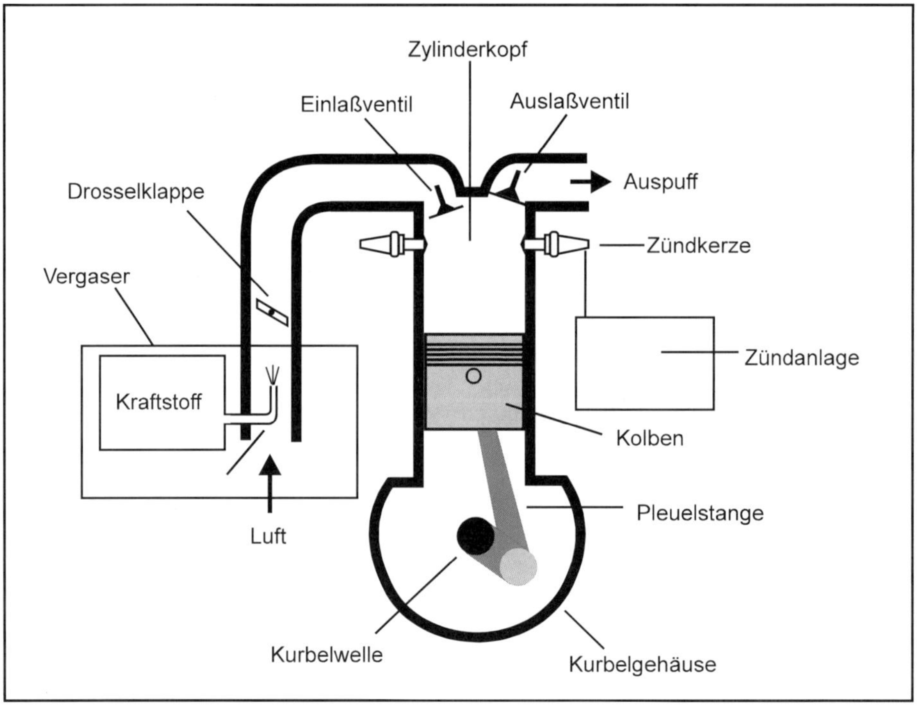

Abb. 70: Prinzipieller Aufbau eines Kolbenmotors.

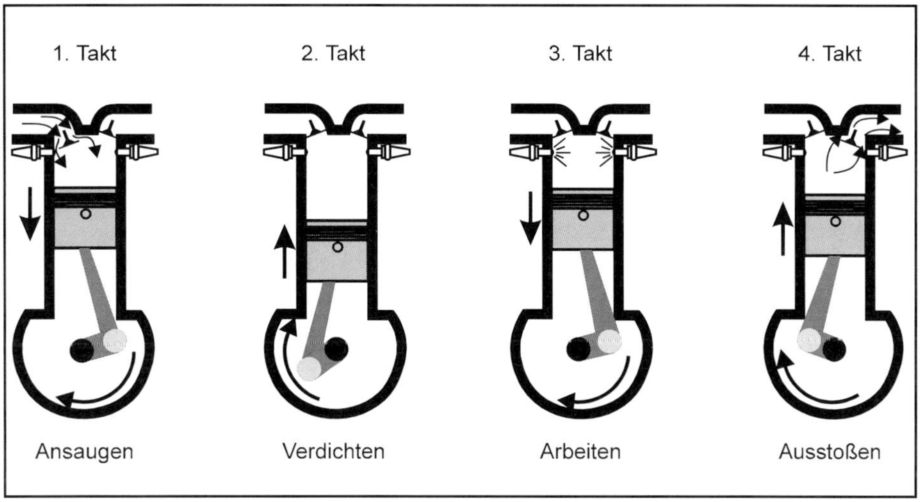

Abb. 71: Die Takte eines Viertakt-Kolbenmotors.

Die Vorgänge in einem Zylinder lassen sich in vier Schritte, sogenannte Takte, unterteilen (deshalb Viertakt-Kolbenmotor), wie sie die Abb. 71 prinzipiell darstellt. Im 1. Takt (Ansaugtakt) bewegt sich der Kolben im Zylinder nach unten. Gleichzeitig wird ein Einlaßventil am Zylinderkopf geöffnet. Durch den nach unten gehenden Kolben wird ein Unterdruck erzeugt (wie bei einer Fahrrad-Luftpumpe) und durch das geöffnete Einlaßventil das Kraftstoff/Luft-Gemisch über den Vergaser in den über dem Kolben befindlichen Zylinderraum gesogen. Hat der Kolben die unterste Stellung (unterer Totpunkt) erreicht, schließt das Einlaßventil.

Im 2. Takt (Verdichtungstakt) bewegt sich der Kolben wieder nach oben und drückt, da nun Einlaß- und Auslaßventil geschlossen sind, das Gasgemisch extrem stark zusammen (Kompression).

Kurz vor Erreichen der obersten Stellung des Kolbens (oberer Totpunkt) wird das Gemisch durch einen Funken der Zündkerze gezündet. Das Kraftstoff/Luft-Gemisch verbrennt explosionsartig, dehnt sich dabei aus, drückt den Kolben nach unten und treibt über die am Kolben beweglich angebrachte Pleuelstange die Kurbelwelle an. Dieser 3. Takt wird als Arbeitstakt bezeichnet, da nur in diesem Takt die eigentliche Arbeit, das Drehen der Kurbelwelle, erfolgt.

Durch die sich drehende Kurbelwelle wird im 4. Takt (Austoß- bzw. Auspufftakt) der Kolben über die Pleuelstange wieder nach oben bewegt. Das Auslaßventil öffnet sich, das verbrannte Gemisch wird aus dem Zylinder gestoßen und verläßt über den Auspuff den Motor.

Hat der Kolben die oberste Stellung erreicht, schließt das Auslaßventil. Der Kolben bewegt sich wieder nach unten und saugt über das nun wieder geöffnete Einlaßventil neues Kraftstoff/Luft-Gemisch ein. Es beginnt ein neuer Zyklus von vier Takten.

Damit ein Motor überhaupt erst einmal zum laufen kommt, muß er mit Hilfe eines

Anlassers gestartet werden. Der Anlasser ist ein kleiner Elektromotor, der von der Bordbatterie gespeist wird und über Zahnräder mit der Kurbelwelle verbunden ist. Wird der Anlasser vom Cockpit aus betätigt, dann dreht sich die Kurbelwelle und damit der Propeller. Über die Pleuelstangen bewegen sich nun die Kolben im Zylinder und saugen das Kraftstoff/Luft-Gemisch an. Gleichzeitig drehen sich die über Zahnräder mit der Kurbelwelle verbundenen Zündmagneten und erzeugen so die erforderlichen Zündfunken (siehe weiter unten). Läuft der Motor, trennen sich die Zahnräder des Anlassers von der Kurbelwelle. Der Anlasser hat seine Aufgabe erfüllt.

Flugzeugmotoren ebenso wie Automotoren verfügen über mehrere Zylinder, meist vier oder sechs. Jeder Zylinder arbeitet in einem anderen Takt, aber so aufeinander abgestimmt, daß die Kurbelwelle kontinuierlich durch einen Arbeitstakt angetrieben wird. Das Öffnen und Schließen der Einlaß- und Auslaßventile erfolgt über die von der Kurbelwelle angetriebene Nockenwelle, die Steuerung der Zündung des Kraftstoff/Luft-Gemischs über eine separate Zündanlage.

Bei den heute gängigen Motoren für Kleinflugzeuge sind die Zylinder in Reihe gegenüberliegend angeordnet (u.a. auch aus Platzgründen), wie es die Abbildungen 67 und 68 zeigen. Man nennt Motoren mit dieser Zylinderanordnung auch Boxer-Motoren. Sind die Zylinder sternförmig um die Kurbelwelle angeordnet, so spricht man von Stern-Motoren, die meist nur noch bei älteren Flugzeugmustern zu finden sind.

Die Leistung eines Motors hängt vor allem von der Größe des Zylinderraums und dem Füllungsgrad, d.h. von der Menge (Masse) des Kraftstoff/Luft-Gemischs im Zylinder, ab. Vereinfacht dargestellt gilt, je größer der Zylinderraum und je stärker die Kompression des Gasgemischs, desto größer ist die erreichte Leistung. Die bei Flugzeugmotoren erzielte Kompression beträgt etwa 1:6 bis 1:8, d.h. das Gemisch wird auf 1/6 bis 1/8 des ursprünglichen Volumens zusammengepreßt.

Da sich mit der Höhe die Luftdichte verringert, werden die Zylinder mit steigender Höhe zwar mit dem gleichem Volumen an Kraftstoff/Luft-Gemisch, aber mit weniger Masse an Luft und Kraftstoff gefüllt. Dadurch nimmt die Leistung des Motors und damit die Leistung des Flugzeuges insgesamt mit der Höhe ab. Kolbenmotoren erzeugen in 10.000 ft MSL Höhe nur noch etwa 60% bis 70% der Leistung in Meeresspiegel-Höhe. Um dieser Leistungsverringerung entgegenzuwirken, sind einige Flugzeuge zusätzlich mit einem Lader bzw. Turbolader ausgerüstet. Der Lader verdichtet das Kraftstoff/Luft-Gemisch (bei Einspritzer-Motoren nur die Luft), bevor es in die Zylinder strömt und gleicht damit die Abnahme der Luftdichte mit der Höhe aus.

Vergaser und Gemischbildung

Um eine wirkungsvolle Verbrennung im Zylinder zu erreichen, muß der Kraftstoff zuvor mit der Luft zu einem Gasgemisch vereinigt werden. Dies geschieht bei einem Vergasermotor in einem den Zylindern vorgeschalteten Vergaser (engl. Carburetor), wie ihn die Abb. 72 in vereinfachter Form zeigt.

In einem Schwimmergehäuse befindet sich der vom Kraftstofftank zugeführte Kraftstoff. Dieser wird zu einer Düse (Hauptdüse) geleitet, die in das zum Zylinder führende Luftansaugrohr hineinragt. An der Stelle der Hauptdüse ist der Querschnitt des Ansaugrohrs verengt. Die von außen kommende und in Richtung Zylinder strömen-

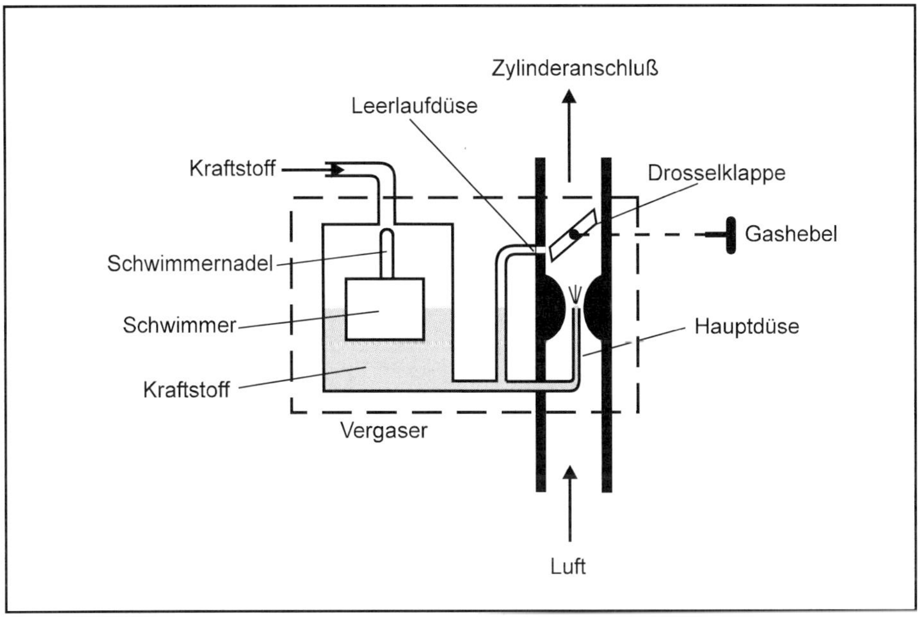

Abb. 72: Prinzipieller Aufbau eines Vergasers.

de Luft wird dadurch gezwungen, schneller zu fließen: Es entsteht in diesem Bereich ein Unterdruck. Dieser sogenannte Venturi-Effekt (siehe Kapitel 2) bewirkt, daß Kraftstoff aus der Düse gesogen wird. Er wird in kleine Teilchen zerstäubt und vereinigt (verdunstet) sich mit der Luft zu einem Gasgemisch.

Wird Kraftstoff verbraucht, so sinkt der Kraftstoffspiegel im Schwimmergehäuse. Der auf dem Kraftstoff schwimmende Hohlkörper, der Schwimmer, sinkt ebenfalls und öffnet mit der an ihm angebrachten Schwimmernadel den Kraftstoffzufluß, so daß weiterer Kraftstoff nachfließen kann. Der Kraftstoffspiegel steigt wieder, der Schwimmer hebt sich und schließt den Kraftstoffzufluß. Durch diesen einfachen Mechanismus wird der Kraftstoffzufluß zum Schwimmergehäuse reguliert und der Kraftstoffspiegel konstant gehalten.

Der Gasstrom (Kraftstoff-Luft-Gemisch) zu den Zylindern wird durch die hinter der Hauptdüse verstellbar installierte Drosselklappe gesteuert. Sie ist mit dem Gashebel (engl. Throttle) im Cockpit verbunden und kann durch Hin- und Herschieben des Hebels geöffnet und geschlossen werden. Durch Öffnen der Drosselklappe (Gashebel nach vorn) erhalten die Zylinder eine größere Menge Kraftstoff/Luft-Gemisch und erzeugen mehr Leistung.

Den im Ansaugrohr zwischen Vergaser und Zylinder gemessenen Unterdruck nennt man Ladedruck (engl. Manifold Pressure). Er ist ein Maß für die Motorleistung bzw. dafür, mit welcher Menge Kraftstoff/Luft-Gemisch die Zylinder „geladen" werden:

- Gashebel weit nach vorn, Drosselklappe weit geöffnet: Großer Ladedruck, große Triebwerksleistung

- Gashebel weit nach hinten, Drosselklappe beinahe geschlossen. Geringer Ladedruck, geringe Triebwerksleistung.

Damit bei geschlossener Drosselklappe (Gashebel ganz nach hinten) der Motor nicht stehen bleibt, befindet sich neben der Hauptdüse eine von der Stellung der Drosselklappe unabhängig arbeitende Leerlaufdüse. Über diese wird gerade soviel Kraftstoff/Luft-Gemisch erzeugt, daß der Motor auch bei vollständiger Zurücknahme des Gashebels nicht stehen bleibt.

Durch die Verengung und anschließende Ausdehnung des Luftstroms im Vergaser, aber insbesondere durch die Verdunstung des Kraftstoffs wird der umgebenden Luft Wärme entzogen. Die Temperatur im Vergaser sinkt dadurch um bis zu 20° C. Ist die Luft sehr feucht, kondensiert bei Abkühlung die Feuchtigkeit und schlägt sich im Ansaugrohr nieder. Sinkt die Temperatur unter 0° C, setzt sich die Feuchtigkeit in Form von Eis ab. Der Vergaser vereist, obwohl die Außenluft-Temperatur weit über 0° C liegt.

Die Vereisung tritt vor allem im Bereich der Drosselklappe und im nachfolgenden gekrümmten Ansaugrohr auf. Der Eisansatz wirkt wie eine zusätzliche Drossel, die Motorleistung nimmt ab. Hält die Vereisung an, kann sich immer mehr Eis aufbauen und im schlimmsten Fall zum Motorausfall führen.

Um diese Störung zu vermeiden, sind alle Vergasermotoren in Flugzeugen mit einem Vergaservorwärmsystem (engl. Carburetor Heat System) ausgestattet. Schaltet der Pilot die Vergaservorwärmung ein, so wird die kalte Außenluft über den heißen Auspuffkrümmer geführt und dadurch vorgewärmt. Die warme Luft läßt das im Vergaser entstandene Eis schmelzen und verhindert, solange die Vorwärmung eingeschaltet bleibt, neuen Eisansatz.

Vergaservereisung in der Anfangsphase macht sich durch rauhen Motorlauf und bei einem Motor mit Festpropeller duch Abnahme der Motordrehzahl, bei einem Motor mit Verstellpropeller durch Abnahme des Ladedrucks bemerkbar (ausführliche Erläuterungen zur Vergaservereisung siehe auch Band 1 „Gefahrenhandbuch für Piloten“ der Privatpiloten Bibliothek).

Die Außenluft strömt im allgemeinen über einen an der Frontseite der Motorverkleidung angebrachten Luftfilter zum Vergaser. Wird die Vergaservorwärmung betätigt, dann wird die Luft über den Motor geleitet und gelangt ungefiltert zum Vergaser. Um das Eindringen von Schmutzpartikel in den Vergaser zu verhindern, sollte daher beim Rollen am Boden die Vergaservorwärmung nach Möglichkeit nicht benutzt werden.

Motoren mit Kraftstoffeinspritzung (engl. Fuel Injection) haben die hier genannten Vergaserprobleme nicht. Beim Einspritzer-Motor wird der Kraftstoff entweder direkt in die Luftansaugleitung oder direkt vor das Einlaßventil eingespritzt. Durch genaue Dosierung und optimalere Gemischbildung erzielen Einspritzer-Motoren meist eine etwas höhere Leistung als vergleichbare Vergaser-Motoren. Leider sind Einspritzeranlagen nur bei leistungsstärkeren Motoren zu finden.

Entscheidend für die Zündfähigkeit und optimale Verbrennung des Kraftstoff/Luft-Gemischs und damit für die Erzielung einer hohen Motorleistung ist das richtige Mischungsverhältnis zwischen Kraftstoff und Luft (bzw. Sauerstoff). Dieses liegt ideal bei etwa 1:15, d.h., ein Teil (Masse) Kraftstoff mischt sich mit 15 Teilen Luft. Ist der

Luftanteil geringer (Kraftstoffanteil größer), so spricht man von einem reichen Gemisch (engl. Rich Mixture), ist der Luftanteil größer (Kraftstoffanteil geringer) von einem armen Gemisch (engl. Lean Mixture). Die Grenzen des vom Motor noch verwertbaren Mischungsverhältnisses liegen bei etwa 1:10 (reiches Gemisch) und 1:17 (armes Gemisch).

Vergaser bzw. Einspritzanlagen sind so eingestellt, daß sie in Höhe des Meeresspiegels das richtige Mischungsverhältnis zwischen Kraftstoff und Luft herstellen. Da mit zunehmender Höhe die Luftdichte abnimmt, wird sich mit steigender Flughöhe das Mischungsverhältnis zu Gunsten des Kraftstoffs ändern. Zwar fließt auch in größerer Höhe annähernd genauso viel Luftvolumen durch den Vergaser und entnimmt dabei genauso viel Kraftstoff der Hauptdüse wie in Meeresspiegelniveau, aber aufgrund der geringeren Luftdichte (= Luftmasse pro Volumeneinheit) enthält das Luftvolumen weniger Masse Luft. Das Gemisch wird also mit steigender Höhe immer reicher an Kraftstoff. Um dies zu verhindern, muß der Pilot das Gemisch entsprechend der Höhe manuell verarmen. Dazu dient der Gemischregler (engl. Mixture Control) im Cockpit. Dieser Hebel ist meist unmittelbar neben dem Gashebel angebracht und durch roten Farbanstrich besonders markiert. Mit ihm wird der Kraftstoffzufluß zur Hauptdüse bzw. zur Einspritzanlage reguliert. Ist der Gemischregler voll nach vorn geschoben, fließt die maximal mögliche Kraftstoffmenge zur Hauptdüse bzw. zur Einspritzanlage, wird er ganz nach hinten gezogen, dann fließt kein Kraftstoff mehr und der Motor bleibt stehen.

Die letztgenannte Position wird Schnellstopp genannt und dazu verwendet, das Triebwerk abzustellen.

Der Pilot hat also während des Fluges die Aufgabe, mit Hilfe des Gemischreglers den Kraftstoffzufluß zu regulieren und das korrekte Mischungsverhältnis zwischen Kraftstoff und Luft entsprechend der Flughöhe (bzw. Luftdichte) einzustellen. Eine korrekte Gemischeinstellung ist äußerst wichtig, sie wird weiter unten im Detail erklärt.

Falsche Gemischeinstellung kann zu Motorstörungen und langfristig zu Motorschäden führen. Wird das Gemisch zu arm eingestellt (der Anteil an Kraftstoff ist zu gering), kann es zu rauhem Motorlauf, Zündaussetzern, Klopfen, Überhitzung des Motors (Gefahr der Ventilverbrennung) und damit zu Leistungsverlust kommen. Bei zu reichem Gemisch entsteht ebenfalls ein rauher Motorlauf mit Leistungsverlust. Die Verbrennungstemperatur in den Zylindern ist dann zu gering und es findet keine vollständige Verbrennung statt. Durch den unverbrannten Kraftstoff können sich Rückstände bilden, die langfristig zu Motorschäden führen.

Zündanlage

Die Zündanlage hat die wichtige Aufgabe, die für die Verbrennung in den Zylindern erforderlichen Zündfunken zu erzeugen und den jeweiligen Arbeitstakt einzuleiten. Der Zündfunke entsteht durch Überspringen einer extrem hohen Spannung (bis 20.000 Volt) zwischen den beiden Elektroden einer Zündkerze. Die hierfür erforderliche elektrische Energie liefern zwei über Zahnräder von der Kurbelwelle angetriebene Drehmagnetsysteme. Diese Magnetsysteme (meist kurz „Magnete" genannt) sind im allgemeinen links und rechts am Motor angebracht.

Der von den Magneten durch Induktion erzeugte elektrische Strom wird von einem

Unterbrecher in einzelne Impulse zerlegt und über einen Zündverteiler und Zündkabel zu den einzelnen Zündkerzen geleitet. Die Zündkabel sind isoliert (abgeschirmt), um eine Störung der Flugzeug-Funkanlage zu verhindern.

Wie beim Auto, so muß auch beim Flugzeugmotor die Zündung genau eingestellt sein, damit sie jeweils zum richtigen Zeitpunkt den Zündfunken an der jeweiligen Zündkerze erzeugt. Erfolgt die Zündung vor Erreichen des oberen Totpunkts des Kolbens, spricht man von Frühzündung, erfolgt sie danach, von Spätzündung. Da die Zündung des gesamten Kraftstoff/Luft-Gemischs eine gewisse Zeit (Bruchteil einer Sekunde) dauert, werden Kolbenmotoren im allgemeinen auf Frühzündung eingestellt.

Die Zündanlage eines Flugzeuges arbeitet, anders als beim Automotor, unabhängig vom elektrischen Bordnetz. Fällt der Generator oder die Batterie aus oder wird der Hauptschalter während des Fluges (aus Versehen) ausgeschaltet, so werden weiterhin Zündfunken erzeugt und der Motor läuft weiter.

Aus Sicherheitsgründen sind Flugzeugmotoren generell mit zwei unabhängig voneinander arbeitenden Zündanlagen ausgestattet. Jeder Zylinder verfügt über jeweils zwei Zündkerzen, die von jeweils einer der beiden Zündanlagen gezündet werden. Der Ausfall einer Zündanlage oder der Ausfall einer Zündkerze führt also nicht zum Motorausfall. Daneben hat die Zündung durch gleichzeitig zwei Zündkerzen den Vorteil, daß das Kraftstoff/Luft-Gemisch besser verbrennt und die Leistung des Motors steigt.

Mit dem Zündschalter im Cockpit können die beiden Zündanlagen einzeln oder gemeinsam geschaltet werden. In der Stellung „L" (Abkürzung für Links/engl. Left) läuft der Motor auf dem linken Magneten, in der Stellung „R" (Abkürzung für Rechts/engl. Right) nur auf dem rechten Magneten und in der Stellung „BOTH" (beide) auf beiden Magneten. Im Normalbetrieb sind immer beide Zündanlagen („BOTH") eingeschaltet.

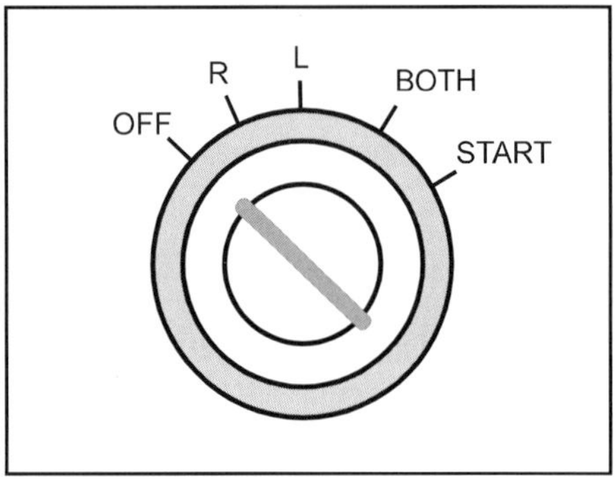

Abb. 73: Zündschalter.

Schmiersystem

Die Schmierung des Motors mit Öl hat vor allem die Funktion, die Reibung der beweglichen Motorteile (insbesondere Kolben, Ventile und Lager) zu vermindern und darüber hinaus Wärme abzuführen und den Motor vor Korrosion zu schützen. In einem Ölbehälter im unteren Teil des Kurbelgehäuses, dem sogenannten „Ölsumpf", wird das Öl gesammelt, von dort mit Hilfe einer Zahnradpumpe zu den Schmierstellen befördert (Druckumlaufschmierung), von denen es zurück in den Ölsumpf fließt. Bevor das Öl erneut in den Ölkreislauf gepumpt wird, passiert es einen Ölfilter, der aufgenommene Verunreinigungen (z.B. Verbrennungsrückstände, Abriebspäne) zurückhält. Über einen dem Luftstrom ausgesetzten Ölkühler wird ein Teil der vom Motor aufgenommenen Wärme abgeführt.

Ohne eine ausreichende Menge Öl kann keine zufriedenstellende Motorschmierung funktionieren. Deshalb muß der Ölstand mit Hilfe eines Ölmeßstabes immer wieder kontrolliert werden (vor jedem Flug) und ggf. Öl über den durch einen Verschlußdeckel abgedichteten Öleinfüllstutzen nachgefüllt werden. Grundsätzlich dürfen nur die im Flughandbuch angegebenen Ölsorten verwendet werden. Meist befindet sich in der Nähe des Einfüllstutzens ein Hinweisschild mit Angaben über die zu verwendende Ölsorte.

Die für Flugzeugmotoren eingesetzten Öle unterscheiden sich von Ölen für Automotoren und sind meist mit dem Zusatz „Aviation" versehen.

Zur Kontrolle des Schmierstoffsystems (und damit auch zur Kontrolle des Motorzustandes) dienen Instrumente zur Anzeige der Öltemperatur und des Öldrucks. Steigt die Öltemperatur, dann ist dies ein Zeichen dafür, daß das Schmiersystem nicht einwandfrei funtioniert oder der Motor aus anderen Gründen überlastet ist. Um einen störungsfreien Motorlauf sicherzustellen, muß das Öl sofort nach dem Anlassen des Triebwerks unter Druck an die Schmierstellen gepumpt werden. Die Beobachtung der Öldruckanzeige unmittelbar nach dem Anlassen ist daher äußerst wichtig.

Kühlung

Durch die Verbrennung des Kraftstoffs in den Zylindern entsteht eine ernorme Hitze, die sich auf den Motorblock insgesamt überträgt und ihn thermisch stark beansprucht. Auch wenn ein großer Teil der Hitze über den Auspuff sowie über das Motoröl abgeleitet wird, so erfordert doch jeder Verbrennungsmotor eine zusätzliche Kühlung, um die Betriebstemperatur auf ein erträgliches Maß zu halten. Während Automotoren meist mit Hilfe von Flüssigkeit (Wasser) gekühlt werden, gibt es bei Flugzeugmotoren fast ausschließlich Luftkühlung.

Die Luft gelangt durch den Fahrtwind über Öffnungen im Vorderteil der Motorverkleidung in den Motorraum, wird durch Leitbleche über die Zylinder geführt, nimmt dabei Wärme auf und wird durch Öffnungen am Boden der Motorverkleidung schließlich wieder nach außen befördert. Um den Wärmeaustausch zu verstärken, sind die Zylinder mit sogenannten Kühlrippen (größere Fläche) versehen.

Das Kühlungssystem muß so ausgelegt sein, daß es den Motor unter normalen Betriebsbedingungen im festgelegten Temperaturbereich hält.

Flugzeuge mit leistungsstärkeren Motoren sind in der Regel mit zusätzlichen Kühlluftklappen (engl. Cowl Flaps) zur Regelung der Kühlluft ausgestattet. Diese sind meist seitlich oder am Boden der Motorverkleidung angebracht und können vom Cockpit aus über einen Hebel geöffnet und geschlossen werden. Im allgemeinen bleiben die Kühlluftklappen beim Rollen, Starten und Steigflug geöffnet und im Reise- und Sinkflug geschlossen (siehe Hinweis zur Bedienung der Kühlluftklappen im jeweiligen Flughandbuch).

Das Einhalten der richtigen Betriebstemperatur ist eine wichtige Voraussetzung für die Leistungsfähigkeit des Motors. Überhitzung, aber auch Betrieb unterhalb der Betriebstemperatur kann zu Motorschäden führen und die Lebensdauer drastisch herabsetzen. Der Überwachung der Motortemperatur (Öltemperatur, Zylinderkopftemperatur, Abgastemperatur) kommt daher eine besondere Bedeutung zu.

Zusammenfassung

Flugzeug-Kolbenmotoren arbeiten nach dem Viertakt-Prinzip:

- Ansaugen
- Verdichten
- Arbeiten
- Auspuff

Vergaser/Gemischbildung

- Herstellung des Kraftstoff/Luft-Gemischs
- Ideales Gemisch 1:15 (Kraftstoff/Luft)
- Armes Gemisch, zu geringer Kraftstoffanteil
- Reiches Gemisch, zu großer Kraftstoffanteil
- Gemischeinstellung über Gemischhebel

Zündanlage

- Erzeugung des Zündfunkens durch Drehmagneten
- Zur Sicherheit mit zwei getrennten Zündsystemen mit jeweils zwei Zündkerzen pro Zylinder

Ölschmierung

- Schmierung der beweglichen Motorteile
- Abführen von Wärme

Kühlung

- Meist Luftkühlung
- Abführen der Motorwärme

Motorleistung

- Abhängig von Zylindervolumen, Kompression, Luftdichte
- Nimmt mit der Höhe ab

Kraftstoffanlage

Die Kraftstoffanlage (engl. Fuel System) besteht im wesentlichen aus den in den Tragflächen (oder im Rumpf) eingebauten Tanks, den Kraftstoffleitungen zum Motor, dem Kraftstoffilter, der Kraftstoffpumpe, dem Tankwahlventil und -schalter und den im Cockpit installierten Bedien- und Anzeigeeinrichtungen.

Bei Flugzeugen mit tiefliegenden Tanks, wie bei Tief- und Mitteldeckern, wird der Kraftstoff durch eine vom Motor angetriebene Kraftstoffpumpe (engl. Fuel Pump) angesogen und über den Kraftstoffilter und das Tankwahlventil zum Vergaser bzw. zur Einspritzanlage befördert. Je nach Stellung des Tankwahlschalters fließt der Kraftstoff vom linken oder rechten Tank.

Eine zusätzliche elektrisch betriebene Hilfskraftstoffpumpe sorgt dafür, daß bei Ausfall der motorgetriebenen Pumpe die Kraftstoffversorgung weiterhin sichergestellt ist. Sie wird vom Cockpit aus bedient und nicht nur bei Ausfall der mechanischen Pumpe, sondern meist auch beim Anlassen, Starten und Landen eingeschaltet.

Bei Hoch- und Schulterdeckern fließt der Kraftstoff allein schon aufgrund der Lage der Tanks oberhalb des Motors durch Schwerkraft zum Motor. Je nach Stellung des vom Cockpit aus eingestellten Tankwahlventils fließt der Kraftstoff aus dem linken, rechten oder aus beiden Tanks über den Kraftstoffilter zur motorgetriebenen Kraftstoffpumpe und weiter zum Vergaser bzw. zur Einspritzanlage.

Mit dem Tankwahlschalters (engl. Fuel Selector) im Cockpit wird das Tankwahlventil bedient und somit festgelegt, aus welchem Tank Kraftstoff zum Motor fließt. Bei Tiefdeckern (z.B. Piper PA 28) läßt sich der Tankwahlschalter meist in die Stellungen „LEFT“ (Links) für den linken Tank, „RIGHT“ (Rechts) für den rechten Tank und „OFF“ (Aus) für die Unterbrechung der Kraftstoffzufuhr stellen. Bei Schulterdeckern (z.B. Cessna 172) ist zusätzlich die Stellung „BOTH“ (Beide) möglich, d.h., der Kraftstoff kann gleichzeitig aus beiden Tanks entnommen werden.

In der Stellung „OFF“ ist die Kraftstoffzufuhr unterbrochen. Diese Stellung wird auch oft als Brandhahn bezeichnet, da sie vor allem dazu dient, bei Motorbrand ein Weiterfließen des Kraftstoffs zu verhindern. Einige Flugzeugtypen sind mit einem separaten Brandhahn ausgerüstet.

Die Einfüllstutzen für die Tanks befinden sich auf der Oberseite der Tragflächen. Unterhalb der Kraftstofftanks an der Flügelunterseite und meist zusätzlich unterhalb des Kraftstoffilters befinden sich von außen zugängliche Kraftstoff-Ablaßventile (Abb. 74). Vor dem ersten Flug des Tages und ggf. nach jedem Auftanken sollten über diese Ventile mit einem Schauglas Kraftstoffproben entnommen und auf Wasser und andere Rückstände (Verunreinigungen) untersucht werden. Werden Wasser oder sonstige Schadstoffe festgestellt, muß solange Kraftstoff abgelassen werden, bis er frei davon ist.

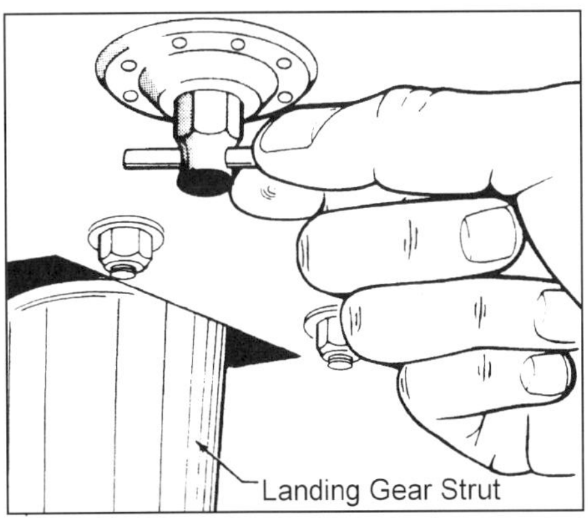

Abb. 74: Kraftstoffablaßventil (Quelle: Piper Information Manual).

Freies Wasser im Tank kann sich u.a. dadurch bilden, daß die im Tank befindliche feuchte Luft bei Abkühlung Wasser ausscheidet und dieses sich als Kondenswasser an den Tankwänden niederschlägt. Da Wasser eine größere Dichte als Kraftstoff besitzt, sinkt es zu Boden und setzt sich an den tiefsten Stellen der Kraftstoffanlage ab. Freies Wasser im Kraftstoff kann zu Motorstörungen, im schlimmsten Fall zum Motorausfall führen.

Damit der Kraftstoff überhaupt von den Tanks zum Motor fließen kann, müssen sie über kleine Entlüftungsöffnungen mit der Außenluft (Außendruck) verbunden sein. Diese Öffnungen befinden sich meist an der Flügelunterseite (Abb. 75). Sie sind bei der Vorflugkontrolle zu überprüfen.

Eine verstopfte Entlüftung kann zur Unterbrechung der Kraftstoffzufuhr und damit zum Stillstand des Motors führen. Bei einigen Flugzeugen wird der Tank auch über Öffnungen im Tankverschluß entlüftet.

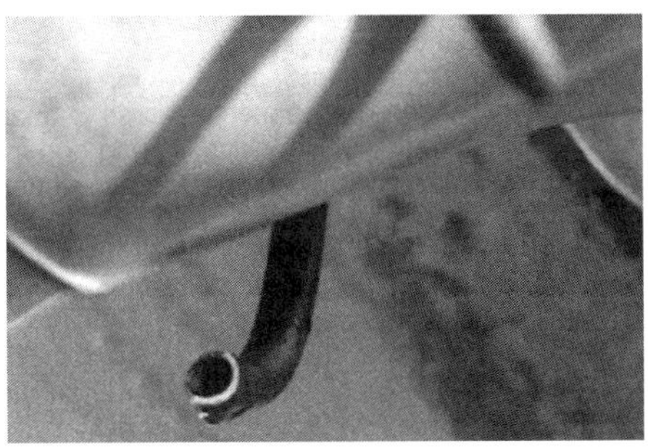

Abb. 75: Belüftungsöffnung des Kraftstofftanks (Quelle: LBA fsm 1/85).

Meist dienen die Entlüftungsöffnungen zusätzlich als Überlaufventil, um im Tank überlaufenden Kraftstoff (z.B. durch Ausdehnung aufgrund von Sonneneinstrahlung) abfließen zu lassen.

Viele Flugzeuge sind zusätzlich mit einer Anlaßeinspritzpumpe (engl. Primer) ausgerüstet. Diese kann über einen Hebel vom Cockpit aus betätigt werden und dient dazu, vor dem Anlassen Kraftstoff in die Zylinder zu spritzen und damit den Motor mit dem für den Anlaßvorgang erforderlichen Kraftstoff zu versorgen.

Leider sind die Kraftstoffanlagen, insbesondere die Funktionen der Tankwahlschalter und der elektrischen Hilfskraftstoffpumpen nicht genormt, und es kommt wegen falscher Bedienung immer wieder zu Störungen bis hin zum Motorausfall. Es ist daher unerlässlich, sich anhand des Flughandbuches mit der Bedienung und Funktion der Kraftstoffanlage eingehend vertraut zu machen.

Auch wenn Flugzeugmotoren den Automotoren sehr ähnlich sind, so können sie doch nicht den gleichen Kraftstoff (Benzin) verwenden. Aufgrund der meist größeren Motorleistung und des Einsatzes in unterschiedlichen Höhen und Temperaturbereichen werden an das Flugbenzin ganz besondere Anforderungen gestellt. Der heute für Flugzeug-Kolbenmotoren verwendete Einheitskraftstoff heißt AVGAS 100 LL und ist zur Unterscheidung zu anderen Kraftstoffen blau eingefärbt. AVGAS ist die Abkürzung für Aviation Gasoline, die Zahl 100 bezeichnet die Leistungszahl (Oktanzahl) und die Buchstaben LL stehen für Low Lead (geringer Bleigehalt).

Die Leistungszahl (engl. Fuel Grade) gibt die Oktanzahl bei armen Kraftstoff/Luft-Gemisch an. Sie ist ein Maß für die Klopffestigkeit eines Motors. Unter Klopfen versteht man eine schlagartige, unkontrolllierte Verbrennung. Das Gemisch entzündet sich hierbei durch die Kompressionswärme von selbst. Die Folge ist eine Überbeanspruchung des Triebwerks bis hin zur Zerstörung. Durch die richtige Wahl des Kraftstoffs wird ein Klopfen im allgemeinen vermieden.

Die Dichte (Masse pro Volumen) von AVGAS 100 LL beträgt etwa 0,72, d.h., ein Liter Flugbenzin hat eine Masse von etwa 0,72 kg. Da sich Benzin bei Wärme ausdehnt und bei Kälte zusammenzieht, ist dieser Wert Schwankungen unterworfen.

Zusammenfassung

Kraftstofftanks
- befinden sich in den Tragflächen

Hilfskraftstoffpumpe
- dient als Ersatz bei Ausfall der mechanischen Kraftstoffpumpe

Tankwahlschalter
- damit lassen sich die Tanks einzeln oder gemeinsam (Schulterdecker) schalten

Brandhahn
- unterbricht den Kraftstoff-Fluß von den Tanks zum Motor

Kraftstoffablaßventile
- Abnahme von Kraftstoff und Untersuchung auf Wasser und andere Schadstoffe

---

Propeller

Aufbau und Wirkungsweise

Der Propeller hat die Aufgabe, die Leistung des Motors in Vortrieb (Schub) umzusetzen. Seine Wirkungsweise läßt sich auf das physikalische Rückstoßprinzip nach Newton (Aktion = Reaktion) zurückführen. Durch die Propellerrotation wird die anströmende Luft nach hinten beschleunigt (Aktion) und dadurch ein nach vorne gerichteter Impuls (Reaktion) hervorgerufen. Je größer die beschleunigte Luftmasse und je größer die Beschleunigung, um so mehr Vortriebskraft wird erzeugt.

Ein Propeller besteht aus zwei, manchmal auch aus drei oder vier einzelnen Propellerblättern. Jedes Blatt ist ähnlich wie ein geschränkter Tragflügel geformt, hat wie dieser ein Profil und zeigt gleiches aero-

Abb. 76: Zweiblattpropeller beim Motorflugzeug Grob G 115 (Quelle: Prospekt von Grob).

Abb. 77: Vierblattpropeller beim Motorflugzeug Ruschmeyer R 90-230 RG (Quelle: Ruschmeyer).

dynamisches Verhalten. Der Einstellwinkel wird hier als Winkel zwischen Propeller-Profilsehne und Propeller-Drehebene (rechtwinklig zur Flugzeug-Längsachse) definiert.

Die meisten der heute bei einmotorigen Flugzeugen verwendeten Propeller sind so montiert, daß sie vom Cockpit aus gesehen im Uhrzeigersinn (rechts herum) drehen. Aufgrund der Rotation wird der Propeller über die Blattlänge verschieden stark angeströmt; an der Nabe (Mitte) ist die Anströmgeschwindigkeit beinahe Null, an der Blattspitze ist sie am größten. Zur Anpassung an diese unterschiedliche Anströmgeschwindigkeit besitzen die Propellerblätter eine starke Schränkung (Verwindung). An der Blattwurzel ist das Profil sehr dick und hat einen großen Einstellwinkel. Zur Blattspitze hin wird es immer dünner und der Einstellwinkel kleiner (Abb. 78).

Die Strömungsverhältnisse am Propeller sind wie bei einem Tragflügel abhängig vom Anstellwinkel. Dieser ist festgelegt als Winkel zwischen der Propeller-Profilsehne

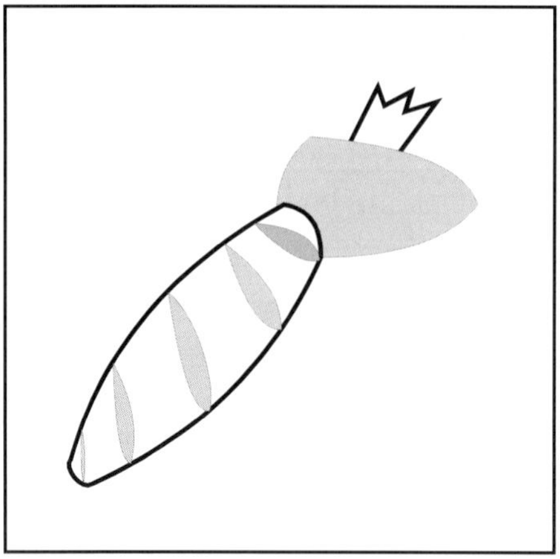

Abb. 78: Profile eines Propellers.

und der Richtung der anströmenden Luft, d.h. in diesem Fall der Bewegungsrichtung des Propellers gegenüber der Luft. Im Standlauf (Vorwärtsgeschwindigkeit Null) sind Einstellwinkel und Anstellwinkel des Propellers gleich groß. Die Propellerblätter drehen sich und werden in Richtung der Drehebene angeströmt (Abb. 79).

Bewegt sich das Flugzeug nach vorn, werden die Propellerblätter in Flugrichtung angeströmt. Aus seitlicher Anströmung und der in Flugrichtung ergibt sich eine effektive, schräg seitliche Anströmung entsprechend der Bewegungsrichtung (Steigung) der Propellerblätter. Der Anstellwinkel verkleinert sich abhängig von der Komponente der Vorwärtsgeschwindigkeit. Mit zunehmender Fluggeschwindigkeit wird der Anstellwinkel immer kleiner und erreicht im Reiseflug seinen kleinsten Wert.

Der Anstellwinkel des Propellers variiert also über einen sehr großen Bereich. Wie bei einem Tragflügel so gibt es auch bei einem Propeller einen bestimmten Anstellwinkel, bei dem der beste Wirkungsgrad erreicht wird. Der Einstellwinkel der Propellerblätter muß daher so gewählt werden, daß sich im Fluge ein möglichst günstiger Anstellwinkel ergibt. Je nach Einstellwinkel spricht man von einem Steigflug- oder einem Reiseflugpropeller. Der Steigflugpropeller hat einen kleinen Einstellwinkel (kleine Steigung) und entwickelt seinen größten Wirkungsgrad beim Start und im Steigflug. Der Reiseflugpropeller entfaltet aufgrund seines großen Einstellwinkels (große Steigung) einen optimalen Wirkungsgrad erst im Reiseflug, also bei großen Fluggeschwindigkeiten.

Die meisten einmotorigen Flugzeuge sind mit Propellern ausgerüstet, die einen Kompromiß aus Steig- und Reiseflugpropeller darstellen. Dies ist auch der Grund dafür, warum mit diesen Flugzeugen beim Start nicht die maximal mögliche Drehzahl erreicht werden kann. Betrachtet man die Abb. 79 (linke Hälfte), so erkennt man, daß beim Start (geringe Vorwärtsgeschwindigkeit) der Anstellwinkel sehr groß ist und die Propellerblätter einen großen Widerstand überwinden müssen. Die Motorleistung reicht in dieser Phase nicht aus, um den Propeller mit Höchstdrehzahl laufen zu lassen. Erst bei höherer Vorwärtsgeschwindigkeit nimmt der Widerstand aufgrund des kleineren Anstellwinkels ab und die Drehzahl erhöht sich.

Oft wird der Propeller auch als Luftschraube bezeichnet, da er sich durch seiner Blatteinstellung quasi in die Luft schraubt. Wie bei einer Schraube in einem Gewinde nennt man die pro Schrauben- bzw. Propellerumdrehung zurückgelegte Strecke Steigung. Hierbei unterscheidet man zwischen der geometrischen und aerodynamischen Steigung. Die geometrische Steigung ist der Weg, den der Propeller wegen seiner Blatteinstellung theoretisch zurücklegen würde. Da sich ein Propeller aber - anders als eine Schraube in einem Gewinde - nicht

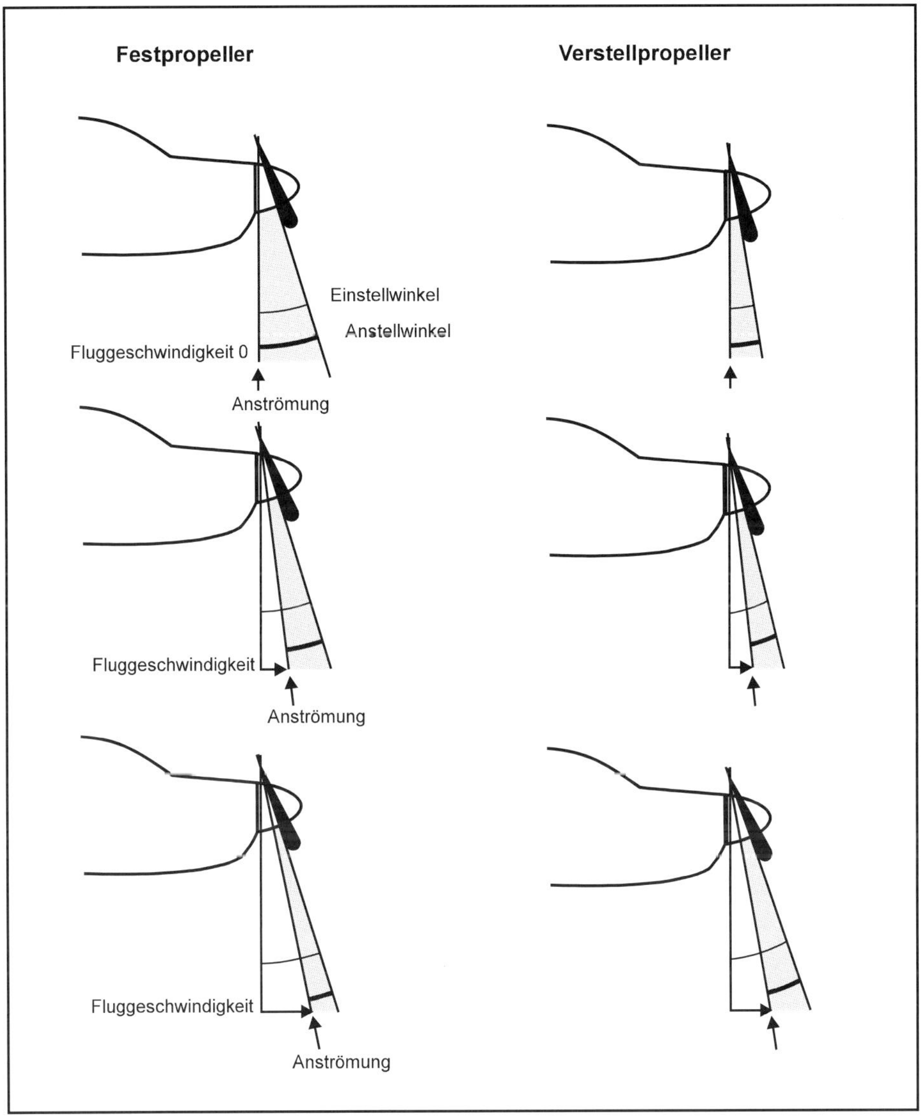

***Abb. 79:** Bei einem Festpropeller verändert sich der Propeller-Anstellwinkel mit der Fluggeschwindigkeit. Bei einem Verstellpropeller paßt sich der Propeller-Einstellwinkel der Fluggeschwindigkeit an. Der Propeller-Anstellwinkel bleibt so über einen großen Geschwindigkeitsbereich konstant.*

durch ein festes Medium, sondern durch komprimierbare (zusammendrückbare) Luft bewegt, bleibt die tatsächliche Vorwärtsbewegung gegenüber der theoretischen etwas zurück. Die tatsächliche Vorwärtsbewegung pro Popellerumdrehung nennt man aerodynamische Steigung und den Unterschied zur geometrischen Steigung Schlupf.

Die am Propeller wirkenden Kräfte sind enorm groß. Da wegen der Drehung des Propellers die Anströmgeschwindigkeit mit wachsendem Abstand von der Drehachse zunimmt, tragen die äußeren Teile des Propellers am meisten zur Schubkrafterzeugung bei und werden besonders stark beansprucht. Schäden am Propeller wie Kerben, Risse oder Verbiegungen können zu ungleicher Belastung und deshalb zu Überbeanspruchung führen und sind ein Grund, ggf. einen Flug nicht anzutreten.

Verstellpropeller

Ein Propeller mit feststehenden Blättern (Festpropeller, engl. Fixed-Pitch Propeller) hat den großen Nachteil, daß er nur bei einer bestimmten Fluggeschwindigkeit und Drehzahl den besten Wirkungsgrad erzielt. Jede Abweichung von den optimalen Werten führt zu einer Verschlechterung des Wirkungsgrades (und damit auch zu erhöhtem Kraftstoffverbrauch).

Die bei leistungsstärkeren Triebwerken meist verwendeten Verstellpropeller haben diesen Nachteil nicht und erzielen über einen großen Geschwindigkeitsbereich einen hohen Wirkungsgrad. Die Propellerblätter sind hierbei an der Nabe drehbar angebracht und werden über einen Regler in ihrem Einstellwinkel verstellt. Bei mehrmotorigen Flugzeugen kann der Verstellpropeller darüber hinaus bei Motorausfall in Segelstellung gebracht werden. Der dann stehende Propeller wird so eingestellt, daß er im Fahrtwind möglichst wenig Widerstand produziert.

Heute werden als Verstellpropeller fast nur sogenannte Constant Speed Propeller eingesetzt. Der Propeller paßt sich hierbei durch Veränderung des Einstellwinkels automatisch der Fluggeschwindigkeit an und hält die vom Piloten gewählte Drehzahl konstant (Abb. 79, rechte Hälfte). Im Cockpit befindet sich hierfür neben dem Gashebel ein Verstellhebel (engl. Pitch Control). Beim Start wird der Hebel nach vorn auf kleinsten Einstellwinkel (kleinste Steigung, engl. Low Pitch) gestellt und dadurch eine hohe Drehzahl erzielt. Mit zunehmender Fluggeschwindigkeit verstellt ein Regler stufenlos den Einstellwinkel der Propellerblätter, ohne dabei die Drehzahl zu verändern. Im Reiseflug wird die Drehzahl auf die im Flughandbuch angegebenen Werte zurückgenommen, indem der Verstellhebel entsprechend nach hinten gezogen wird: Der Einstellwinkel vergrößert sich automatisch (große Steigung, engl. High Pitch).

Der für die Verstellung der Propellerblätter notwendige Regler (engl. Governor) und Verstellmechanismus befindet sich auf der Propellernabe und wird meist mit Hilfe von Öldruck oder elektrisch betrieben. Fällt der Regler einmal aus, dreht der Propeller automatisch auf kleinste Steigung und garantiert so die Einhaltung einer hohen Drehzahl (hohe Leistung).

Torque-Effekt

Die Propellerrotation und die vom Propeller beschleunigten Luftmassen haben verschiedene Auswirkungen auf die Bewegung des Flugzeuges. Diese werden allgemein unter dem Begriff Torque (aus dem Englischen:

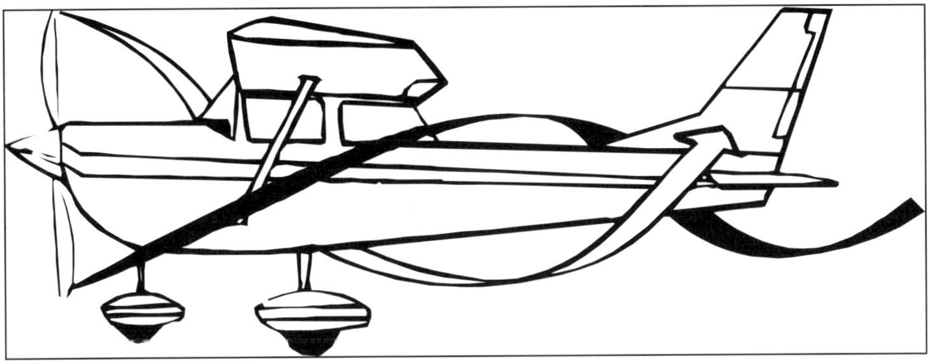

Abb. 80: Durch die Verdrehung des Propellerluftstroms wird das Seitenleitwerk seitlich angeblasen (Quelle: LBA fsm 13/74).

Drehmoment, Drall) bzw. Torque-Effekt zusammengefaßt.

Durch den Propeller wird der Luftstrom nicht nur nach hinten beschleunigt, sondern gleichzeitig um die Flugzeug-Längsachse gedreht. Bei einem rechtsdrehenden Propeller trifft der sich spiralförmig drehende Luftstrom auf die linke Seite des Seitenleitwerks und erzeugt dadurch ein Giermoment um die Flugzeug-Hochachse nach links (Abb. 80). Das Moment ist bei hoher Propellerdrehzahl und kleiner Vorwärtsgeschwindigkeit wie z.B. beim Start und bei Annäherung an das Überziehen mit Motorleistung besonders groß. Zum Ausgleich wird bei vielen Flugzeugen die Seitenleitwerksflosse gegenüber der Flugzeug-Längsachse um etwa 1° bis 2° schräg montiert. Dieser aerodynamische Ausgleich ist so eingestellt, daß er während des Reisefluges seine größte Wirkung erzielt.

Nach dem physikalischen Grundgesetz, wonach jede Reaktion eine entsprechende Gegenreaktion hervorruft (nach Newton), erzeugt das Moment, das den Propeller in Drehung versetzt, ein Gegendrehmoment. Bei einem rechtsdrehenden Propeller besteht daher die Tendenz, das Flugzeug in die entgegengesetzte Richtung, also nach links, zu drehen (Abb. 81). Dieses Rollmoment wirkt sich vor allem am Boden während des Startvorganges aus. Durch das linksdrehende Moment wird das linke Rad des Hauptfahrwerks stärker auf den Boden gedrückt, der Rollwiderstand steigt auf der linken Seite an und das Flugzeug versucht, nach links zu drehen. Durch Druck auf das rechte Fußpedal muß dieser Tendenz entgegengewirkt und ein Ausbrechen des Flugzeuges aus der Startbahnrichtung verhindert werden. Konstruktiv läßt sich das Gegendrehmoment durch einen etwas größeren Einstellwinkel an der linken Tragfläche (höherer Auftrieb) teilweise kompensieren.

Ein rotierender Propeller wirkt wie ein Kreisel. Ein Kreisel hat die Eigenschaft, auf eine durch Krafteinwirkung verursachte Veränderung der Drehebene, mit einer um 90° versetzten Ausweichbewegung zu reagieren (siehe Kapitel 5). Man nennt diese Reaktion Präzession. Auch ein Propeller präzediert und verursacht dadurch Gierbewegungen, wenn durch Fluglageänderungen um die Querachse die Propellerebene verdreht wird.

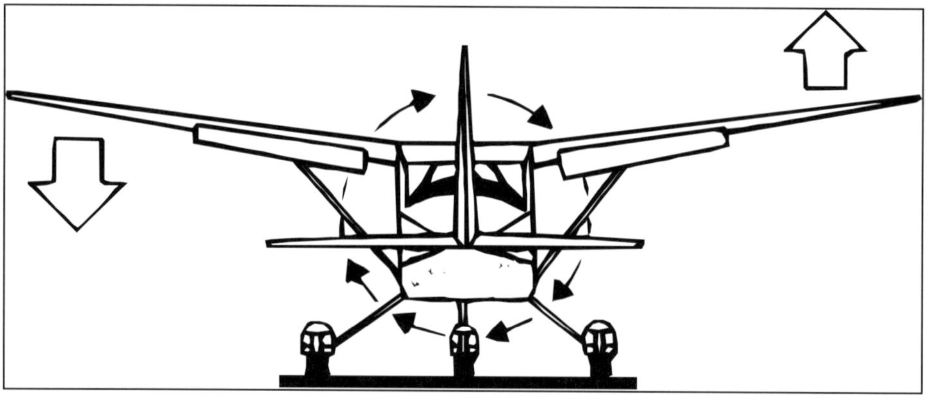

Abb. 81: Ein rechtsdrehender Propeller erzeugt ein linksdrehendes Gegenmoment. Dadurch wird das linke Rad des Hauptfahrwerks stärker auf den Boden gedrückt (Quelle: LBA fsm 13/74).

Ein weiterer Effekt tritt durch unterschiedliche Anströmung der Propellerblätter und damit asymmetrische Kräfteverteilung auf (sogenannter P-Faktor). Vor allem im Steigflug und im Langsamflug wird durch die Stellung der Propellerebene zur Flugbahn das nach unten schlagende Propellerblatt mit einem größeren Anstellwinkel angeströmt als das sich aufwärts bewegende. Das Resultat ist ein Giermoment nach links (bei rechtsdrehendem Propeller).

Die Auswirkungen des Torque-Effekts sind je nach Flugzeugtyp, Motorleistung und verwendetem Propeller sehr verschieden. Keines der auftretenden Momente hängt vom anderen ab, und die jeweilige Größe wird vom Flugzustand bestimmt. Am stärksten wirkt sich bei einmotorigen Flugzeugen die Drehung des Propellerluftstroms aus.

Insgesamt führt der Torque-Effekt bei einem rechtsdrehenden Propeller zu einem Gieren nach links. Ein Pilot wird, außer beim Start, den Torque-Effekt kaum „spüren", da er automatisch jeder Giertendenz durch entsprechenden Ruderausschlag entgegenwirkt.

Zusammenfassung

Propeller
- erzeugt Vortrieb durch Beschleunigung von Luftmassen nach hinten

Festpropeller
- Propellerblätter sind an der Nabe fest montiert (fester Einstellwinkel)

Verstellpropeller
- Propellerblätter sind an der Nabe drehbar gelagert (veränderbarer Einstellwinkel) und können damit den verschiedenen Fluggeschwindigkeiten angepaßt werden

Torque-Effekt
- führt bei rechtsdrehendem Propeller zum Giermoment nach links
- besonders stark ausgeprägt bei Start und Steigflug
- Ursachen: Drall des Propellerluftstroms, Gegendrehmoment des Propellers, Kreiselwirkung (Präzession), asymmetrische Kräfteverteilung am Propeller

Instrumente zur Überwachung des Triebwerks und der Kraftstoffanlage

Zur Leistungseinstellung und Überwachung des Triebwerks sowie der Kraftstoffanlage befindet sich im Cockpit eine Reihe von Anzeigeinstrumenten. Die Anzahl und die Art der Instrumente kann von Flugzeug zu Flugzeug durchaus unterschiedlich sein. Nicht alle der nachfolgend aufgeführten Instrumente sind daher in allen Flugzeugen zu finden.

Viele der Instrumentenskalen sind durch Farbmarkierungen in verschiedene Bereiche eingeteilt: Grün für den normalen Betriebsbereich, gelb für den Vorsichtsbereich und rote Striche zur Markierung der Grenzwerte.

Drehzahlmesser

Der Drehzahlmesser (engl. Tachometer) zeigt die Anzahl der Kurbelwellen-Umdrehungen pro Minute (engl. Revolutions Per Minute, RPM) an. Meist ist zusätzlich ein Zählwerk eingebaut, das die Gesamtbetriebszeit des Motors in Stunden anzeigt.

Abb. 82: Drehzahlmesser mit Betriebsstundenzähler (Quelle: Bachmann).

Bei einem Triebwerk mit Festpropeller ist der Drehzahlmesser das einzige Instrument zur Leistungseinstellung des Motors. Die Drehzahl wird hierbei unmittelbar mit dem Gashebel eingestellt.

Ladedruckmesser

Da bei einem Triebwerk mit Verstellpropeller die einmal eingestellte Drehzahl konstant gehalten wird, kann hier die Leistung nicht über die Drehzahl geregelt werden. Deshalb sind Flugzeuge mit Verstellpropeller zusätzlich mit einem Ladedruckmesser (engl. Manifold Pressure Gauge) ausgerüstet.

Der Ladedruck (engl. Manifold Pressure) ist der im Ansaugrohr zwischen Vergaser und Zylindern (bzw. beim Einspritzer-Motor im Luftansaugrohr) gemessene Unterdruck. Je höher der Ladedruck, desto mehr werden die Zylinder mit Kraftstoff/Luft-Gemisch „geladen" und desto größer ist die Triebwerksleistung.

Die Anzeige ändert sich mit der Stellung des Gashebels (Drosselklappe). Im Leerlauf zeigt das Instrument den niedrigsten, bei Vollgas den höchsten (Unter-) Druck an. Bei stehendem Motor wird der momentan herrschende Luftdruck angezeigt.

Die in den USA hergestellten Instrumente zeigen den Ladedruck meist in der Einheit inHg (engl. Inch of Mercury/Zoll Quecksilbersäule) an, europäische Geräte in mb (Millibar).

Öldruckanzeige

Die Öldruckanzeige (engl. Oil Pressure Gauge) dient der Überwachung des von der Ölpumpe aufgebauten Ölkreislaufs. Der Öldruck wird bei amerikanischen Instrumenten in PSI (engl. Pounds Per Square Inch), bei europäischen Instrumenten in bar angezeigt.

Einige Flugzeuge sind daneben mit einer roten Öldruckwarnleuchte ausgestattet. Diese leuchtet bei einer Unterschreitung des Mindestöldrucks auf.

Öltemperaturanzeige

Neben dem Öldruck ist die Öltemperatur eine wichtige Größe für die Beurteilung des Triebwerkszustandes. Meist ist der Temperaturfühler so angebracht, daß die Temperatur bei Eintritt in den Motorraum gemessen wird.

Die Öltemperaturanzeige (engl. Oil Temperature Gauge) zeigt bei amerikanischen Instrumenten die Temperatur meist in Fahrenheit (°F), bei europäischen Geräten in Celsius (°C) an.

Die Anzeigen für Öltemperatur und Öldruck befinden sich im allgemeinen unmittelbar nebeneinander, so daß beide Instrumente gleichzeitig beobachtet werden können. Geringer Öldruck und gleichzeitig extrem hohe Öltemperatur sind ein untrügliches Zeichen dafür, daß eine Triebwerksstörung vorliegt. In einem solchem Fall sollte der Flug möglichst schnell beendet werden.

Zylinderkopftemperaturanzeige

Flugzeuge mit Motoren großer Leistung oder besonders hoher Kompression haben meist neben der Öltemperaturanzeige noch eine Zylinderkopftemperaturanzeige (engl. Cylinder Head Temperature Gauge). In der einfachsten Ausführung wird die Zylinderkopftemperatur des heißesten Zylinders angezeigt (in Fahrenheit oder Celsius). Andere Ausführungen erlauben eine Anzeige

Abb. 83: Öltemperaturanzeige (Quelle: Bachmann).

Abb. 84: Zylinderkopftemperaturanzeige (Quelle: Bachmann).

jedes einzelnen Zylinders. Im Gegensatz zur Öltemperaturanzeige, die erst nach einer gewissen Laufzeit des Motors dessen Betriebstemperatur angibt, reagiert die Zylinderkopftemperaturanzeige viel schneller und hat somit mehr Aussagekraft über die aktuelle Betriebstemperatur des Motors.

Abgastemperaturanzeige

Diese Anzeige liefert die Temperatur des Abgases (in Fahrenheit oder Celsius), die für eine korrekte Gemischeinstellung herangezogen werden kann. Durch die Abgastemperaturanzeige (engl. Exhaust Gas Temperature Gauge, EGT) kann in Verbindung mit der Öltemperatur- und Zylinderkopftemperaturanzeige die Gefahr einer Motorüberhitzung schnell und sicher erkannt werden.

Abb. 85: Abgastemperaturanzeige (Quelle: Bachmann).

Vergasertemperaturanzeige

Die Vergasertemperaturanzeige (engl. Carburator Temperature Gauge) zeigt die über eine Meßsonde im Strömungsbereich des Vergasers gemessene Temperatur (in Fahrenheit oder Celsius) an. Der Bereich, in dem Vergaservereisungsgefahr besteht, ist farblich gekennzeichnet. Bewegt sich der Zeiger in diesen kritischen Bereich, so ist Eisbildung möglich (abhängig von der Wetterlage) und es sollte daher die Vorwärmung eingeschaltet werden.

Abb. 86: Vergasertemperaturanzeige (Quelle: Bachmann).

Kraftstoffvorratsanzeige

Über den Kraftstoffvorrat für jeden Tank informiert eine gesonderte Kraftstoffvorratsanzeige (engl. Fuel Quantity Gauge). Die Skala ist in US GAL (US Gallonen) oder l (Liter) geeicht. Der Skalenanfang bei einigen Geräten ist mit dem Buchstaben E (für Empty/Leer), das Skalenende mit F (für Full/Voll) markiert.

Leider arbeiten die Kraftstoffvorratsanzeigen sehr ungenau und können für eine genaue Vorratsbestimmung nicht herangezogen werden. Eine Sichtprüfung des Tankinhalts und eine genaue Kraftstoffbedarfsrechnung vor jedem Flug sind daher unerläßlich.

Kraftstoffdruckanzeige

Die Kraftstoffdruckanzeige (engl. Fuel Pressure Gauge) zeigt den Druck (in PSI oder bar) an, mit dem der Kraftstoff zwischen Kraftstoffpumpe und Vergaser bzw. Einspritzanlage befördert wird.

Geht die Anzeige auf Null zurück, läßt dies auf einen Ausfall der Kraftstoffpumpe schließen. In diesem Fall ist entsprechend den Angaben im Flughandbuch die elektrische Hilfskraftstoffpumpe einzuschalten.

Kraftstoffdurchflußanzeige

Der Kraftstoffdurchfluß (engl. Fuel Flow) wird meist in Kombination mit dem Ladedruck auf einem Instrument entweder in US Gallonen oder Liter pro Stunde angegeben.

Zusammenfassung

Die Mindestinstrumentierung zur Überwachung von Triebwerk und Kraftstoffanlage besteht aus
- Drehzahlmesser
- Öltemperaturanzeige
- Öldruckanzeige
- Kraftstoffvorratsanzeige

Zusätzlich bei Triebwerken mit Verstellpropeller
- Ladedruckmesser
- Abgastemperaturanzeige

Zusätzlich bei Flugzeugen mit tief liegenden Tanks
- Kraftstoffdruckanzeige

Hinweise zur Bedienung und Überwachung des Triebwerks

Die Bedienung und Überwachung des Triebwerks beim Anlassen, während der verschiedenen Flugphasen und beim Abstellen erfolgt grundsätzlich nach den im jeweiligen Flughandbuch im Detail angegebenen Verfahren. Die folgenden Hinweise können daher nur allgemeiner Art sein. Sie beziehen sich darüber hinaus nur auf einige besonders zu beachtende Punkte.

Das Verhalten bei Triebwerksstörungen wie z.B. Motorausfall oder Ölverlust wird hier nicht behandelt. Es ist ebenfalls im jeweiligen Flughandbuch unter dem Kapitel „Notverfahren“ und außerdem im Band 1 „Gefahrenhandbuch für Privatpiloten“ der Privatpiloten Bibliothek ausführlich beschrieben.

Anlassen des Triebwerks

Zum Anlassen des Triebwerks wird der Gemischhebel ganz (Stellung „voll reich“), der Gashebel im allgemeinen nur um etwa 1 cm nach vorn geschoben. Handelt es sich um ein Triebwerk mit Verstellpropeller, so muß außerdem der Propeller auf größte Drehzahl (kleinste Steigung) eingestellt sein, d.h., der Propellerverstellhebel steht ebenfalls ganz vorn. Gegebenenfalls ist zusätzlich die elektrische Hilfskraftstoffpumpe einzuschalten und Kraftstoff mit der Anlaßeinspritzpumpe einzuspritzen.

Das Triebwerk wird bei den meisten einmotorigen Kleinflugzeugen mit einem Zündschlüssel über einen Zündschalter angelassen. Der Zündschalter hat die 5 Stellungen „OFF“, „R“, „L“, „BOTH“ und

„START". In der Stellung „OFF" ist die Zündung ausgeschaltet. Durch Drehen des Zündschlüssels nach rechts in die Stellung „START" wird der Anlasser betätigt. Sobald der Motor anspringt, läßt man den Zündschlüssel los (wie beim Auto). Er springt automatisch in die Stellung „BOTH" zurück. Mit dem Gashebel wird der Motor nun auf die im Flughandbuch festgelegte Drehzahl (meist 1.000 Umdrehungen) eingestellt.

Wird nach dem Anspringen des Triebwerks bei normalen Temperaturen innerhalb von 30 Sekunden und bei sehr kaltem Wetter innerhalb von 60 Sekunden kein Öldruck angezeigt, muß das Triebwerk sofort abgestellt werden: Fehlender Öldruck kann ernste Schäden am Triebwerk verursachen.

Die meisten Flughandbücher enthalten besondere Anweisungen für das Anlassen bei kaltem und bei warmen Motor. Bei sehr kaltem Wetter ist es manchmal sehr schwierig, den Motor anzulassen. Durch Kondensierung des Kraftstoffs an den noch kalten Wänden des Ansaugschachtes ist das Kraftstoff/Luft-Gemisch oft noch zu mager und damit nicht zündfähig. Deshalb wird vor dem Anlassen mit der Anlaßeinspritzpumpe weiterer Kraftstoff in den Ansaugschacht bzw. in die Zylinder gespritzt und so das Gemisch angereichert.

Es empfiehlt sich bei kaltem Wetter, den Propeller vor dem Anlassen mehrere Male von Hand durchzudrehen (Achtung: Zündung hierbei aus), um an Tiefpunkten der Zylinder angesammeltes Öl zu verteilen und Batteriestrom zu sparen.

Nach dem Anlassen benötigt das Öl einige Zeit, bis es auf Temperatur kommt, d.h., anders als bei der Öldruckanzeige wird die Nadel der Öltemperaturanzeige nach dem Anlassen nicht unmittelbar in den grünen Bereich wandern. Für das Warmlaufen des Motors wird meist eine Drehzahl von 800 - 1.200 Umdrehungen pro Minute empfohlen. In vielen Fällen reicht das Rollen über die Rollbahnen zum Startpunkt aus, um den Motor auf Betriebstemperatur zu bringen. Längerer Motorlauf bei geringer Leerlaufdrehzahl kann ein Verrußen oder Ausfallen der Zündkerzen verursachen und sollte vermieden werden.

Magnetcheck vor dem Start

Im Rahmen der Kontrollen vor dem Start wird der sogenannte Magnetcheck durchgeführt. Er dient der Überprüfung der Zündanlage. Das Triebwerk wird dazu auf die im Flughandbuch festgelegte hohe Drehzahl gebracht und anschließend die beiden Zündanlagen einzeln geprüft. Der Zündschalter wird zuerst auf „L" (linker Magnet) und zurück auf „BOTH", dann auf „R" (rechter Magnet) und wieder zurück in die Ausgangsstellung „BOTH" geschaltet. In der Stellung „L" und „R" fällt jeweils die Drehzahl etwas ab, da dann nur eine Zündkerze pro Zylinder zündet und sich die Leistung durch die schlechtere Verbrennung verringert. Der Drehzahlabfall pro Magnet darf bei den meisten Triebwerken maximal 150 bis 175 U/min betragen, der Drehzahl-Unterschied zwischen den beiden Magnetreihen nicht mehr als 50 U/min (genaue Angaben siehe Flughandbuch).

Ergibt sich beim Umschalten auf einen Magneten ein größerer Leistungsabfall, läuft der Motor rauh oder bleibt er sogar stehen, dann liegt eine Störung in der Zündanlage vor (z.B. verrußte Zündkerzen, lockeres Zündkabel, falsche Zündeinstellung) und es darf auf keinen Fall gestartet werden. Fehlt der Drehzahlabfall, kann der Masseschluß einer Zündmagnetenreihe schadhaft sein.

Start

Zum Start sollte man den Gashebel nicht ruckartig nach vorne stoßen, sondern gleichmäßig und zügig nach vorne schieben. Dies schont den Motor und den Propeller. Die Motor-Überwachungsinstrumente müssen nun unter Vollgasbedingungen im grünen Bereich anzeigen. Ist dies nicht der Fall, läuft der Motor unruhig (z.B. Stottern), beschleunigt er nur träge oder zeigt er andere Störungen, sollte der Start unverzüglich abgebrochen werden.

Leistungseinstellung

Die Leistung wird nach den in jedem Flughandbuch zu findenden Leistungstabellen eingestellt. Reiseflüge werden meist mit 60 bis 80% der maximalen Triebwerksleistung durchgeführt.

Bei einem Triebwerk mit Festpropeller wird die Leistung allein mit Hilfe des Gashebels eingestellt und am Drehzahlmesser angezeigt. Anders beim Verstellpropeller. Hier erfolgt die Triebwerkseinstellung über den Gashebel und zusätzlich über den Propellerverstellhebel. Mit dem Gashebel wird zwar auch hier die Leistung eingestellt, diese aber, da die Drehzahl konstant gehalten wird (Constant Speed Propeller), als Ladedruck (engl. Manifold Pressure) angezeigt. Eine Veränderung der Gashebelstellung bewirkt also eine Änderung des Ladedrucks, eine Veränderung der Propellerverstellung eine Änderung der Drehzahl.

Um den Motor vor Überlastung zu schützen, sollte ein Triebwerk mit Verstellpropeller grundsätzlich so eingestellt werden, daß bei Leistungserhöhung zuerst die Drehzahl (Propellerverstellhebel nach vorn) und dann der Ladedruck (Gashebel nach vorn)

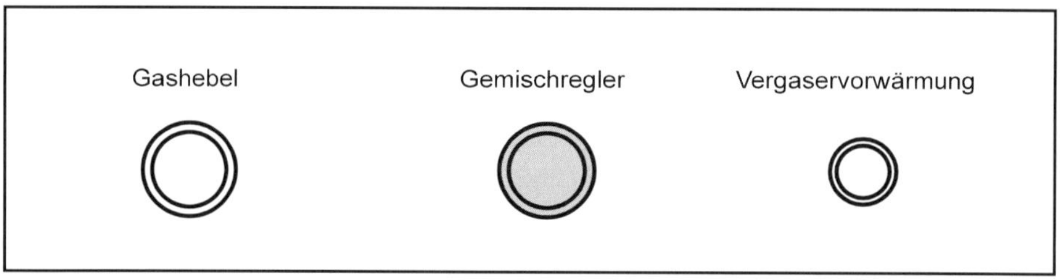

Abb. 87: Anordnung der Hebel für die Bedienung eines Triebwerks mit Festpropeller und Vergaser.

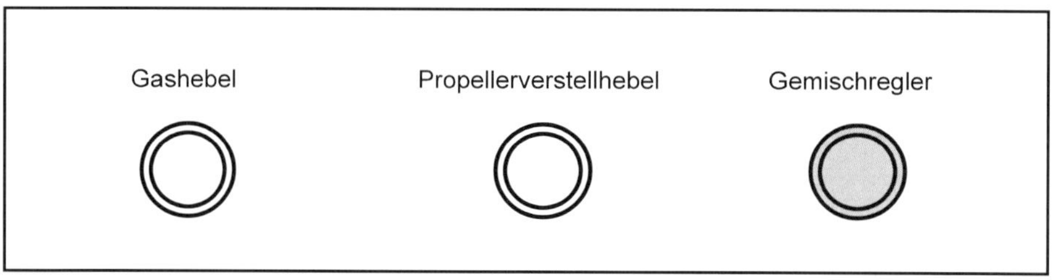

Abb. 88: Anordnung der Hebel für die Bedienung eines Triebwerks mit Verstellpropeller und Kraftstoffeinspritzung.

erhöht, bei Leistungsverminderung zuerst der Ladedruck und dann die Drehzahl reduziert werden. Als allgemeine Faustregel gilt, daß die Zahl am Ladedruckmesser nicht größer als die Zahl am Drehzahlmesser sein sollte. Wenn der Drehzahlmesser z.B. 2.200 RPM (22) anzeigt, sollte der Ladedruck nicht mehr als 22 Inch Hg betragen.

Gemischregelung

Wie bereits weiter oben erläutert, ist es erforderlich, mit zunehmender Flughöhe das Kraftstoff/Luft-Gemisch abzumagern und so den Kraftstoffzufluß der Abnahme der Luftdichte anzupassen.

Die richtige Gemischeinstellung bewahrt den Motor nicht nur vor Störungen und Schäden, sondern führt auch zu einer entscheidenden Verringerung des Kraftstoffverbrauchs und trägt somit zur wirtschaftlichen Flugdurchführung bei.

Im allgemeinen darf das Gemisch nur bei einer Leistungseinstellung von 75% (oder darunter) verarmt werden. In vielen Flughandbüchern ist darüber hinaus die Flughöhe angegeben, ab der eine Gemischverarmung unbedingt durchgeführt werden muß. Eine Gemischverarmung auch unterhalb der angegebenen Höhe ist ohne weiteres möglich, aber nicht zwingend erforderlich.

Bei einem Flugzeug mit Festpropeller und ohne Abgastemperaturanzeige (EGT) steht als Anzeigeinstrument für die Gemischverarmung lediglich der Drehzahlmesser zur Verfügung. Zur Gemischverarmung wird der Gemischhebel langsam nach hinten gezogen, bis die Drehzahl nach Erreichen eines Maximums wieder abfällt und der Motor rauh läuft. Der rauhe Motorlauf zeigt die Grenze der Verarmung an. Nun wird der Gemischregler wieder langsam vorgeschoben, bis der Motor ruhig läuft und die maximale Drehzahl erreicht ist.

Ist das Flugzeug mit einer Abgastemperaturanzeige (EGT) ausgerüstet (bei Flugzeugen mit Verstellpropeller üblich), läßt sich die Gemischeinstellung sehr viel genauer durchführen. Der Gemischhebel wird in kleinen Stufen ganz langsam nach hinten gezogen, bis die dann ansteigende Abgastemperatur ihr Maximum (engl. Peak EGT) erreicht hat. Anschließend wird das Gemisch wieder etwas angereichert (Gemischhebel nach vorn), bis die Temperatur entsprechend den Angaben im Flughandbuch 50 bis 100° F unter Maximum zum stehen kommt.

Das Verhältnis zwischen Kraftstoff und Luft liegt nun bei etwa 1:12, und man hat mit dieser Gemischeinstellung die höchste Motorleistung bei einem sehr günstigen Kraftstoffverbrauch.

Den geringsten Kraftstoffverbrauch erreicht man, wenn man das Gemisch über das Temperaturmaximum (Peak EGT) hinaus weiter verarmt. Diese Gemischregelung bedarf einer sehr sorgfältigen Einstellung und sollte nur von Profis vorgenommen werden.

Änderungen der Motorleistung und Wechsel der Flughöhe erfordern eine Neueinstellung des Gemischs. Im Sinkflug darf man nicht vergessen, das Gemisch der Flughöhe entsprechend anzupassen.

Abschalten des Triebwerks

Anders als beim Automotor, der über das Zündschloß ausgeschaltet wird, schaltet man ein Flugzeugtriebwerk durch Ziehen des Gemischreglers ab und unterbricht damit den Kraftstoffzufluß. Erst nachdem das Triebwerk steht, wird auch die Zündung ausgeschaltet. Durch diese Methode soll eine unkontrollierte Nachzündung verhindert werden.

Zusammenfassung

- Das Triebwerk ist grundsätzlich nach den Angaben im Flughandbuch zu bedienen. Insbesondere sind die Betriebsgrenzen zu beachten.
- Bei Triebwerksstörungen sind die im Flughandbuch unter Kapitel „Notverfahren" beschriebenen Maßnahmen zu ergreifen.
- Die Leistungseinstellung erfolgt nach den im Flughandbuch angegebenen Leistungstabellen.
- Das Gemisch sollte gemäß Angaben im Flughandbuch verarmt werden. Richtige Gemischeinstellung schont den Motor und reduziert den Kraftstoffbedarf.
- Das Triebwerk sollte so bedient werden, daß unnötiger Fluglärm vermieden wird.

Kontroll- und Übungsaufgaben

1. Warum werden viele Flugzeug-Kolbenmotoren mit Luft und nicht wie bei Automotoren üblich mit Flüssigkeit gekühlt?

2. Warum sind Flugzeugmotoren generell mit zwei Zündkerzen je Zylinder ausgestattet?

3. Für Flugzeugmotoren werden im allgemeinen legierte Öle verwendet. Was versteht man unter einem legierten Öl?

4. Bei der Vorflugkontrolle stellen Sie fest, daß Motoröl nachgefüllt werden muß. Da Sie das gemäß Flughandbuch vorgeschriebene Öl gerade nicht zur Hand haben, füllen Sie ein anderes Markenöl ein. Was kann die Folge sein?

5. Die elektrische Hilfskraftstoffpumpe schaltet sich automatisch ein, wenn die motorgetriebene Kraftstoffpumpe ausfällt. Ist diese Aussage richtig?

6. Warum lassen sich Tankwahlschalter bei Flugzeugen mit tief liegenden Tragflächen (Tiefdeckern) nicht gleichzeitig auf beide Tanks (Stellung „BOTH"/Beide) schalten?

7. Wenn man mit der Hand am Propeller dreht, sollte man darauf achten, daß die Zündung ausgeschaltet ist. Warum?

8. Kolbenmotoren im Auto und Kolbenmotoren im Flugzeug arbeiten nach dem gleichen Prinzip. Worin liegen die wesentlichen Unterschiede zwischen einem Auto- und einem Flugzeugmotor?

9. Woran erkennt man im Cockpit unmittelbar, ob das Flugzeug einen Vergaser- oder Einspritzer-Motor besitzt?

10. Warum ist der Hebel für die Gemischregelung rot markiert?

11. Läßt sich die Leerlaufeinstellung mit Hilfe des Gashebels verändern?

12. Woran erkennt man beginnende Vergaservereisung bei einem Triebwerk mit a) Festpropeller, b) Constant-Speed-Propeller?

13. Warum erreicht der Motor eines mit einem Reiseflugpropeller (große Steigung) ausgerüsteten Flugzeuges beim Start nicht die volle Drehzahl?

14. Warum sollte man bei sehr hoher Lufttemperatur einen längeren Steigflug nicht mit niedriger Fluggeschwindigkeit und hohem Anstellwinkel durchführen?

15. Die meisten einmotorigen Flugzeuge haben einen Reiseflugpropeller. Können Sie sich Flugzeuge vorstellen, die für bestimmte Zwecke mit einem Steigflugpropeller ausgerüstet sind?

16. Welchen entscheidenden Vorteil hat ein Verstellpropeller gegenüber einem Festpropeller?

17. Unter extremen Betriebsbedingungen mit sehr hoher Fluggeschwindigkeit (z.B. Sturzflug) kann es zum Überdrehen des Propellers kommen. Was versteht man unter Überdrehen?

18. Der Propellerverstellhebel kann stufenlos nach vorn und hinten verschoben werden. Welche Propellersteigung und welche Drehzahl ergibt sich bei vorderer und hinterer Position?

19. Nennen Sie die Ursachen für den Torque-Effekt!

20. In welchen Flugphasen wirkt sich der Torque-Effekt besonders stark aus?

21. Warum reicht bei einem Triebwerk mit Verstellpropeller (anders als bei einem Triebwerk mit Festpropeller) der Drehzahlmesser für die Leistungseinstellung nicht aus?

22. Wovon hängt der Wirkungsgrad eines Propellers im wesentlichen ab?

23. Beim Magnetcheck vor dem Start stellen Sie den Zündschlüssel auf „L". Dabei bemerken Sie einen starken Drehzahlabfall. Der Grund hierfür kann in einem defekten Ventil an einem der Zylinder liegen. Ist diese Aussage richtig?

24. Warum wird bei einem Triebwerk mit Verstellpropeller vor der Landung der Propellerverstellhebel ganz nach vorn geschoben, also der Propeller auf kleinste Steigung gebracht?

25. Wird die Vergaservorwärmung eingeschaltet, so fällt die Motorleistung ab. Warum?

Abb. 89: Cockpit des Motorflugzeuges Grob G 116 (Quelle: Prospekt Grob).

Kapitel 5

Instrumente

Überblick

Im Cockpit befinden sich alle für die Überwachung der Fluglage, für die Navigation und für die Kontrolle der verschiedenen Flugzeugsysteme (z.B. elektrische Anlage) erforderlichen Anzeigeinstrumente. Nach ihrem Verwendungszweck lassen sie sich grob in vier Gruppen einteilen:

- Flugüberwachungsinstrumente
- Navigationsinstrumente
- Triebwerksüberwachungsinstrumente
- Sonstige Instrumente

Zu den Flugüberwachungs- und Navigationsinstrumenten gehören vor allem:

- Höhenmesser
- Fahrtmesser
- Variometer
- Künstlicher Horizont
- Wendezeiger
- Kurskreisel
- Magnetkompaß
- Funknavigationsinstrumente

Höhenmesser, Fahrtmesser, künstlicher Horizont und Kurskreisel sind die wichtigsten Instrumente, denn sie geben unmittelbar über die für die sichere Flugdurchführung erforderlichen Informationen wie Fluglage, Fluggeschwindigkeit, Flughöhe und Kurs Auskunft. Sie sind daher unmittelbar im Blickfeld des Piloten am Instrumentenbrett (engl. Instrument Panel) angeordnet. In der Mitte befinden sich der künstliche Horizont,

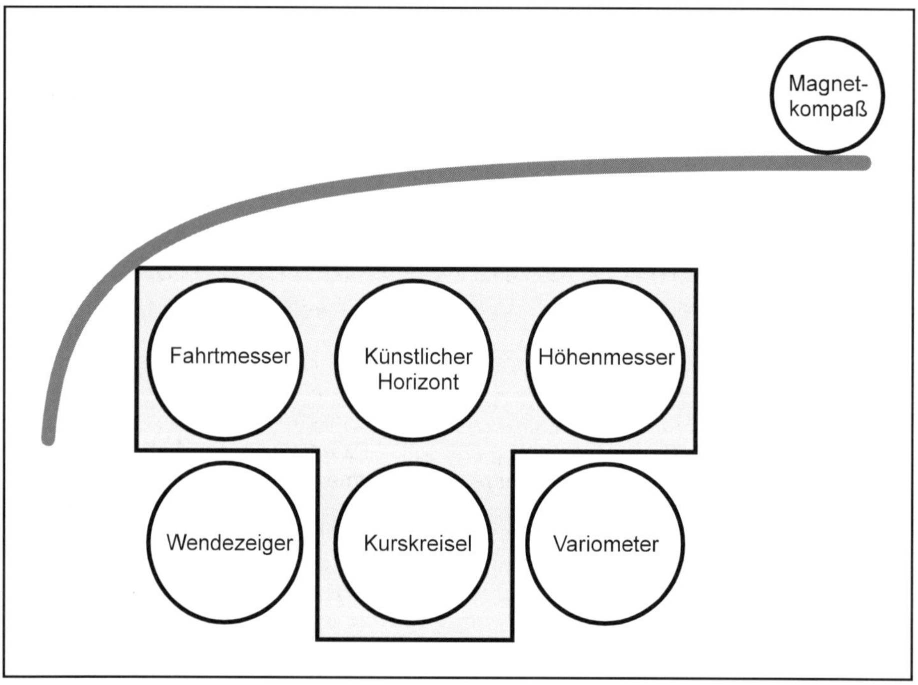

Abb. 90: Anordnung der wichtigsten Flugführungsinstrumente im Cockpit (in der Mitte das Instrumenten-T).

links der Fahrtmesser, rechts der Höhenmesser und unterhalb der Kurskreisel. Da diese Instrumentenanordnung der Form eines „T" entspricht, wird sie oft als „Instrumenten-T", im englischen auch als „Basic-T", bezeichnet (Abb. 90).

Höhenmesser, Fahrtmesser und Variometer messen den Luftdruck. Meß-Sonden sind in allen drei Instrumenten Membrandosen, die sich entsprechend den Druckänderungen ausdehnen oder zusammenziehen. Man faßt daher diese drei Instrumente unter dem Begriff „barometrische Instrumente" oder „Doseninstrumente" zusammen.

Künstlicher Horizont, Kurskreisel und Wendezeiger werden dagegen als „Kreiselinstrumente" bezeichnet. In allen drei Instrumenten rotiert jeweils ein Kreisel mit sehr hoher Drehzahl. Dabei werden für die Anzeigen zwei besondere Eigenschaften eines Kreisels ausgenutzt. Zum einen behält ein Kreisel seine einmal im Raum eingenommene Lage bei, zum anderen wandert er bei Krafteinwirkung aus der Achsenrichtung aus.

Nachfolgend werden die wesentlichen Flugüberwachungs- und Navigationsinstrumente, ausgenommen Magnetkompaß (siehe Band 2 „Flugnavigation") und Funknavigationsinstrumente (siehe Band 3 „Funknavigation"), im Detail beschrieben. Die Triebwerksüberwachungsinstrumente wurden bereits in Kapitel 4 behandelt. Auf sonstige Instrumente wie z.B. Amperemeter, Thermometer, Klappenstellungsanzeige und Borduhr wird hier nicht weiter eingegangen, da ihre Funktionen ohne weitere Erläuterungen zu verstehen sind.

Zusammenfassung

Druckinstrumente
- Höhenmesser
- Fahrtmesser
- Variometer

Kreiselinstrumente
- Künstlicher Horizont
- Wendezeiger
- Kurskreisel

Instrumenten-T
- Fahrtmesser
- künstlicher Horizont
- Höhenmesser
- Kurskreisel

Höhenmesser

Aufbau und Arbeitsweise

Der Höhenmesser (engl. Altimeter) arbeitet nach dem Prinzip eines Luftdruckmessers (Barometer). Er mißt den Druck in der entsprechenden Höhe und setzt diesen unmittelbar in eine entsprechende Höhenanzeige um.

Der (atmosphärische) Luftdruck ist derjenige Druck, den die uns umgebende Lufthülle der Erde (Atmosphäre) durch ihr Gewicht auf uns ausübt. Er wird in der Physik als statischer (Luft-) Druck bezeichnet und in der Einheit Pascal (Abk. Pa) angegeben. 1 Pa entspricht der Kraft 1 Newton pro Quadratmeter (N/m^2). Im mittleren Meeresspiegelniveau (engl. Mean Sea Level, MSL, entspricht Normal Null, NN) herrscht im Durchschnitt ein Druck von 1.013.250 Pascal bzw. 1.013,25 Hektopascal (Abk. hPa). Mit der Höhe nimmt der Luftdruck wegen der kleiner werdenden Luftsäule ab; im unteren Bereich der Atmosphäre schneller, in größeren Höhen langsamer. So beträgt der Luftdruck in 18.000 ft (ca. 5.500 m) Höhe

Abb. 91: Höhenmesser (angezeigte Höhe 1.500 ft).

Höhe (ft)	Luftdruck (hPa)	Temperatur (°C)
12.000	644	-9
11.000	670	-7
10.000	697	-5
9.000	724	-3
8.000	752	-1
7.000	782	1
6.000	812	3
5.000	843	5
4.000	875	7
3.000	908	9
2.000	942	11
1.000	977	13
MSL	1.013	15

Abb. 92: Werte der Internationalen/ICAO Standardatmosphäre (ISA).

etwa die Hälfte, in 36.000 ft (etwa 11.000 m) Höhe ca. ein Viertel des Luftdrucks in MSL.

Verringert sich der Luftdruck mit zunehmender Höhe um genau 1 hPa, so nennt man den zugehörigen Höhenunterschied „Barometrische Höhenstufe". In niedriger Höhe bis etwa 6.000 ft beträgt die barometrische Höhenstufe im Mittel 30 ft (= 8 m), in größeren Höhen wird sie größer, da der Luftdruck dort langsamer abnimmt.

In der Atmosphäre ändern sich Druck- und Temperaturverlauf ständig. Deshalb wurden weltweit Durchschnittswerte für Druck und Temperatur ermittelt und diese durch die Schaffung der Internationalen Standardatmosphäre (auch ICAO Standardatmosphäre genannt, engl. ICAO Standard Atmosphere, ISA) vereinheitlicht. In dieser Standardatmosphäre ist jeder Höhe ein fester Druck- und Temperaturwert zugeordnet worden (Abb. 92). So beträgt in MSL der (Standard-) Druck, wie bereits oben genannt, 1.013,25 hPa und die (Standard-) Temperatur 15° C.

Der Höhenmesser verwendet als Druckmeßgerät dünnwandige, nahezu luftleere Membrandosen, sogenannte Aneroiddosen. Diese befinden sich in einem luftdichten Instrumentengehäuse, dem über eine Druckleitung der außen am Flugzeug gemessene statische Luftdruck zugeführt wird. Auf die Membrandosen wirkt also von außen der statische Druck der umgebenden Luft. Nimmt der Luftdruck ab (Steigflug), dehnen sich die Dosen aus, steigt der Luftdruck an (Sinkflug), so werden sie entsprechend zusammengedrückt (Abbildungen 94 und 95). Die Bewegungen der Membrandosen (Dosenhub) werden über Gestänge und Getriebe auf Zeiger übertragen, die auf einer in Höheneinheiten geeichten Skala die gemessenen Luftdruckwerte unmittelbar als Höhenwerte in Fuß (engl. Feet, ft) oder Meter (m) anzeigen (1 ft = 0,30 m; 1 m = 3,28 ft).

Die Höhenmesserskala ist in 20 ft-Schritten eingeteilt, wobei die jeweiligen ganzzahligen 100 ft-Schritte mit Zahlen versehen

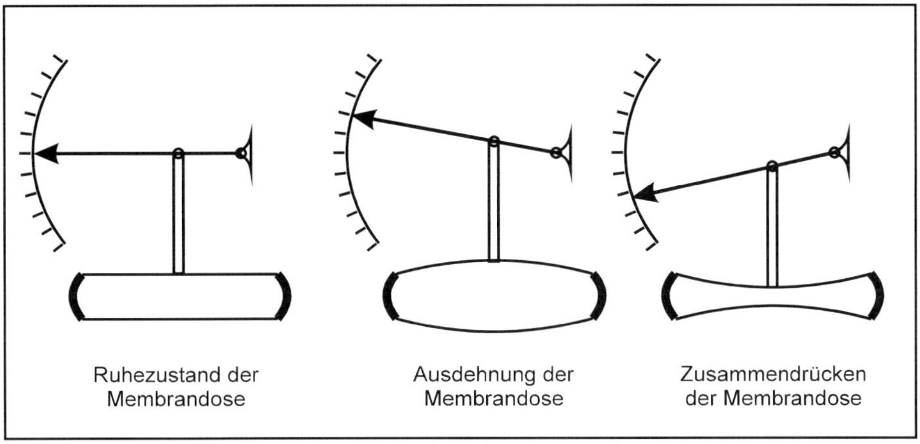

Abb. 93: Prinzipielle Wirkungsweise einer Membrandose, wie sie beim Höhenmesser, Fahrtmesser und Variometer verwendet wird.

sind. Die Höhe wird durch zwei Zeiger angegeben. Der große (lange) Zeiger zeigt 20- und 100-ft-Abstände, der kleine (dicke) Zeiger 100- und 1.000-ft-Abstände an. Höhenmesser für Höhenanzeigen von über 10.000 ft besitzen meist noch einen dritten Zeiger für die Anzeige der 10.000-ft-Abstände.

Höhenmesser sind nach der Standardatmosphäre geeicht. Die genormten Druck- und zugehörigen Höhenwerte sind fest eingegebene Größen, und es besteht eine feste Zuordnung zwischen dem gemessenen Druck und der Höhenanzeige. Da die aktuelle Atmosphäre nur selten einen Druckverlauf wie in der Standardatmosphäre aufweist, würde jede Abweichung vom Standarddruck zu einer Verfälschung der Anzeige führen. Um dies zu verhindern, ist der Höhenmesser mit einer Korrektureinrichtung ausgestattet. Über einen

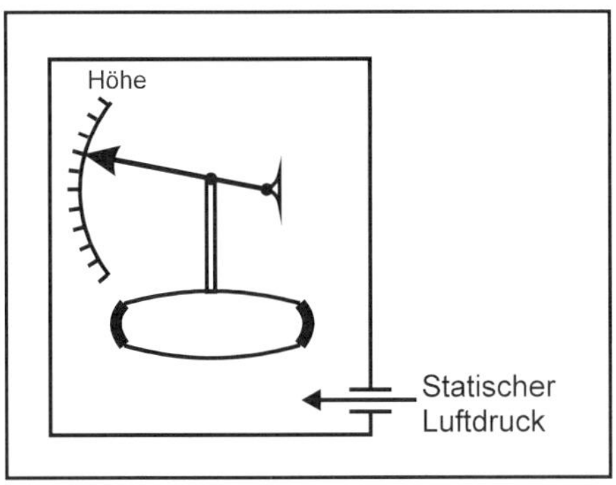

Abb. 94: Prinzipielle Arbeitsweise vom Höhenmesser.

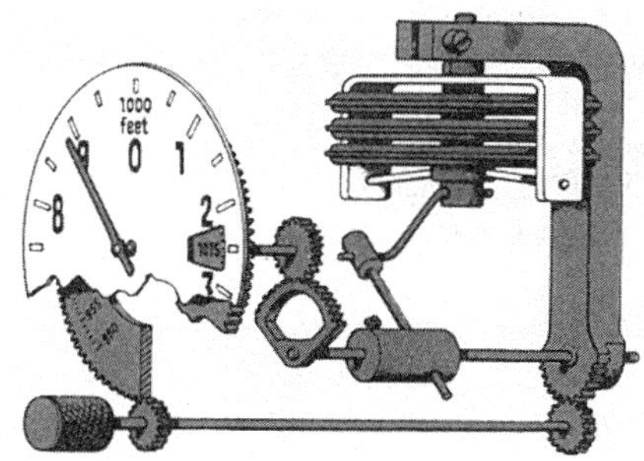

Abb. 95: Aufbau eines Höhenmessers. Um den Hubweg zu vergrößern, werden mehrere Aneroiddosen (Dosensatz) hintereinander angeordnet (Quelle: LBA fsm 5/83).

Einstellknopf läßt sich der aktuelle Luftdruckwert auf einer Druckkorrekturskala - auch Nebenskala (engl. Subscale) genannt - einstellen und der Höhenmesser dem veränderten Luftdruck anpassen (Abb. 91).

Jede Drehung am Einstellknopf bewirkt eine Drehung des gesamten Systems im Höhenmesser (Dosen, Übertragungsmechanik, einschließlich Zeiger) gegenüber der feststehenden Höhenskala. Wird der Druckwert in der Druckkorrekturskala z.B. um 2 hPa verändert, dann dreht sich auch der entsprechende Zeiger um einen Abstand von etwa 60 ft (1 hPa Differenz entspricht ca. 30 ft Höhenabstand).

Der angezeigte bzw. eingestellte Druckwert auf der Nebenskala ist die Basis für die Höhenmesseranzeige. Der Höhenmesser zeigt immer die Höhe über dem auf der Druckkorrekturskala eingestellten Druckniveau (auch Druckfläche genannt) an.

Herrscht z.B. in Meeresspiegelniveau (MSL) abweichend vom Standarddruck ein Luftdruck von 1.010 hPa und ist die Druckkorrekturskala auf diesen Wert eingestellt, dann zeigt der Höhenmesser die Höhe über dem Druckniveau 1.010 hPa, also über MSL, an. Befindet sich ein Flugzeug mit dieser Höhenmessereinstellung genau in MSL, so zeigt der Höhenmesser die Höhe Null an. Würde man in dieser Position auf der Druckkorrekturskala 1.013 hPa einwählen, würde der Höhenmesser eine (falsche) Höhe von etwa 90 ft anzeigen.

Bei den gängigen Höhenmessern lassen sich meist nur ganzzahlige Druckwerte von 950 bis 1.050 hPa einstellen. In den USA hergestellte Höhenmesser sind oft in der Einheit „hPa" und zusätzlich in der Einheit „Inch of Mercury" (Zoll Quecksilbersäule, 1 Inch = 2,54 cm) einstellbar. 1.013,25 hPa entsprechen genau 29,92 Inch of Mercury.

Anzeigefehler

Der Höhenmesser zeigt nur dann die tatsächliche, d.h. die wahre Höhe über MSL (engl. True Altitude) richtig an, wenn die Druck- und Temperaturverteilung in der Atmosphäre exakt den Werten der Standardatmosphäre entspricht und darüber hinaus keine Instrumentenfehler (z.B. mechanische Fehler im Instrument) auftreten. Druckabweichungen von der Standardatmosphäre können, wie bereits dargestellt, mit Hilfe der Druckkorrektureinrichtung weitgehend kompensiert werden. Fehler aufgrund von Temperaturabweichungen müssen dagegen berechnet werden. Sie sind in geringen Höhen allerdings meist sehr klein und können daher oft vernachlässigt werden.

Anzeigefehler durch Druckabweichungen

Damit der Höhenmesser die tatsächliche Höhe über Meeresniveau (MSL) anzeigen kann, muß die Druckkorrekturskala auf den in MSL herrschenden aktuellen Luftdruck eingestellt werden. Dieser mit dem Kürzel „QNH" bezeichnete Luftdruckwert wird meist nur an von der Flugsicherung kontrollierten Flugplätzen ermittelt. Stellt man den für einen Flugplatz bestimmten QNH-Wert auf der Druckkorrekturskala ein, so zeigt der Höhenmesser in unmittelbarer Nähe um diesen Flugplatz die Flughöhe über MSL, auf dem Flugplatz selbst die Flugplatzhöhe über MSL an.

Je weiter man sich nun mit dem Flugzeug vom Flugplatz entfernt, um so ungewisser wird der am Höhenmesser angezeigte Abstand zu MSL, da weiter entfernt vom Startflugplatz veränderte Druckverhältnisse herrschen können (abgesehen von den veränderten Temperaturverhältnissen). Soll der Höhenmesser weiterhin die richtige Flug-

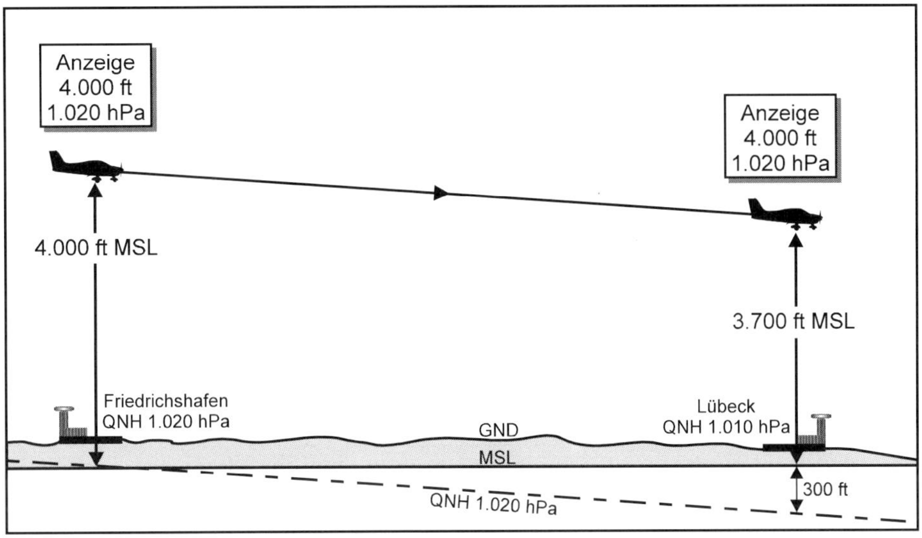

Abb. 96: Anzeigefehler am Höhenmesser durch zu hoch eingestellten QNH-Wert; die angezeigte Höhe ist zu groß.

höhe über MSL anzeigen, so muß er immer wieder auf den aktuellen QNH-Wert eingestellt und damit den veränderten Druckverhältnissen angepaßt werden.

Nehmen wir an, ein Pilot fliegt vom Verkehrslandeplatz Friedrichshafen (Flugplatzhöhe 1.300 ft MSL) zum Verkehrsflughafen Lübeck-Blankensee (Flugplatzhöhe 53 ft MSL). Das QNH in Friedrichshafen beträgt zur Startzeit 1.020 hPa (Hochdruck), das QNH in Lübeck zur Landezeit jedoch nur 1.010 hPa (Tiefdruck). Der Pilot stellt in Friedrichshafen das aktuelle QNH 1.020 hPa am Höhenmesser ein und steigt nach dem Start auf die Reiseflughöhe von 4.000 ft. Fliegt er mit dieser Höhenmesser-Einstellung nach Lübeck und vergißt dabei, den Höhenmesser den veränderten Druckverhältnissen anzupassen, dann sinkt das Flugzeug entsprechend der absinkenden Bezugsdruckfläche 1.020 hPa ganz allmählich immer tiefer (Abb. 96). Der Höhenmesser zeigt weiterhin 4.000 ft an, und der Pilot glaubt daher, weiterhin in einer Flughöhe von 4.000 ft MSL zu fliegen.

Befindet sich das Flugzeug nun mit einer angezeigten Höhe von 4.000 ft über Lübeck, dann fliegt es aufgrund der falschen Druckeinstellung von 1.020 hPa (10 hPa zu hoch) bereits etwa 300 ft tiefer (10 x 30 ft barometrische Höhenstufe). Die Landung in Lübeck müßte bei einer angezeigten Höhe von 53 ft erfolgen. Da die Höhenmessereinstellung seit dem Start in Friedrichshafen nicht verändert wurde, glaubt der Pilot beim Ablesen der Höhe von ca. 353 ft, noch ca. 300 ft über dem Flugplatz Lübeck zu sein. In Wirklichkeit hätte er jetzt bereits Bodenberührung, da der Höhenmesser um 300 ft zu hoch anzeigt.

Dieses etwas theoretische Beispiel macht sehr deutlich, daß ein zu hoch eingestellter Druckwert eine zu große Höhenanzeige zur Folge hat. Anders ausgedrückt:

Das Flugzeug fliegt tiefer als die angezeigte Höhe. In geringer Flughöhe kann es dadurch zu kritischen Situationen kommen (zu geringer Abstand von Hindernissen, zu geringe Sicherheitsmindesthöhe). Deshalb sollte man sich als Warnung den Spruch merken: „Vom Hoch ins Tief geht's schief!"

Fliegt ein Flugzeug von einem Gebiet geringeren Drucks in ein Gebiet höheren Drucks, also in unserem Beispiel von Lübeck nach Friedrichshafen, und vergißt der Pilot dabei, Druckkorrekturen am Höhenmesser vorzunehmen, tritt der umgekehrte Fall ein. Das Flugzeug wird bei konstanter Höhenanzeige allmählich steigen und über dem Zielflugplatz höher als geplant ankommen. Das Flugzeug fliegt also bei einem zu tief eingestellten Druckwert höher als der Höhenmesser anzeigt (die Höhenmesseranzeige ist zu gering).

Grundsätzlich führen zu tief oder zu hoch eingestellte Druckwerte zu falschen Höhenanzeigen. Der Anzeigefehler beträgt bereits bei einem um 1 hPa falsch eingestellten Druckwert rund 30 ft (barometrische Höhenstufe). Falsche Höhenmesseranzeigen durch Druckänderungen können leicht vermieden bzw. auf ein Minimum reduziert werden, indem man entsprechend der Regel zur Höhenmessereinstellung an der Druckkorrekturskala den jeweils aktuellen QNH-Wert auf der Flugstrecke einstellt.

Anzeigefehler durch Temperaturabweichungen

In der Standardatmosphäre haben die Druckflächen einen ganz bestimmten Abstand zueinander (z.B. in geringer Höhe rund 30 ft zwischen zwei um 1 hPa unterschiedlichen Druckflächen). Weicht die aktuelle Temperatur von der Standardtemperatur ab, so ändert sich der Abstand der Druckflächen zueinander.

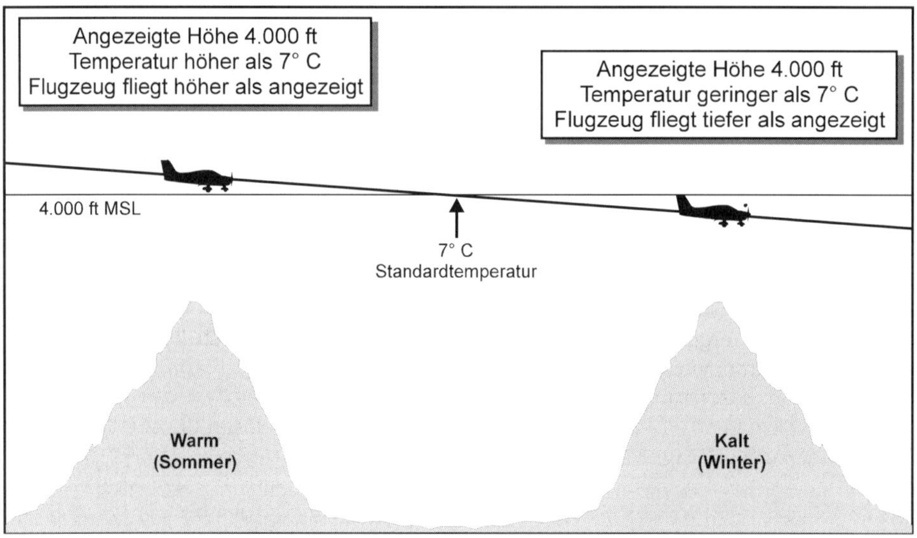

Abb. 97: Temperaturabweichungen von der Standardtemperatur verursachen einen Anzeigefehler am Höhenmesser. Deshalb sind „im Winter die Berge höher".

In wärmerer Luft (höhere Temperatur als in der Standardatmosphäre) liegen die Druckflächen weiter auseinander und der Luftdruck nimmt daher mit zunehmender Höhe langsamer ab. In kälterer Luft (tiefere Temperatur als in der Standardatmosphäre) liegen die Druckflächen dagegen enger zusammen und der Luftdruck nimmt mit zunehmender Höhe schneller ab. Dies bedeutet, daß Flugzeuge im Sommer meist etwas höher als vom Höhenmesser angezeigt (Anzeige ist zu tief), im Winter etwas tiefer (Anzeige ist zu hoch) fliegen.

Die durch die Temperaturabweichung bedingten Anzeigefehler sind also vor allem im Winter wegen der dann u.U. geringeren Flughöhe zu beachten. Um sich auch diesen besonderen Fall besser einprägen zu können, gibt es einen weiteren in der Luftfahrt gängigen Merkspruch: „Im Winter sind die Berge höher". Abbildung 97 verdeutlicht, wie dieser Spruch zu verstehen ist.

Der temperaturbedingte Anzeigefehler beträgt rund 0,4% pro 1°C (2% pro 5°C) Temperaturabweichung von der Standardatmosphäre. Ist z.B. in 4.000 ft die aktuelle Temperatur um 5°C geringer als die entsprechende Standardtemperatur, dann zeigt der Höhenmesser in dieser Höhe um etwa 80 ft (2% von 4.000 ft) zu hoch an, d.h., die tatsächliche Höhe beträgt etwa 3.920 ft (ohne Berücksichtigung der Fehler durch Druckabweichungen). Da sich der Anzeigefehler aus einem prozentualen Anteil der Höhe ergibt, ist er in geringen Höhen im allgemeinen relativ klein. In großen Höhen, insbesondere bei großen Temperaturabweichungen, können dagegen erhebliche Anzeigefehler auftreten.

Da im gleichen Luftraum alle Luftfahrzeuge dem gleichen temperaturbedingten Anzeigefehler am Höhenmesser unterliegen, spielt die falsche Höhenanzeige in bezug auf die Einhaltung von Flughöhen keine Rolle und muß vom Piloten nicht weiter beachtet werden. Für die Bestimmung der wahren Flughöhe ist die Berücksichtigung der Temperaturabweichung allerdings unerläßlich.

Sonstige Anzeigefehler

Neben den genannten Anzeigefehlern können weitere Fehler durch Turbulenzen in der Atmosphäre und durch besondere Strömungseffekte im Gebirge auftreten. Darüber hinaus besitzt der Höhenmesser, wie jedes Meßinstrument, bestimmte Systemfehler, die sich u.a. durch mechanische Fehler und Mängel bei der Eichung ergeben.

Die Größe des Instrumentenfehlers läßt sich bestimmen, indem an einem festgelegten Referenzpunkt am Flugplatz (im allgemeinen der höchste Punkt der Landefläche) der dort gemessene aktuelle QNH-Wert am Höhenmesser eingestellt und die veröffentlichte Flugplatzhöhe über MSL mit der Höhenmesseranzeige verglichen wird. Arbeitet der Höhenmesser fehlerfrei, dann müssen angezeigte und veröffentlichte Höhe exakt übereinstimmen. Meist wird jedoch die angezeigte Höhe um einen geringen Betrag abweichen. Ist der Anzeigefehler sehr groß, muß der Höhenmesser in einer Werkstatt neu kalibriert werden.

Höhenmessereinstellungen

Für die Luftfahrt gelten national wie international genau festgelegte Regeln, nach denen die Druckwerte am Höhenmesser einzustellen sind. Dadurch wird sichergestellt, daß in einem bestimmten Luftraum alle Luftfahrzeuge mit gleicher Höhenmessereinstellung (engl. Altimeter Setting) und damit gleichem Höhenbezug fliegen.

Sich begegnende Luftfahrzeuge können nur so den erforderlichen vertikalen Sicherheitsabstand einhalten und von der Flugsicherung mit festgelegten Höhenwerten gestaffelt werden. Zur Bezeichnung der einzustellenden Druckwerte werden hauptsächlich die Q-Gruppen „QNH" und „QNE" (sogenannte Standard-Einstellungen) verwendet.

QNH-Einstellung

Das QNH ist der auf Meeresspiegelniveau bezogene Luftdruck an einem Flugplatz. Um den QNH-Wert zu ermitteln, wird zuerst der am Flugplatz in Flugplatzhöhe (engl. Aerodrome Elevation, ELEV) herrschende Luftdruck (in der Q-Gruppe mit „QFE" bezeichnet) gemessen und dieser dann anhand der Werte der Standardatmosphäre auf Meeresspiegelniveau umgerechnet. Man nimmt bei der Umrechnung an, daß zwischen Meeresspiegel und Flugplatzhöhe Druck und Temperatur entsprechend der Standardatmosphäre (ISA) verlaufen. Da der Höhenmesser nach diesen ISA-Werten geeicht ist, wird immer dann die Flugplatzhöhe angezeigt, wenn der aktuelle QNH-Wert am Flugplatz auf der Druckkorrekturskala eingestellt ist. Im Flug oberhalb des Flugplatzes zeigt der Höhenmesser bei QNH-Einstellung immer die Flughöhe über MSL (engl. Altitude, ALT) an.

Da topographische Höhenangaben (Gelände, Hindernisse) auf Luftfahrtkarten sowie Ober- und Untergrenzen von Lufträumen meist als Höhen über MSL angegeben werden, ist bei Flügen im unteren Höhenbereichen der Höhenmesser auf das aktuelle QNH einzustellen. Während des Fluges ist es so möglich, durch Vergleich zwischen der angezeigten Flughöhe über Meeresspiegel (engl. Altitude) und der auf der Luftfahrtkarte angegebenen Geländehöhe stets die Höhe über Grund (engl. Height, HGT) zu bestimmen und so die erforderliche Sicherheitsmindesthöhe einzuhalten. Voraussetzung hierfür ist allerdings, daß der Pilot den Höhenmesser immer den momentanen Druckverhältnissen anpaßt und das gerade aktuelle QNH einstellt. Nur so wird sichergestellt, daß der Unterschied zwischen der wahren Höhe und der am Höhenmesser angezeigten Höhe nicht zu groß wird.

Standard-Höhenmessereinstellung (QNE)

Unter der Standard-Höhenmessereinstellung (engl. Standard Altimeter Setting) versteht man die Einstellung des Höhenmessers auf den Druckwert 1.013 hPa (in der Q-Gruppe mit „QNE" bezeichnet), unabhängig davon, welcher Luftdruck gerade aktuell herrscht. Die am Höhenmesser angezeigte Höhe nennt man in diesem Fall Druckhöhe (engl. Pressure Altitude) bzw. für die fliegerische Anwendung Flugfläche (engl. Flight Level, FL).

Flugflächen werden in Schritten von hundert Fuß angegeben, wobei die letzten beiden Nullen der Höhe weggelassen werden. So entspricht z.B. Flugfläche 80 (FL 80) einer Höhe von 8.000 ft über der Druckfläche 1.013 hPa.

Der Vorteil der Standardhöhenmessereinstellung liegt darin, daß die Höhenmessereinstellung unverändert bleibt und nicht wie bei der QNH-Einstellung immer wieder korrigiert werden muß. Der Nachteil ist jedoch, daß diese Einstellung keine genaue Höhenangabe in bezug auf MSL (bzw. auf GND) liefert. Deshalb darf die Standardeinstellung nur in größeren Höhen, weit oberhalb der Sicherheitsmindesthöhe, angewendet werden.

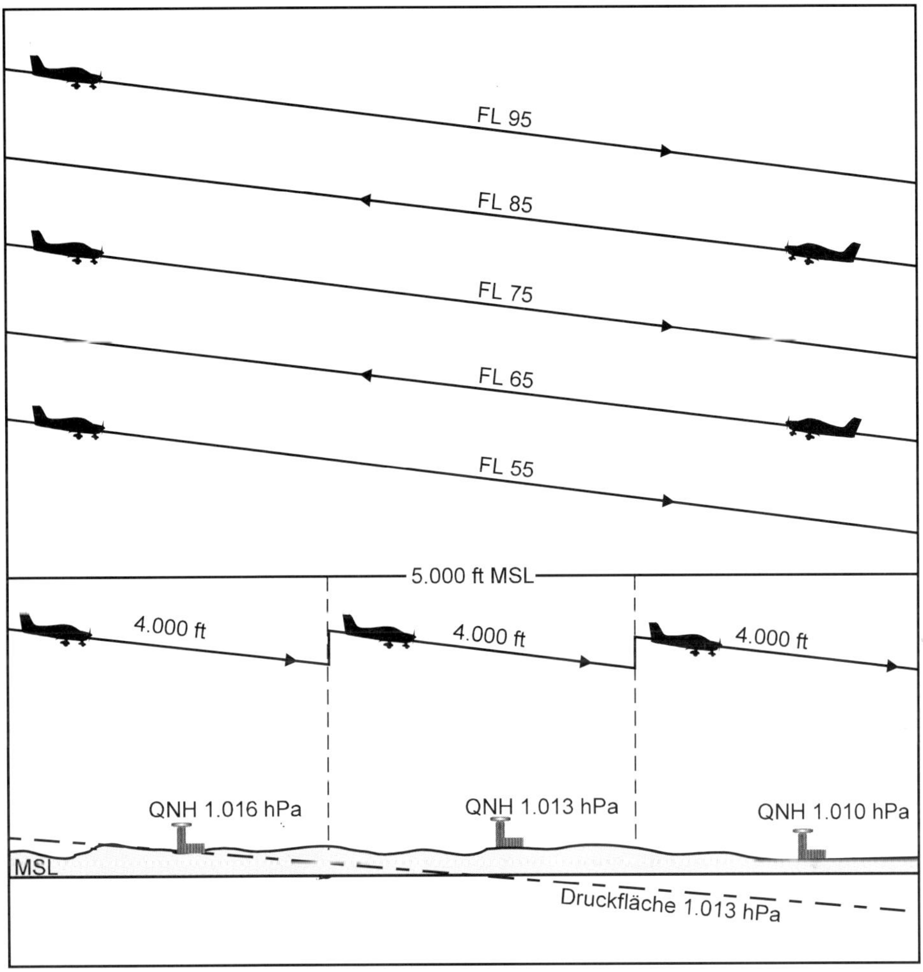

Abb. 98: Fliegen nach QNH und 1.013 hPa.

In Deutschland gilt bei Flügen nach den Sichtflugregeln (engl. Visual Flight Rules, VFR):

In und unterhalb einer Höhe von 5.000 ft MSL oder in und unterhalb einer Höhe von 2.000 ft über Grund (der höhere Wert ist maßgebend) ist der Höhenmesser auf den QNH-Wert des zur Flugstrecke nächstgelegenen Flugplatzes mit Flugverkehrskontrollstelle (Turm/Tower) einzustellen, wenn der Flug über die Umgebung des Startflugplatzes hinausführt. Oberhalb der o.a. Höhe ist der Höhenmesser auf 1.013 hPa einzustellen, dabei sind die festgelegten Halbkreis-Flughöhen (Flugflächen) einzuhalten (Abb. 98).

Höhenbezeichnungen

Da Höhenmesser also im allgemeinen nur auf QNH und Standard (1.013 hPa) eingestellt werden dürfen, finden in der fliegerischen Praxis beinahe ausschließlich die Höhenbegriffe „Flughöhe" (engl. Altitude) bei Einstellung auf QNH und „Flugfläche" (engl. Flight Level) bei Einstellung auf Standard Anwendung. Für andere Zwecke werden daneben folgende weitere Höhenbegriffe genutzt:

QNH-Höhe

Als QNH-Höhe (engl. QNH-Altitude) bezeichnet man die am Höhenmesser angezeigte Höhe, wenn auf der Druckkorrekturskala der QNH-Wert eingestellt ist.

Druckhöhe

Die Druckhöhe (engl. Pressure Altitude) ist die Höhe in der Standardatmosphäre, die dem in der Flughöhe des Luftfahrzeuges herrschenden Luftdruck entspricht. Ein auf 1.013 hPa (Standarddruck) eingestellter Höhenmesser zeigt die Druckhöhe an. Flugflächen sind also auch Druckhöhen.

Dichtehöhe

Die Dichtehöhe (engl. Density Altitude) ist die Höhe in der Standardatmosphäre, die der in der Flughöhe des Luftfahrzeuges herrschenden Luftdichte entspricht. Sie spielt eine wesentliche Rolle für die Berechnung der Flugleistung und wird in Kapitel 6 ausführlich behandelt.

Wahre Höhe

Unter der wahren Höhe (engl. True Altitude) versteht man die genaue Höhe über Meeresspiegel (MSL). Aufgrund der oben genannten Anzeigefehler zeigt ein Höhenmesser, selbst wenn er auf das aktuelle QNH eingestellt ist, nie ganz exakt die wahre Höhe an.

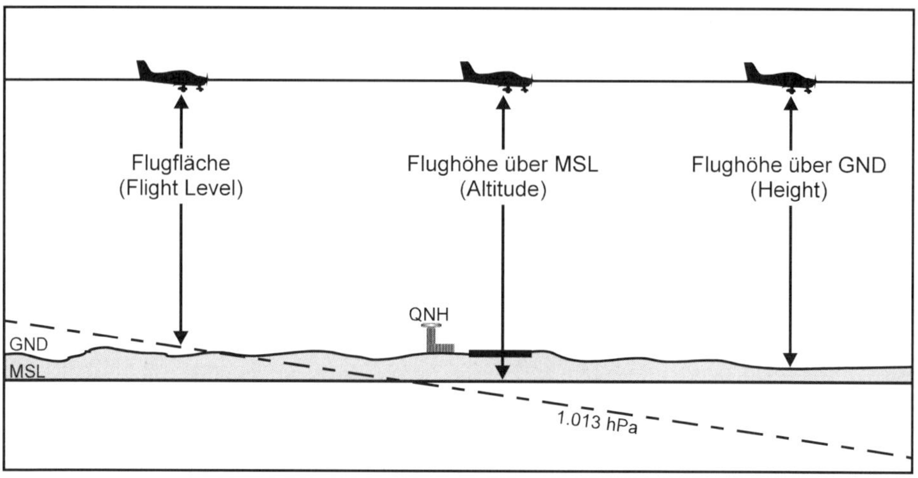

Abb. 99: Höhenbegriffe.

Praktische Hinweise zur Höhenmessung

Das für die Höhenmessereinstellung erforderliche QNH wird im allgemeinen nur an von der Flugsicherung kontrollierten Flugplätzen ermittelt und kann über Funk abgerufen werden. An unkontrollierten Flugplätzen steht kein „offizielles" ONH zur Verfügung. Aber auch dort läßt sich der QNH-Wert bestimmen, indem vor dem Start der Höhenmesser auf die veröffentlichte Flugplatzhöhe über MSL eingestellt wird. Die Druckkorrekturskala zeigt dann den aktuellen QNH-Wert für diesen Platz an (vorausgesetzt, der Höhenmesser arbeitet fehlerfrei).

Während des Streckenfluges wird der Höhenmesser auf das über Funk empfangene aktuelle QNH eingestellt und die Flughöhe ggf. entsprechend korrigiert. Nehmen wir an, ein Pilot fliegt in einer Flughöhe von 4.000 ft bei einem eingestellten QNH von 1.018 hPa. Das neue QNH beträgt 1.020 hPa. Stellt er die Druckkorrekturskala auf diesen neuen Wert ein, dann zeigt der Höhenmesser etwa 4.060 ft an. Da er die Flughöhe von 4.000 ft einhalten möchte, muß das Flugzeug nun um etwa 60 ft sinken.

Oberhalb von 5.000 ft MSL bzw. von 2.000 ft GND (der höhere Wert ist maßgebend) wird der Höhenmesser auf 1.013 hPa eingestellt und auf definierten Flugflächen geflogen, die sich nach den Regeln über Halbkreis-Flughöhen aus dem jeweiligen mißweisenden Kurs über Grund ergeben (siehe hierzu Band 4 „Luftrecht" der Privatpiloten Bibliothek). Die für VFR-Flüge festgelegten Flugflächen sind FL 55, FL 65, FL 75 usw., in Ausnahmefällen auch FL 45.

Die erste oberhalb von 5.000 ft MSL benutzbare Flugfläche ist im allgemeinen FL 55. Beträgt das aktuelle QNH 1.013 hPa, dann befindet sich die Flugfläche 55 genau in 5.500 ft MSL (vorausgesetzt, es treten keine anderen Anzeigefehler auf). Ist das aktuelle QNH kleiner als 1.013 hPa, liegt FL 55 tiefer als 5.500 ft MSL, ist das QNH größer als 1.013 hPa, liegt FL 55 höher als 5.500 ft MSL (Abb. 100).

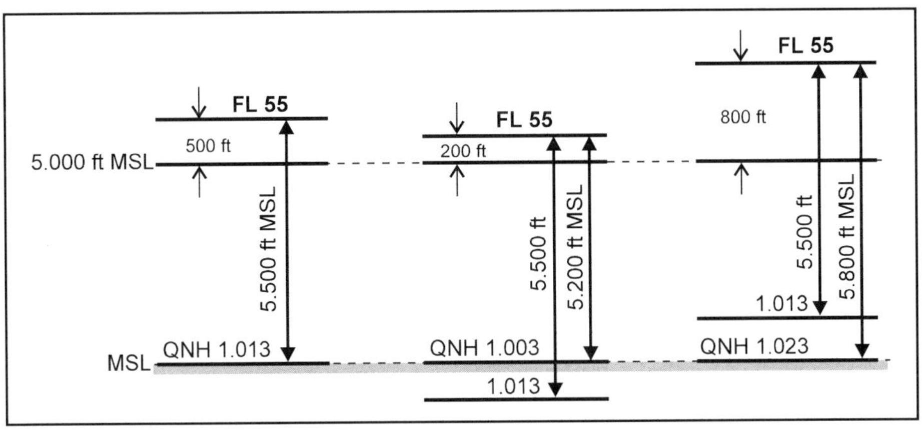

Abb. 100: Veränderung der Flugfläche 55 (FL 55) in Abhängigkeit vom aktuellen QNH-Wert.

Stellen wir uns vor, der Unterschied zwischen QNH und 1.013 hPa beträgt 18 hPa. Das entspricht einer Höhenabweichung von etwa 540 ft (18 x 30 barometrische Höhenstufe). Es herrscht Tiefdruck, und das aktuelle QNH beträgt 995 hPa. Der Höhenmesser ist auf diesen Wert eingestellt. Ein Pilot möchte nun auf eine Reiseflughöhe von FL 55 steigen. Beim Passieren von 5.000 ft MSL stellt er vorschriftsmäßig den Höhenmesser von 995 auf 1.013 hPa um und hat eine Höhenanzeige von 5.540 ft. Offenbar hat er bereits die Flugfläche 55 durchflogen und müßte nun sogar noch um 40 ft sinken, um FL 55 zu erreichen. Damit würde sich das Flugzeug allerdings wieder unter 5.000 ft MSL befinden, in einem Bereich, für den QNH-Einstellung vorgeschrieben ist. Die Flugfläche 55 ist also in diesem Fall nicht nutzbar und der Pilot muß daher auf die nächst höhere Flugfläche FL 65 (bzw. FL 75, abhängig von der Flugrichtung) steigen.

Ist das aktuelle QNH sehr viel größer als 1.013 hPa, z.B. 1.031 hPa, dann tritt der umgekehrte Fall ein. Beim Passieren von 5.000 ft MSL und Umstellung von 1.031 hPa auf 1.013 hPa zeigt der Höhenmesser eine (Druck-) Höhe von nur 4.460 ft an. Die erste nutzbare Flugfläche ist hier bereits FL 45 (Abb. 101).

Die Beispiele zeigen, welche Auswirkungen größere Abweichungen vom Standarddruck 1.013 hPa auf die Wahl der Flugfläche haben können. Sie machen ebenso deutlich, daß die angezeigte Flugfläche selten mit der wahren Höhe (engl. True Altitude) übereinstimmt. Nur die Einstellung auf das jeweils aktuelle QNH garantiert eine annähernd genaue Anzeige der wahren Höhe. Allerdings entspricht auch die QNH-Höhe nur dann in etwa der wahren Höhe, wenn der Temperaturverlauf in den verschiedenen Höhen genau mit den Werten der Standardatmosphäre übereinstimmt (Instrumentenfehler nicht berücksichtigt).

Da der Anzeigefehler durch Temperaturabweichungen bekannt ist, läßt sich, wie bereits dargestellt, die wahre Höhe aus der QNH-Höhe überschlägig bestimmen.

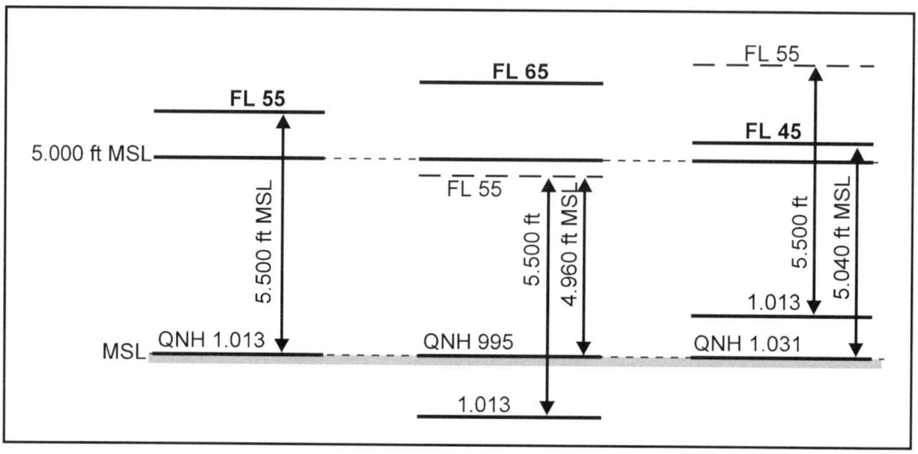

Abb. 101: Niedrigste benutzbare Flugfläche für VFR-Flüge in Abhängigkeit vom aktuellen QNH-Wert.

Betrachten wir hierzu einen Flug in FL 120. Das aktuelle QNH beträgt 1.000 hPa und die Temperatur in dieser Flughöhe -20° C. Da der aktuelle Luftdruck um 13 hPa (rund 400 ft) vom Standarddruck abweicht, befindet sich das Flugzeug in einer QNH-Höhe von etwa 11.600 ft. Die Temperatur müßte nach den Werten der Standardatmosphäre in FL 120 -9° C betragen (Temperaturabnahme mit der Höhe um 2° C pro 1.000 ft). Zur Flugzeit herrscht jedoch in der Flughöhe eine Temperatur von -20° C. Die aktuelle Temperatur ist also um 11° C geringer (kälter) als Standard. Daraus ergibt sich ein Anzeigefehler von etwa 4,4% (0,4% pro 1° C Temperaturabweichung) entsprechend etwa 530 ft (4,4% von 12.000 ft).

Die wahre Höhe beträgt nach dieser Rechnung ca. 11.070 ft MSL (11.600 ft - 530 ft), das Flugzeug befindet sich rund 1.000 ft tiefer als vom Höhenmesser angezeigt.

Zusammenfassung

Höhenmesser
- Messung des (statischen) Luftdrucks mittels Membrandose und Umsetzung in Höhenanzeige
- Eichung nach Werten der Standardatmosphäre
- Luftdruckeinstellung über Druckkorrekturskala (Nebenskala), Anzeigefehler aufgrund von Druck- und Temperaturabweichungen und Instrumentenfehler

Druckeinstellungen
- QFE: Der in Flugplatzhöhe gemessene Luftdruck (Höhenmesser zeigt in Flugplatzhöhe 0 an)
- QNH: Der in Flugplatzhöhe gemessene Luftdruck umgerechnet auf MSL nach den Werten der Standardatmosphäre (Höhenmesser zeigt in Flugplatzhöhe die Höhe über MSL an)
- QNE: Standarddruck 1.013 hPa (Höhenmesser zeigt die Druckhöhe/Flugfläche an)

Merksätze zur Höhenmessung
- Der Höhenmesser zeigt immer die Höhe über der Druckfläche an, deren Wert auf der Druckkorrekturskala eingestellt ist!
- Der Höhenmesser zeigt immer dann die Höhe Null an, wenn er sich in der Höhe der Druckfläche befindet, deren Wert auf der Druckkorrekturskala eingestellt ist!
- Ein zu tief eingestellter Druckwert ergibt eine zu geringe Höhenanzeige!
- Es ist gefährlicher, einen zu hohen als einen zu tiefen Druck auf der Druckkorrekturskala einzustellen!
- „Vom Hoch ins Tief geht's schief!“
- „Im Winter sind die Berge höher!“

Fahrtmesser

Aufbau und Arbeitsweise

Der Fahrtmesser (engl. Airspeed Indicator) zeigt die Geschwindigkeit des Flugzeuges gegenüber der umgebenden Luft an (Relativgeschwindigkeit). Ein Maß für die Geschwindigkeit ist der von der anströmenden Luft erzeugte Druck. Dieser wird - zur Unterscheidung zum statischen Druck - dynamischer Druck oder auch Staudruck genannt. Zur Messung befindet sich am Flugzeug, meist unterhalb der Tragfläche, ein nach vorne geöffnetes Rohr, das je nach Ausführung als Staurohr oder Pitotrohr bezeichnet wird. Der in dem Rohr durch die einströmende Luft erzeugte Druck setzt sich aus Staudruck und statischem Druck zusammen.

Der so gemessene Gesamtdruck (Staudruck + statischer Druck) wird über eine Druckleitung in eine im Innern des Fahrtmessers befindiche Membrandose geleitet. Das Instrumentengehäuse ist luftdicht abgeschlossen und über eine zweite Druckleitung mit dem am Flugzeug gemessenen statischen Luftdruck verbunden. Auf die Membrandose wirkt dadurch von innen der Gesamtdruck, von außen der statische Druck. Insgesamt mißt also die Dose den Staudruck als Differenz beider Drücke.

Abb. 103: Staurohr, unterhalb der Tragfläche angebracht.

Abb. 102: Fahrtmesser.

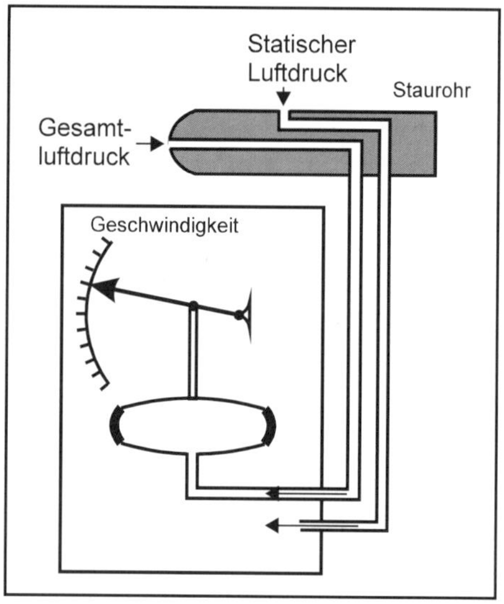

Abb. 104: Prinzipielle Arbeitsweise des Fahrtmessers.

Nimmt die Geschwindigkeit und damit der Staudruck zu, dehnt sich die Membrandose aus, nimmt die Geschwindigkeit ab, so zieht sie sich entsprechend zusammen.

Die Dosenbewegung (Hub) wird mittels Gestänge und Getriebe auf einen Zeiger übertragen und auf der Fahrtmesserskala je nach Ausführung als Geschwindigkeit in Knots (kt, Knoten), Miles Per Hour (MPH, Meilen pro Stunde) oder Kilometer pro Stunde (km/h) angezeigt.

Fluggeschwindigkeiten

Die an der Skala des Fahrtmessers abzulesende Geschwindigkeit bezeichnet man als angezeigte Geschwindigkeit (engl. Indicated Airspeed, IAS). Sie entspricht nicht der wahren Geschwindigkeit (TAS), da Meßungenauigkeiten am Instrument, vor allem aber die Änderung der Luftdichte mit der Höhe die Anzeige verfälschen.

Die Meßungenauigkeiten ergeben sich durch Verluste in den Leitungen, Fehler im Anzeigesystem und Lagefehler des Pitot- bzw. Staurohrs.

Die um diese Anzeigefehler korrigierte angezeigte Geschwindigkeit nennt man berichtigte Geschwindigkeit. Sie wird im englischen mit Rectified Airspeed (RAS), im amerikanischen mit Calibrated Airspeed (CAS) übersetzt. Meist wird die amerikanische Bezeichnung verwendet. Jedes Flughandbuch enthält im Kapitel „Flugleistungen“ eine Korrekturtabelle, in welcher der Unterschied zwischen angezeigter (IAS) und berichtigter Geschwindigkeit (CAS) dargestellt wird (Abb. 105).

Meist ist der Unterschied zwischen beiden Geschwindigkeiten so gering, daß die Differenz vernachlässigt und ohne weiteres die angezeigte mit der berichtigten Geschwindigkeit gleichgesetzt werden kann (IAS = CAS). Lediglich im Schiebeflug und im Langsamflug bei großem Anstellwinkel zeigt sich aufgrund der veränderten Strömungsverhältnisse (Schräganblasung von Pitot- bzw. Staurohr) ggf. ein größerer Fehler.

Trotz der geringen Differenzen werden in vielen Flughandbüchern die Geschwindigkeiten als IAS und zusätzlich als CAS angegeben.

FLUGGESCHWINDIGKEITSKORREKTUR
(Normale Statikdrucköffnungen)

Klappen eingefahren												
kn IAS	50	60	70	80	90	100	110	120	130	140	150	160
kn CAS	53	61	69	78	88	98	108	118	128	138	148	158
Klappen 10°												
kn IAS	40	50	60	70	80	90	100	110				
kn CAS	48	54	61	70	79	88	98	108				
Klappen 40°												
kn IAS	40	50	60	70	80	85						
kn CAS	43	51	61	70	79	84						

Abb. 105: Fluggeschwindigkeitskorrekturtabelle (Quelle: Flughandbuch Cessna 172).

Um klarzustellen, daß die Geschwindigkeiten in der Einheit Knoten (kt) genannt sind, wird, insbesondere in amerikanischen Flughandbüchern, vor die Abkürzungen IAS und CAS der Buchstabe „K“ gesetzt (KIAS, KCAS).

Da der Fahrtmesser auf die Bedingungen der Standardatmosphäre in MSL geeicht ist, entspricht die am Fahrtmesser angezeigte und aufgrund der Meßfehler berichtigte Geschwindigkeit nur in Meeresspiegelniveau (MSL) in etwa der tatsächlichen (wahren) Geschwindigkeit gegenüber der umgebenden Luft.

Mit zunehmender Höhe nimmt die Luftdichte (Druck, Temperatur) und damit der Unterschied zwischen Gesamtdruck und statischem Druck ab. Die geringere Druckdifferenz führt dazu, daß die am Fahrtmesser angezeigte Geschwindigkeit (IAS) kleiner als die wahre Geschwindigkeit (TAS) ist. Anders ausgedrückt: Der Fahrtmesser zeigt mit zunehmender Höhe zu wenig an.

Der Anzeigefehler beträgt überschlägig etwa 2% pro 1.000 ft Höhe. Zeigt der Fahrtmesser in 4.000 ft MSL z.B. 120 kt IAS an und gilt IAS = CAS, dann muß die angezeigte Geschwindigkeit um etwa 8% (von 120 kt = 9,6 kt) korrigiert werden. Die wahre Geschwindigkeit (TAS) beträgt also in diesem Beispiel 130 kt.

Etwas genauer läßt sich die wahre Geschwindigkeit mit einem Navigationsrechner (z.B. Aristo-Aviat), wie er in Band 2

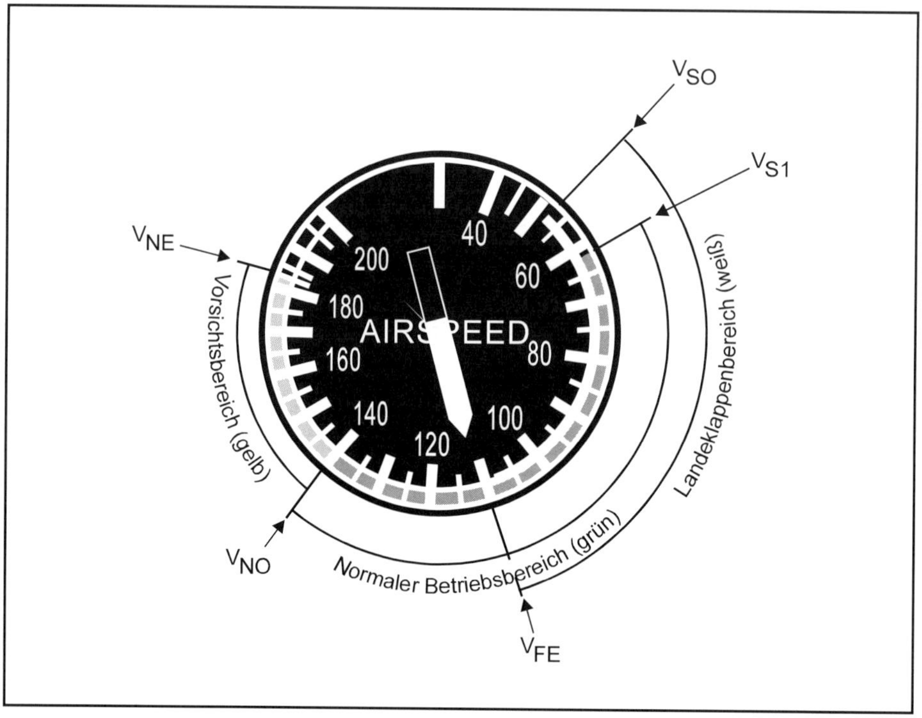

Abb. 106: Geschwindigkeiten und Geschwindigkeitsbereiche am Fahrtmesser.

„Flugnavigation“ beschrieben ist, ausrechnen. Meist reicht aber eine überschlägige Berechnung mit der o.a. Faustformel vollkommen aus.

Fahrtmessermarkierungen

Um den Piloten die Einhaltung bestimmter zu beachtender Geschwindigkeiten zu erleichtern, sind die Skalen der Fahrtmesser von kleineren Flugzeugen mit verschiedenen Farbmarkierungen versehen. Diese sind individuell auf das jeweilige Flugzeugmuster abgestimmt und basieren auf den im Flughandbuch veröffentlichten angezeigten Geschwindigkeiten (IAS).

Im einzelnen haben die Markierungen folgende Bedeutung (Abb. 106 und 107):

Weißer Bogen
Der mit einem weißen Bogen gekennzeichnete Geschwindigkeitsbereich gibt den Betriebsbereich zur Betätigung der Landeklappen an. Die untere Grenze des weißen Bogens markiert die Überziehgeschwindigkeit mit voll ausgefahrenen Landeklappen und Triebwerk im Leerlauf (V_{SO}), die obere Grenze (Ende des weißen Bogens) die höchstzulässige Geschwindigkeit mit ausgefahrenen Landeklappen (V_{FE}; FE = Flaps Extended).

Grüner Bogen
Der normale Betriebsbereich wird durch einen grünen Bogen dargestellt. Der Beginn des grünen Bogens markiert die Überziehgeschwindigkiet mit eingefahrenen Landeklappen und Triebwerk im Leerlauf (V_{S1}).

FAHRTMESSERMARKIERUNGEN

Markierung		Bedeutung
Weißer Bogen	60-102	Betriebsbereich „Flügelklappen voll ausgefahren“. Die untere Grenze ist die Überziehgeschwindigkeit bei höchstzulässigem Gewicht in Landekonfiguration. Die obere Grenze ist die höchstzulässige Geschwindigkeit bei voll ausgefahrenen Flügelklappen.
Grüner Bogen	71-157	Normaler Betriebsbereich. Die untere Grenze ist die Überziehgeschwindigkeit bei höchstzulässigem Gewicht mit eingefahrenen Flügelklappen und Fahrwerk. Die obere Grenze ist die höchstzulässige Reisegeschwindigkeit.
Gelber Bogen	157-193	Steuermaßnahmen sind mit Vorsicht auszuführen.
Roter Strich	193	Höchstzulässige Geschwindigkeit für sämtliche Betriebsarten.

Abb. 107: Fahrtmessermarkierungen (Quelle: Flughandbuch Ruschmeyer R 90-230 RG).

Das Ende markiert die höchstzulässige Reisegeschwindigkeit (VNO; NO = Normal Operation).

Gelber Bogen

Die mit einem gelben Bogen gekennzeichnete Geschwindigkeit wird als Vorsichtsbereich bezeichnet, in dem nur bei bei ruhiger Luft eingeflogen werden darf (weitere Erklärungen hierzu siehe Kapitel 6).

Roter Strich

Der am Ende des gelben Bogens angebrachte rote Strich markiert die höchstzulässige Geschwindigkeit (V_{NE}; NE = Never Exceed). Diese Geschwindigkeit darf niemals überschritten werden.

Zusammenfassung

Fahrtmesser
- Messung der Druckdifferenz (Staudruck) aus Gesamtdruck und statischem Druck mittels Membrandose und Umsetzung in Geschwindigkeitsanzeige
- Eichung nach Werten der Standardatmosphäre in MSL
- Anzeigefehler aufgrund von Druck- und Temperaturabweichungen und Instrumentenfehler

Angezeigte Geschwindigkeit (Indicated Airspeed, IAS)
- Die am Fahrtmesser angezeigte Geschwindigkeit

Berichtigte Geschwindigkeit (Calibrated Airspeed, CAS)
- Die um Instrumenten- und Messfehler korrigierte angezeigte Geschwindigkeit

Wahre Geschwindigkeit (True Airspeed, TAS)
- Relativgeschwindigkeit des Flugzeuges gegenüber der umgebenden Luft
- Ergibt sich durch Berücksichtigung der aktuellen Luftdichte (Temperatur, Druck) aus der berichtigten Geschwindigkeit

Achtung: Der Fahrtmesser zeigt pro 1.000 ft Höhe um etwa 2% zu wenig an!

Fahrtmessermarkierungen
- Weiß: Betriebsbereich für Landeklappen
- Grün: Normaler Betriebsbereich
- Gelb: Vorsichtsbereich
- Rot: Höchstzulässige Geschwindigkeit

Variometer

Das Variometer (engl. Vertical Speed Indicator) zeigt die Änderung der Flughöhe je Zeiteinheit als Steig- und Sinkgeschwindigkeit in Fuß pro Minute (ft/min) oder Meter pro Sekunde (m/s) an. Es ist ein wichtiges Instrument, um eine vorgegebene Steigrate (engl. Rate of Climb) oder Sinkrate (engl. Rate of Descent) genau einhalten zu können.

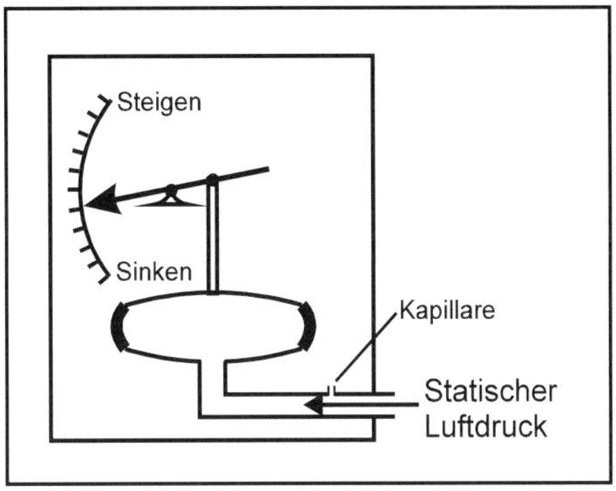

Abb. 109: Prinzipielle Arbeitsweise des Variometers.

Zur Messung dient eine im Innern des luftdicht abgeschlossenen Instrumentengehäuses befindliche Membrandose. Während die Membrandose über eine Druckleitung direkt mit dem statischen Außenluftdruck verbunden ist, erfolgt die Aufnahme des statischen Luftdrucks im Instrumentengehäuse über eine haardünne Röhre, eine sogenannte Kapillare. Fliegt das Flugzeug in gleichbleibender Höhe, dann ist der statische Druck in der Membrandose und im Gehäuseinneren gleich und das Variometer zeigt Null an. Verändert das Flugzeug die Höhe, so ändert sich der Druck in der Membrandose sofort, der Druck im Instrumentengehäuse jedoch nur langsam, da die Kapillare mit ihrer feinen Öffnung einen schnellen Druckausgleich verhindert.

Abb. 108: Variometer.

Es entsteht so ein Unterschied zwischen dem Druck in der Membrandose und dem im Instrumentengehäuse. Die Druckdifferenz erzeugt einen Dosenhub, der über Gestänge und Getriebe auf den Zeiger der Instrumentenskala übertragen wird. Zeigerausschlag nach oben bedeutet Steigen, Zeigerausschlag nach unten Sinken.

Im Steigflug nimmt der Druck in der Membrandose rasch, im Instrumentengehäuse dagegen langsam ab. Die Membrandose wird dadurch etwas zusammengedrückt und bewirkt einen Zeigerausschlag nach oben. Im Sinkflug steigt der Druck in der Membrandose schneller als im Instrumentengehäuse an und sie dehnt sich aus, wodurch der Zeiger nach unten ausschlägt.

Je schneller das Flugzeug steigt oder sinkt, um so größer wird der durch die Druckdifferenz erzeugte Dosenhub und damit der Zeigerausschlag. Mit Übergang in den Horizontalflug gleicht sich der Druck im Instrumentengehäuse dem Außenluftdruck an und im Gehäuse und in der Membrandose herrschen wieder gleiche Druckverhältnisse, so daß der Zeiger auf Null zurückgeht.

Zum Ausgleich der sich mit der Höhe ändernden Druck- und Temperaturverhältnisse besitzt das Variometer verschiedene Kompensiereinrichtungen. Diese sorgen dafür, daß unabhängig von der Höhe für den gleichen Höhenunterschied pro Zeiteinheit immer der gleiche Wert angezeigt wird.

Infolge des langsamen Druckausgleichs durch die Kapillare ist das Variometer in der Anzeige träge und hinkt dem wirklichen Flugzustand etwas hinterher. Je nach Ausführung kann die Verzögerung in der Anzeige 6 bis 9 Sekunden (sogenannte Zeitkonstante) betragen. Um das Nachhinken zu verhindern, sind einige Variometer mit einer kleinen Pumpe ausgerüstet. Bei Beginn des Steig- und Sinkfluges erzeugt die Pumpe jeweils einen Druckimpuls, der zu einer sofortigen Anzeige der Steig- bzw. Sinkgeschwindigkeit führt (sogenanntes verzögerungsfreies Variometer).

Neben dem hier beschriebenen, für Motorflugzeuge gängigen Dosen-Variometer werden auch elektrisch arbeitende oder mit sogenannten Stauscheiben ausgerüstete Variometer verwendet. Für den Einsatz in Segelflugzeugen gibt es außerdem ein Akustik-Variometer: Steig- und Sinkgeschwindigkeit werden hier durch einen in Frequenz und Lautsärke veränderbaren Ton angegeben und ersparen so dem Piloten ein ständiges Beobachten des Variometers.

Zusammenfassung

Variometer

- Messung der Druckdifferenz zwischen dem sich verändernden statischem Druck in einer Membrandose und im Instrumentengehäuse und Umsetzung in eine Anzeige der Steig- bzw. Sinkrate

Druckversorgungssystem

Zur Versorgung der Druckinstrumente (Fahrtmesser, Höhenmesser, Variometer) mit den für die Messungen erforderlichen Statik- und Gesamtdruck verfügt das Flugzeug über verschiedene, außen angebrachte Meßsonden. So wird der statische Druck bei vielen Flugzeugen über kleine, am Rumpf angebrachte Druckentnahmeöffnungen (engl. Static Ports) aufgenommen. Diese sind im allgemeinen doppelt vorhanden (links und rechts am Rumpf), um Meßfehler aufgrund ungleicher Strömungsverhältnisse - z.B. hervorgerufen durch den Propellerdrall oder einen Schiebeflug - teilweise auszugleichen.

Die Messung des Gesamtdrucks erfolgt über ein meist an der Tragflügelunterseite installiertes Pitotrohr (bei Segelflugzeugen auch an der Rumpfnase angebracht) oder Staurohr. Das Pitotrohr ist ein einfaches nach vorne geöffnetes Rohr, in das die anströmende Luft einfließt (Abb. 110). Auch das Staurohr ist nach vorne geöffnet, enthält aber zusätzlich seitlich am Rohr angebrachte Öffnungen zur Messung des statischen Luftdrucks (Abb. 110). Es vereinigt, vereinfacht ausgedrückt, Pitotrohr und statische Drucköffnung in einem Gerät und mißt beide für die Messung des Staudrucks erforderlichen Drücke (daher der Name Staurohr). Ein mit einem Stau-

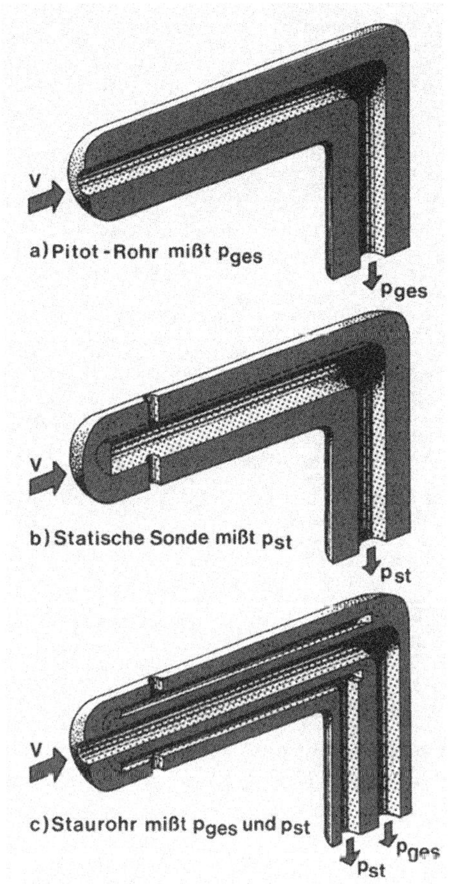

Abb. 110: Verschiedene Drucksonden (Quelle: LBA fsm 1/82).

rohr ausgerüstetes Flugzeug benötigt also keine zusätzlichen Öffnungen am Rumpf für die Entnahme des statischen Drucks.

Die von den Druckentnahmeöffnungen und dem Pitot- bzw. Staurohr abgenommenen Drücke werden über Leitungen zu den verschiedenen Instrumenten geführt. Fahrtmesser, Höhenmesser und Variometer sind an die statische Druckleitung, der Fahrtmesser zusätzlich an die Gesamtdruckleitung angeschlossen. Damit die Öffnungen am Pitot- und Staurohr unter Vereisungsbedingungen nicht zufrieren können, sind diese mit einer Heizung ausgerüstet, die vom Cockpit aus geschaltet wird.

Vor jedem Flug müssen die verschiedenen Druckentnahmeöffnungen sorgfältig auf Sauberkeit geprüft werden. Schmutzpartikel oder kleine Insekten können die Öffnungen leicht verstopfen und zum Ausfall der daran angeschlossenen Instrumente führen. Für den Fall, daß die statische Druckentnahmeöffnung während des Fluges verstopft (z.B. durch Vereisung), sind einige Flugzeuge mit einer Not-Statikdruckanlage ausgerüstet. Wird diese vom Cockpit aus über einen Schalter (meist mit „Alternate Static" bezeichnet) eingeschaltet, dann wird der statische Druck aus einer Öffnung innerhalb der Kabine entnommen. Dadurch kann es zu Anzeigefehlern an Fahrt- und Höhenmesser kommen, über deren Größe das jeweilige Flughandbuch Auskunft gibt.

Zusammenfassung

Die Druckversorgung der Druckinstrumente erfolgt über

- statische Druckentnahmeöffnungen
- Pitotrohr (Gesamtdruck)
- Staurohr (Gesamtdruck und statischer Druck)

Achtung: Vor jedem Flug Meßöffnungen der Druckversorgung auf Sauberkeit prüfen!

Grundlagen der Kreiselinstrumente

Ein Kreisel (engl. Gyroscope, abgekürzt: Gyro) ist ein um seine Achse rotierender Körper mit einer gleichmäßig um die Drehachse (Kreiselachse) verteilten Masse. Die Kreiselachse hat das Bestreben, die einmal eingenommene Lage beizubehalten. Wirkt eine Kraft auf die Achse, dann wandert der Kreisel aus - man sagt „er präzediert“ - und verändert seine Lage in eine ganz bestimmte Richtung.

Diese beiden Eigenschaften, Lagestabilität und Wandern des Kreisels (Präzession), werden bei den sogenannten „Kreiselinstrumenten“ wie künstlicher Horizont, Kurskreisel und Wendezeiger auf verschiedene Weise für die Messung von Fluglage und Kurs ausgenutzt. Jedes dieser Instrumente hat dafür einen mit hoher Drehzahl rotierenden Kreisel.

Lagestabilität

Je größer die Kreiselmasse und je höher die Drehgeschwindigkeit, um so mehr widersetzt sich ein Kreisel einer Lageänderung und um so stabiler behält er die einmal eingenommene Achsenrichtung bei. Dies läßt sich bei einem einfachen Spielkreisel für Kinder sehr gut beobachten. Da die Kreiselmasse klein ist, muß sich ein Spielkreisel mit hoher Geschwindigkeit drehen.

Nimmt die Drehgeschwindigkeit ab, dann wird der Kreisel immer instabiler und kippt schließlich um. Auch die Erde wirkt wie ein Kreisel. Da sie eine sehr große Masse besitzt, reicht für den Erhalt der Lagestabilität (Raumstabilität) allerdings eine geringe Drehgeschwindigkeit (eine Umdrehung pro Tag) aus.

Die in den Kreiselinstrumenten verwendeten Kreisel verfügen aufgrund der Instrumentengröße über eine relativ kleine Masse. Um eine große Lagestabilität (bzw. eine große Präzessionswirkung) zu errei-

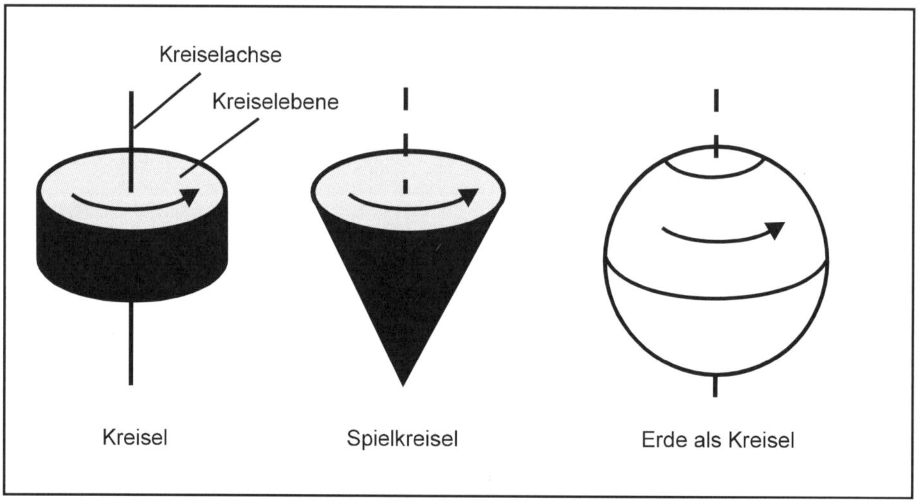

Abb. 111: Kreisel.

chen, müssen sie daher mit sehr großer Drehgeschwindigkeit laufen (bis zu 20.000 Umdrehungen pro Minute).

Damit ein Kreisel seine Lage unabhängig von der Flugzeugbewegung und der Erdrotation überhaupt beibehalten kann, wird er in mehreren drehbaren Rahmen gelagert.

Man nennt diese Art der Lagerung (Aufhängung) vollkardanische Aufhängung. Bei dem in Abb. 117 (unten) dargestellten vollkardanisch aufgehängten Kreisel kann man den äußeren Rahmen beliebig drehen oder verschieben, ohne daß sich dadurch der innen gelagerte Kreisel in seiner Ausrichtung verändert.

Wirkliche Präzession

Versucht eine äußere Kraft, die Achsenrichtung eines laufenden Kreisels zu ändern, so folgt die Kreiselachse nicht der Angriffsrichtung dieser Kraft, sondern weicht rechtwinklig (90°) zu ihr im Sinne der Kreiseldrehung aus. Man nennt diese Eigenschaft der Lageänderung der Kreiselachse, wie bereits erwähnt, (wirkliche) Präzession oder Wandern des Kreisels. Die Größe der Präzession hängt von der Kreiselmasse, der Drehgeschwindigkeit (Drehzahl) und der Größe der Störkraft ab. Wie aus Abb. 112 zu erkennen, verursacht eine Kraft, die versucht, die Kreiselachse zu kippen, eine um 90° versetzte Drehbewegung der Kreiselachse (Driften). Eine Drehung der Kreiselachse hat dagegen eine um 90° versetzte Kippbewegung zur Folge.

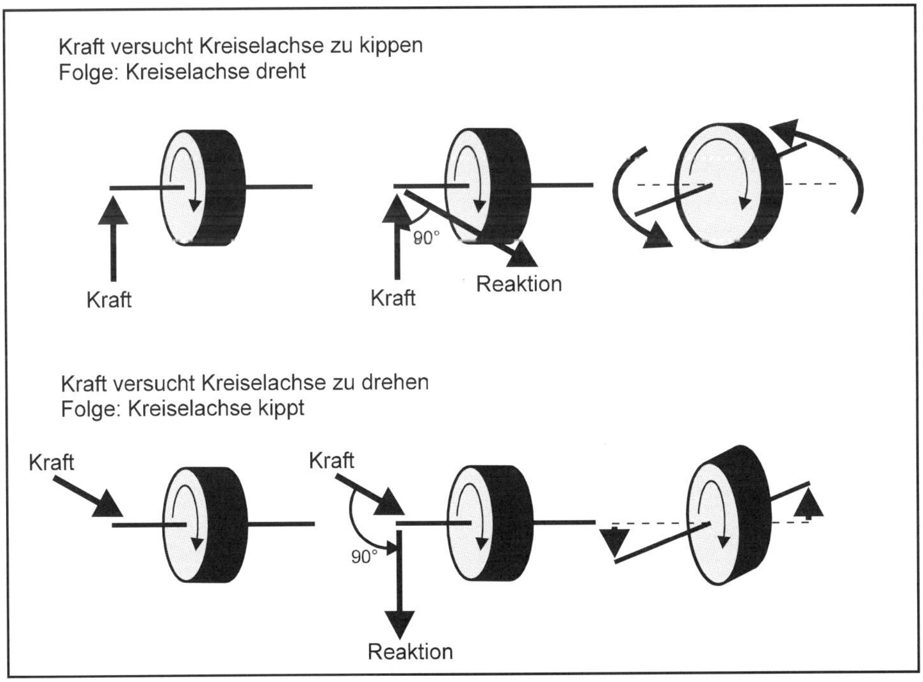

Abb. 112: Wirkliche Präzession.

Eine auf die Kreiselachse einwirkende Kraft verursacht also je nach Kraftausrichtung ein Kippen oder Driften (Drehen) des Kreisels (Abb. 113). Kippen bedeutet hierbei die Bewegung der Kreiselachse in der vertikalen Ebene (senkrecht zur Erdoberfläche), Driften die Bewegung in der horizontalen Ebene (parallel zur Erdoberfläche).

Mit einem Fahrradreifen kann man die verschiedenen Präzessionsbewegungen leicht demonstrieren. Man hält den Reifen mit beiden Händen an den Enden der Achse vor sich und versetzt diesen dann in möglichst schnelle Drehung. Kippt man nun die Achse, so dreht sie sich unwillkürlich weg, und man muß sehr viel Kraft aufwenden, um die Achse festzuhalten. Eine Drehung der Reifenachse führt zu einer entsprechenden Kippbewegung.

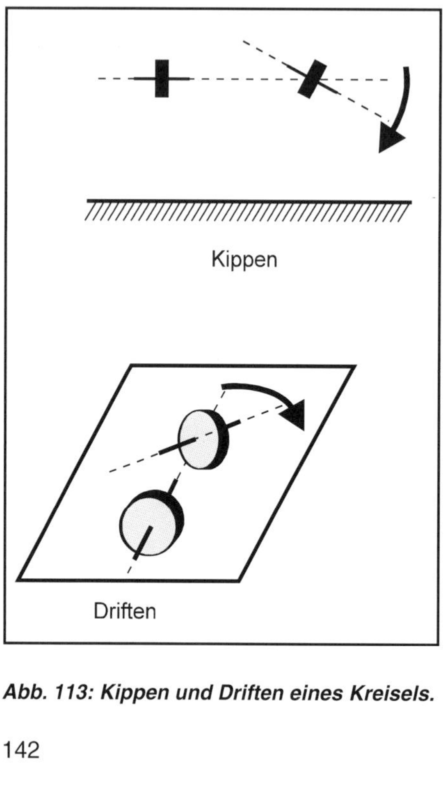

Abb. 113: Kippen und Driften eines Kreisels.

Die wirkliche Präzession wird beim Wendezeiger genutzt, um die Drehgeschwindigkeit des Flugzeuges um die Hochachse anzuzeigen. Beim künstlichen Horizont und beim Kurskreisel wirkt die durch Reibung in den Lagern der Kreiselaufhängung auftretende wirkliche Präzession dagegen störend und muß durch in den Instrumenten installierte Aufrichtsysteme ausgeglichen werden.

Scheinbare Präzession

Neben der wirklichen, durch Krafteinwirkung verursachten Präzession unterliegt ein vollkardanisch aufgehängter Kreisel zusätzlich einer sogenannten scheinbaren Präzession. Diese entsteht durch die Drehbewegung der Erde (Erdrotation) und den Transport des Kreisels von einem Ort zu einem anderen. Der Kreisel wandert für einen Beobachter scheinbar aus der Richtung, obwohl er die Lage im Raum stabil beibehält.

Stellen wir uns einen am Nordpol vollkardanisch aufgehängten Kreisel vor (Abb. 114). Die Kreiselachse ist parallel zur Erdoberfläche ausgerichtet. Da sich die Erde von West nach Ost dreht, nimmt ein Beobachter am Nordpol eine scheinbare Drehung der Kreiselachse gegenüber der Erde wahr. Der Kreisel dreht sich scheinbar ohne Krafteinwirkung (scheinbare Drift), in Wirklichkeit dreht sich jedoch die Erde und damit auch der Beobachter. Da sich die Erde in 24 Stunden einmal um sich selbst dreht, verändert die Kreiselachse ihre Richtung in einer Stunde um genau 15°.

Wird ein vollkardanisch aufgehängter Kreisel dagegen am Äquator aufgestellt und mit der Achse parallel zu einem Längenkreis ausgerichtet, dann bleibt die Ausrichtung trotz der Erdrotation weiterhin parallel

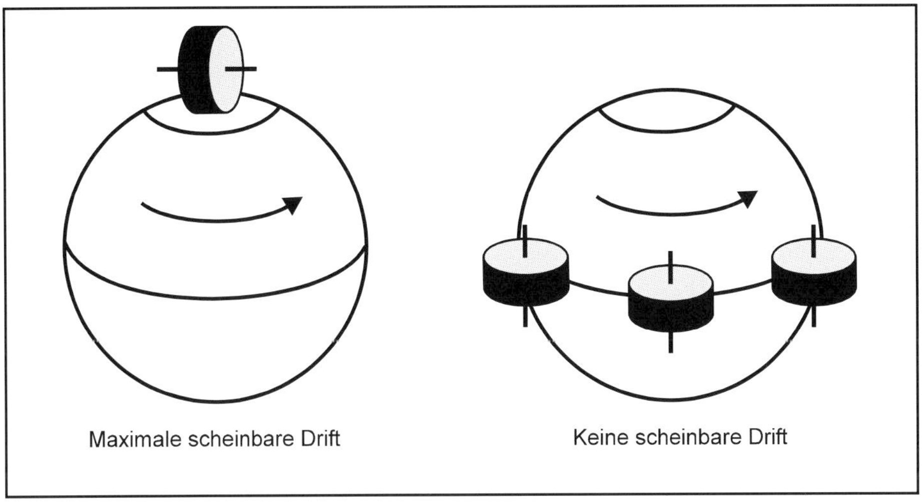

Abb. 114: Scheinbares Driften eines Kreisels aufgrund der Erdrotation.

zur Erdoberfläche und zum Längenkreis und der Kreisel erfährt keine scheinbare Drift (Abb. 114).

Wird der Kreisel nun z.B. auf einem Flug vom Äquator zum Nordpol im Flugzeug mitgeführt, dann tritt ein anderer Effekt auf. Der Kreisel kippt für einen Beobachter im Flugzeug scheinbar um 90° (scheinbares Kippen). In Wirklichkeit ist das Flugzeug aber auf dem Flug zum Nordpol der Erdkrümmung gefolgt und hat dabei seine

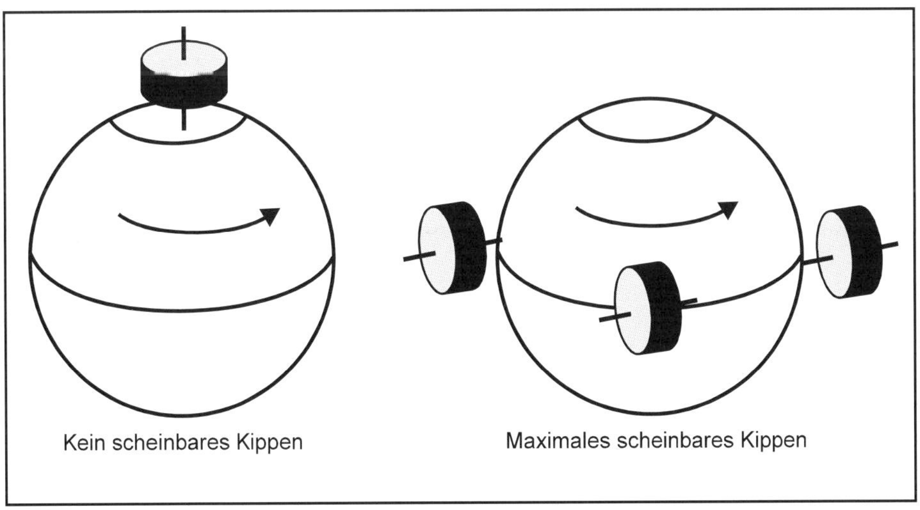

Abb. 115: Scheinbares Kippen eines Kreisels aufgrund der Erdrotation.

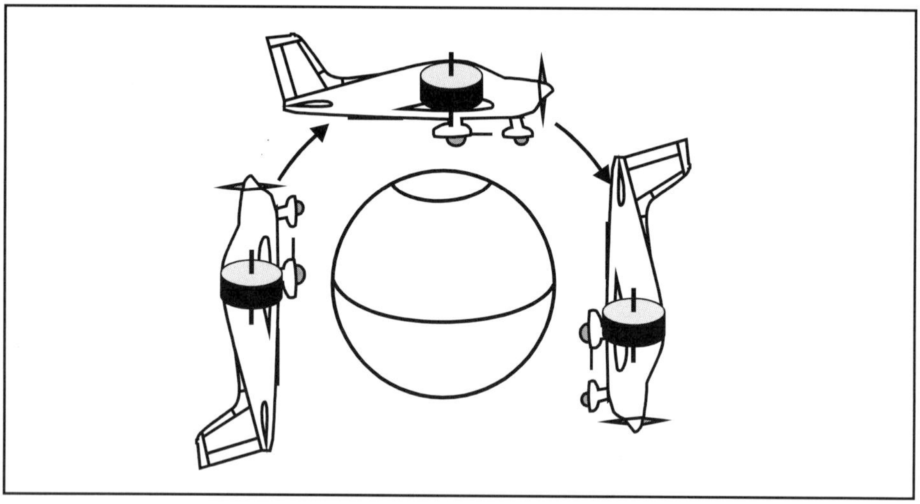

Abb. 116: Scheinbare Präzession durch Transport eines Kreisels von einem Ort zum anderen.

Lage um 90° zum stabil im (Welt-) Raum ausgerichteten Kreisel verändert (Abb. 116).

Die wenigen Beispiele zeigen, welche Auswirkungen die Erdrotation und die Mitnahme des Kreisels im Flugzeug auf die Größe der scheinbaren Präzession haben können. Da künstlicher Horizont und Kurskreisel mit vollkardanisch aufgehängten Kreiseln ausgerüstet sind, unterliegen sie dem Einfluß der scheinbaren Präzession. Aufrichtsysteme in diesen Instrumenten sorgen dafür, daß die scheinbare Präzession kompensiert und die Anzeigen nicht verfälscht werden.

Kreiselaufhängung und Freiheitsgrade

Je nachdem, um welche Achsen sich ein Kreisel aufgrund seiner Lagerung (Aufhängung) frei bewegen kann, unterscheidet man verschiedene Bewegungsfreiheiten, sogenannte Freiheitsgrade. Insgesamt sind bei einem Kreisel drei Freiheitsgrade möglich.

Ein Kreisel, der wie in Abb. 117 (oberes Bild) dargestellt, in einem festen Rahmen gelagert ist, kann sich nur um seine eigene Achse (Kreiselachse) frei drehen. Er hat nur einen Freiheitsgrad und kann daher auch nicht auswandern (präzedieren).

Wird ein Kreisel in einem Rahmen (sogenannter Kardanrahmen) gelagert, der seinerseits um eine zur Kreiselachse senkrechten Achse drehbar angeordnet ist, dann läßt er sich um zwei Achsen (Kreiselachse, Achse des Rahmens) frei bewegen. Er besitzt somit zwei Freiheitsgrade und unterliegt bei Krafteinwirkung der Präzession. Diese Art der Kreiselaufhängung wird als halbkardanisch bezeichnet.

Um alle drei möglichen Freiheitsgrade zu erreichen, muß der mit zwei Freiheitsgraden gelagerte Kreisel in einem weiteren äußeren Rahmen aufgehangen werden. Der äußere Rahmen steht dabei senkrecht zum inneren Rahmen, wie es die Abb. 117 (unten) zeigt. Der Kreisel kann dadurch jede beliebige Lage im Raum einnehmen.

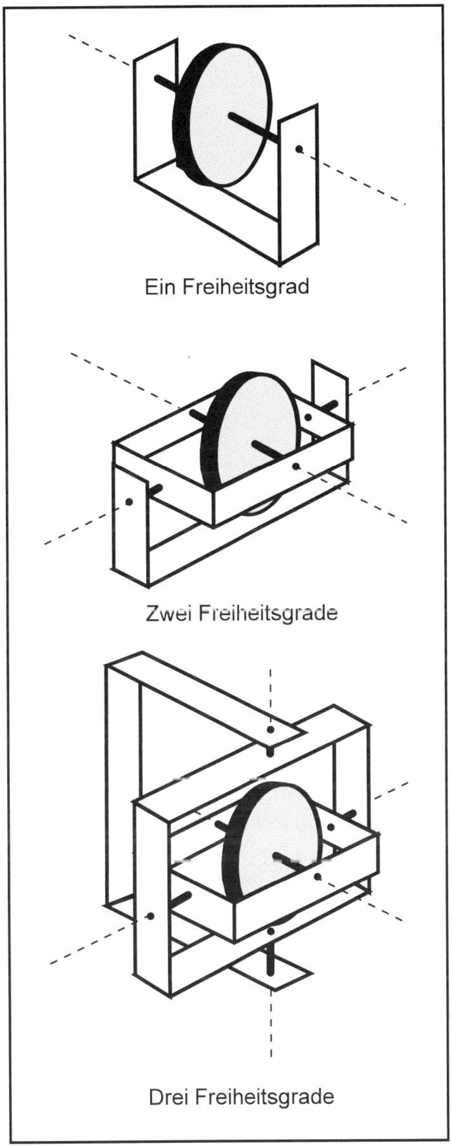

Abb. 117: Freiheitsgrade eines Kreisels.

Man nennt diese Art der Aufhängung, wie bereits erwähnt, vollkardanisch und die dazugehörigen Rahmen Kardanrahmen. Ein in einem Flugzeug bzw. in einem Instrument installierter vollkardanisch aufgehängter Kreisel behält seine einmal im Raum eingenommene Lage bei, unabhängig davon, welche Bewegungen das Flugzeug (bzw. das Instrument) ausführt. Aufgrund der Kreiselaufhängung können sich die Flugzeugbewegungen nicht auf den Kreisel übertragen.

Künstlicher Horizont und Kurskreisel verwenden für die Messung jeweils einen vollkardanisch gelagerten Kreisel. Dabei wird die besondere Eigenschaft der Lagestabilität für die Anzeigen ausgenutzt. Der Wendezeiger ist dagegen mit einem halbkardanisch aufgehängten Kreisel (zwei Freiheitsgrade) ausgerüstet, der bei Bewegungen um die Flugzeug-Hochachse präzediert. Kreisel mit nur einem Freiheitsgrad werden in Flugzeuginstrumenten nicht genutzt.

Kreiselantrieb

Der Antrieb der in den Instrumenten verwendeten Kreisel erfolgt je nach Ausführung über kleine Elektromotoren oder Unterdruckpumpen (pneumatisch). In vielen der einmotorigen Flugzeuge werden künstlicher Horizont und Kurskreisel pneumatisch, Wendezeiger dagegen elektrisch betrieben. Dadurch wird sichergestellt, daß bei einer Störung nicht alle Kreiselinstrumente auf einmal ausfallen.

Für den pneumatischen Antrieb sind die Kreisel mit kleinen Schaufeln versehen (ähnlich wie beim Wasserrad). Über eine vom Triebwerk angetriebene Pumpe (engl. Suction Pump) wird ein Unterdruck (Sog) aufgebaut und dadurch im Instrument über eine gerichtete Düse ein Luftstrom erzeugt, der auf die Schaufeln auftrifft und den Kreisel antreibt. Zur Überwachung der Unterdruckpumpe befindet sich im Cockpit ein kleines Druckanzeigeinstrument. Bei laufendem Triebwerk und einwandfreier Funktion der Unterdruckanlage liegt die Anzeigenadel in dem auf der Anzeigeskala grün markierten Betriebsbereich. Zeigt die Nadel außerhalb des Betriebsbereiches an, dann ist die Anlage defekt und die daran angeschlossenen Kreiselinstrumente liefern keine zuverlässigen Anzeigen mehr.

Zusammenfassung

Kreisel
- Rotierender Körper mit gleichmäßiger Massenverteilung um die Drehachse (Kreiselachse)

Kreiseleigenschaften
- Lagestabilität: Kreisel hält die einmal im Raum eingenommene Lage bei
- Präzession (Wandern des Kreisels): Lageänderung der Rotationsachse (Kippen, Driften), wirkliche Präzession aufgrund von äußerer Krafteinwirkung, scheinbare Präzession durch Erdrotation und Transport des Kreisels von einem Ort zum anderen

Kreiselaufhängung
- Halbkardanische Aufhängung, zwei Freiheitsgrade
- Vollkardanische Aufhängung, drei Freiheitsgrade

Kreiselantrieb
- pneumatisch
- elektrisch

Künstlicher Horizont und Kurskreisel
- vollkardanisch aufgehängte Kreisel
- Ausnutzung der Lagestabilität des Kreisels

Wendezeiger
- halbkardanisch aufgehängter Kreisel
- Ausnutzung der Präzession

Künstlicher Horizont

Der künstliche Horizont (engl. Artifical Horizon) ist eines der wichtigsten Instrumente beim Flug ohne äußere Sicht. Er stellt die aktuelle Lage des Flugzeuges gegenüber dem „richtigen" Horizont dar. Das runde Anzeigebild auf der Frontseite bildet in der oberen Hälfte den Himmel (meist mit blauer Farbe), in der unteren Hälfte die Erde (meist in schwarzer Farbe) und dazwischen als Trennungsstrich (Horizontbalken) den Horizont nach. Vor diesem Schaubild befindet sich ein mit zwei Tragflächen (zwei Striche) und Flugzeugnase (Punkt in der Mitte) vereinfacht dargestelltes Flugzeugsymbol.

Im Instrument dreht ein vollkardanisch gelagerter Kreisel mit senkrecht ausgerichteter Achse. Die Kreiselebene liegt also genau parallel (horizontal) zur Erdoberfläche. Unabhängig von der Flugzeugbewegung behält der Kreisel aufgrund seiner Aufhängung die horizontale Lage bei und bildet dadurch einen idealen Bezug zum natürlichen Horizont.

Abb. 118: Künstlicher Horizont.

Das den Horizont darstellende Schaubild ist über Hebel unmittelbar mit dem äußeren Kardanrahmen des Kreiselsystem verbunden; das Flugzeugsymbol ist dagegen am Instrumentengehäuse befestigt. Im horizontalen Geradeausflug liegt der künstlich dargestellte Horizont waagerecht, und das Flugzeugsymbol befindet sich genau in Deckung mit dem Horizontbalken. Geht das Flugzeug in die Kurve, bleiben das Schaubild wie auch der dahinter liegende Kreisel weiterhin horizontal und das Instrument mit dem damit verbundenen Flugzeugsymbol nimmt die Schräglage des Flugzeuges ein. Steigt oder sinkt das Flugzeug, dann „steigt“ bzw. „sinkt“ das Flugzeugsymbol über bzw. unter den Horizontbalken. Lage und Bewegung des Flugzeugsymbols zum künstlichen Horizont entsprechen denen des richtigen Flugzeuges zum natürlichen Horizont. Der künstlich dargestellte Horizont behält wie der natürliche Horizont immer seine (horizontale) Lage im Raum bei. Für den Piloten erscheint es allerdings so, als ob sich das Schaubild bewegt und das Flugzeugsymbol in der Lage stabil bleibt. Ungeübte Piloten müssen sich daher an diese Darstellung meist erst gewöhnen.

Zur Anzeige der Kurven-Querneigung (engl. Bank) befindet sich am oberen Teil des den Himmel darstellenden Schaubildes eine Gradskala (meist in 10°- und 30°-Schritten eingeteilt) sowie darunter eine mit dem Intrumentengehäuse verbundene kleine Marke (oberhalb der MItte des Flugzeugsymbols). In der Kurve dreht sich die Marke entlang der Gradskala und zeigt so exakt die Kurven-Querneigung an (Abb. 120). Darüber hinaus geben kleine, parallel zum Horizontbalken angebrachte Striche den Nickwinkel um die Flugzeug-Querachse an und helfen, eine vorgegebene Steig- bzw. Sinklage einzuhalten.

Das mit dem Instrument verbundene Flugzeugsymbol läßt sich über einen kleinen Drehknopf an der Instrumentenfrontseite in der Höhe verstellen.

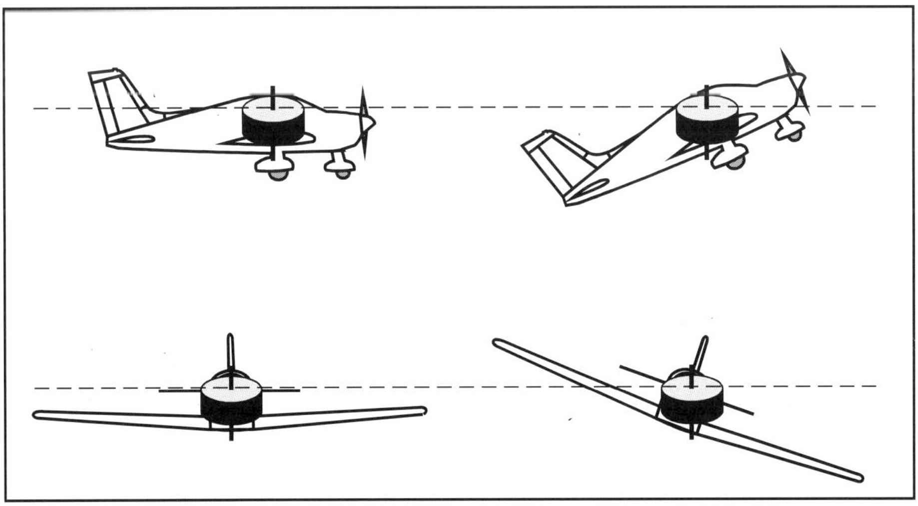

Abb. 119: Der im künstlichen Horizont vollkardanisch gelagerte Kreisel behält seine Lage in bezug zur Erdoberfläche (Horizont) bei.

Dadurch ist es möglich, die Stellung des Flugzeugsymbol einer u.U. veränderten Flugzeuglage, z.B. aufgrund veränderter Beladung, anzupassen. Vor dem Start sollte die Stellung des Flugzeugsymbols überprüft und genau auf den Horiziontbalken eingestellt werden. Ist während des Fluges eine Korrektur erforderlich, kann diese nur im horizontalen Geradeausflug erfolgen.

Wie alle vollkardanisch gelagerten Kreisel, so unterliegt auch der Kreisel im künstlichen Horizont der scheinbaren Präzession und verändert wegen der Erdrotation und des Transports im Flugzeug von einem Ort zum anderen seine Lage. Damit die Kreiselebene immer parallel zur Erdoberfläche ausgerichtet bleibt, verfügt der künstliche Horizont über ein ausgeklügeltes Aufrichtsystem. Wandert die Kreiselachse aus der Senkrechten aus, wird im Aufrichtsystem eine Kraft erzeugt, die den Kreisel so (wirklich) präzedieren läßt, daß er in den senkrechten Zustand zurückgeführt wird. Die Kreiselebene behält dadurch die horizontale Lage bei und der Bezug zum Horizont bleibt erhalten. Man nennt diese Art der Kreiselaufrichtung auch Schwerkraftfesselung, da die Kreiselachse in Richtung Schwerkraft (Erdmittelpunkt) festgehalten bzw. gefesselt wird. Das Aufrichtsystem dient darüber hinaus dazu, durch Reibung in den Kreisellagern entstehende wirkliche Präzession zu kompensieren.

Das unterhalb des Kreiselsystems angebrachte Aufrichtsystem hat zur Folge, daß die bei Beschleunigungen (bzw. Verzögerungen) und im Kurvenflug zusätzlich auftretenden Kräfte eine wirkliche Präzession verursachen, die nicht voll ausgeglichen werden kann. Es kommt zu Anzeigefehlern, die sich in einer um einige Grad falsch dargestellten Nicklage und Kurven-Querneigung bemerkbar machen. Das Kreisel- bzw. das Aufrichtsystem ist allerdings so eingestellt, daß der Kurvenfehler bei einer Standardkurve (3° pro Sekunde) nicht auftritt.

Zusammenfassung

Künstlicher Horizont

- Anzeige der Flugzeuglage zum Horizont (Nick- und Rollbewegungen)
- Verwendung eines vollkardanisch gelagerten Kreisels
- Kreiselachse senkrecht zur Erdoberfläche
- Ausnutzung der Lagestabilität eines Kreisels

Kurskreisel

Ein Kurskreisel (engl. Directional Gyro oder Heading Indicator) zeigt, ähnlich wie ein Magnetkompaß, auf einer drehbar installierten Kompaßrose den momentanen mißweisenden Steuerkurs des Flugzeuges an.

Da das Gerät selbst aber nicht die Richtung nach (mißweisend) Nord bestimmen kann (keine nordsuchende Richtkraft), muß es nach der Magnetkompaß-Anzeige eingestellt werden. Es ist also unmittelbar abhängig vom Magnetkompaß. Durch die spezielle Konstruktion (Kreisel) ist die Anzeige des Kurskreisels jedoch sehr viel ruhiger als die des Magnetkompaß. Sie unterliegt nicht den beim Magnetkompaß auftretenden Fehlern im Kurvenflug und bei Beschleunigungen. Im allgemeinen wird daher der Steuerkurs mit dem Kurskreisel und nicht mit dem Magnetkompaß gehalten.

Der Kurskreisel nutzt wie der künstliche Horizont die besondere Kreiseleigenschaft, die einmal im Raum eingenommene Lage beizubehalten.

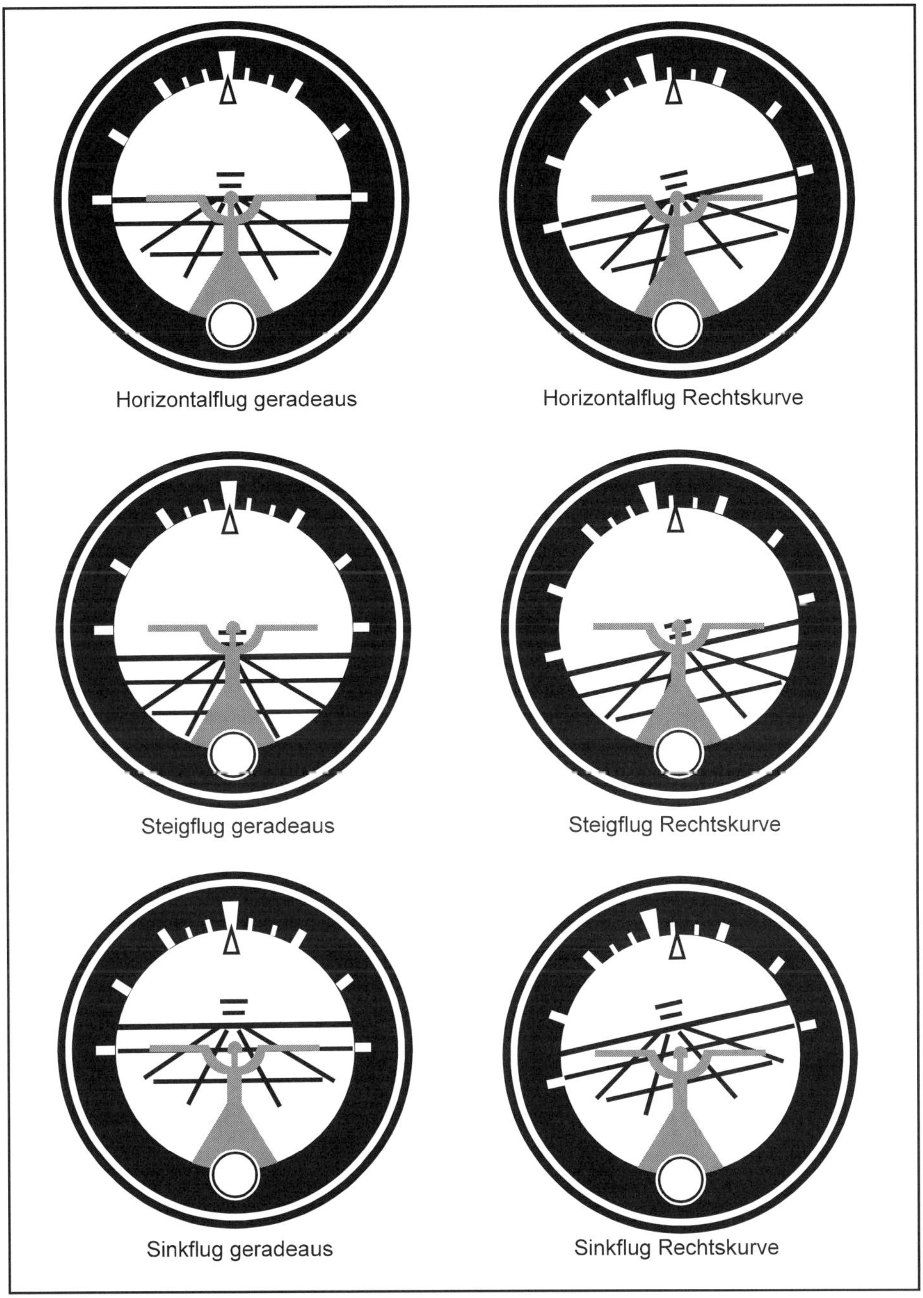

Abb. 120: Verschiedene Anzeigen am künstlichen Horizont.

Abb. 121: Kurskreisel.

Der im Instrument vollkardanisch gelagerte Kreisel ist hierfür mit seiner Achse waagerecht zur Erdoberfläche ausgerichtet. Äußerer Kardanrahmen und die an der Instrumentenfrontscheibe sichtbare Kompaßrose sind über Zahnräder miteinander verbunden, so daß jede Richtungsänderung des Flugzeuges unmittelbar zu einer entsprechenden Drehung der Kompaßrose führt. Das mit dem Flugzeug verbundene Instrument dreht sich hierbei um das stabil im Raum ausgerichtete Kreiselsystem.

Die Kompaßrose ist in 5°-Schritte eingeteilt und von 30° zu 30° beschriftet. Die Ziffer 3 bedeutet 30°, 6 = 60° usw. Die Haupthimmelsrichtungen sind mit N, E, S und W besonders gekennzeichnet. Der mißweisende Steuerkurs wird oben an der Kompaßrose unterhalb einer kleinen Kurs-Marke (nicht bei allen Geräten vorhanden) abgelesen.

Da der Kurskreisel, wie bereits erwähnt, selbst nicht die Nordrichtung feststellen kann, zeigt er nach Inbetriebnahme erst einmal irgendeinen unbestimmten Kurs an und muß nun auf den am Magnetkompaß

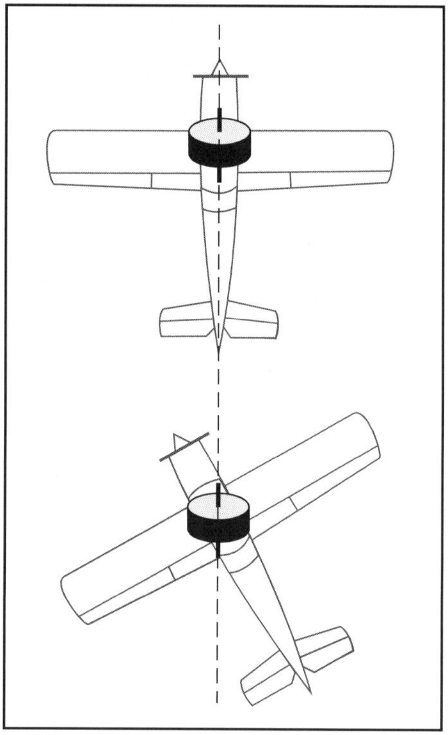

Abb. 122: Der im Kurskreisel vollkardanisch gelagerte Kreisel behält seine Richtung im Raum bei.

angezeigten mißweisenden Steuerkurs justiert werden. Dazu befindet sich an der Frontseite des Kurskreisels ein Knopf, der für den Einstellvorgang etwas eingedrückt wird. Durch Drehen dieses Knopfes dreht sich die Kompaßrose, so daß unter der Kurs-Marke der am Magnetkompaß abgelesene Steuerkurs eingestellt werden kann. Danach wird der Knopf losgelassen und die Kompaßrose dreht sich nun entsprechend der Richtungsänderung des Flugzeuges. Sie zeigt unter der Kurs-Marke den jeweils anliegenden mißweisenden Steuerkurs an.

Durch das Eindrücken des Einstellknopfes wird im Instrument ein Mechanismus betätigt, der den Kardanrahmen des Kreiselsystems festhält. Dadurch wird verhindert, daß sich die Drehung der Kompaßrose auf das Kreiselsystem überträgt und der Kreisel präzediert. Nach dem Einstellen wird der Knopf losgelassen: Das Kreiselsystem kann seine eingenommene Lage (Richtung) im Raum beibehalten.

Aufgrund der vollkardanischen Kreiselaufhängung unterliegt der Kurskreisel der scheinbaren Präzession und wandert allmählich aus der Richtung aus. Darüber hinaus macht sich, wie beim künstlichen Horizont, die Reibung in den Kreisellagern durch zusätzliche wirkliche Präzession bemerkbar. Ein Aufrichtsystem sorgt dafür, daß die Kreiselachse weiterhin waagerecht zur Erdoberfläche ausgerichtet bleibt. Die durch die Präzession verursachte Drift führt aber dazu, daß der angezeigte Steuerkurs über längere Zeit immer ungenauer wird. Deshalb muß die Kursanzeige in regelmäßigen Zeitabständen (etwa alle 15 bis 20 Minuten) überprüft und der Steuerkurs am Kurskreisel anhand der Magnetkompaß-Anzeige ggf. nachgestellt werden. Eingestellt werden darf grundsätzlich nur im unbeschleunigten Geradeausflug, da der Magnetkompaß im Kurvenflug und bei Beschleunigung falsch anzeigt (siehe hierzu Band 2 „Flugnavigation").

Modernere Kurskreisel verwenden zur Nachführung des Steuerkurses ein automatisches System mit einem sogenannten Fernkompaß, der die Richtung des erdmagnetischen Feldes mißt und die gemessene Feldstärke in elektrische Signale umsetzt. Diese werden zu einem im Kurskreisel befindlichen Stützsystem übertragen, welches das Kreiselsystem durch Erzeugen einer wirklichen Präzession nachführt. Der große Vorteil eines kompaßgestützten Kurskreisels (engl. Slaved Gyro) besteht nicht nur in der automatischen Nachführung, sondern auch darin, daß der Fernkompaß an Stellen eingebaut werden kann, an denen der Einfluß magnetischer Störungen sehr gering ist (z.B. Tragflächenspitze, Seitenflosse).

Zusammenfassung

Kurskreisel
- Anzeige des Steuerkurses auf einer drehbaren Kompaßrose
- Verwendung eines vollkardanisch gelagerten Kreisels
- Kreiselachse parallel zur Erdoberfläche
- Ausnutzung der Lagestabilität eines Kreisels

Einstellung des Kurskreisel
- Erfolgt nach der Anzeige des Magnetkompasses im unbeschleunigten Geradeausflug
- Neueinstellung jede 15 bis 20 Minuten, da der Kurskreisel der scheinbaren Drift unterliegt

---

Wendezeiger

Anders als beim künstlichen Horizont und beim Kurskreisel ist der im Wendezeiger installierte Kreisel halbkardanisch aufgehängt (zwei Freiheitsgrade) und unterliegt daher der wirklichen Präzession. Der Wendezeiger nutzt die Präzession zur Anzeige der Drehrichtung und Drehgeschwindigkeit des Flugzeuges in der Kurve. Darüber hinaus informiert eine im unteren Teil des Instruments angebrachte sogenannte Kugellibelle über die Kurven-Querneigung und ermöglicht, die für die Durchführung einer koordinierten Kurve richtige Schräglage einzuhalten. Je nach Ausführung wird der Wendezeiger im englischen als Turn and Bank Indicator (auch Turn and Slip Indicator) oder als Turn Coordinator bezeichnet. Der Turn Coordinator zeigt aufgrund seiner besonderen Kreiselaufhängung neben der

Abb. 123: Wendezeiger (Turn and Bank Indicator).

Drehgeschwindigkeit (Bewegung um die Flugzeug-Hochachse) auch Bewegungen um die Flugzeug-Längsachse (Rollen) an.

Der im Wendezeiger (Turn and Bank Indicator) verwendete Kreisel ist mit seiner Achse parallel zur Flugzeug-Querachse ausgerichtet und in einem Kardanrahmen gelagert. Der Kardanrahmen seinerseits ist mit in Längsrichtung angebrachten Zapfen in dem fest mit dem Flugzeug verbundenen Instrumentengehäuse drehbar gelagert. Die Drehachse des Kardanrahmens liegt also parallel zur Längsachse des Flugzeuges, und der Kardanrahmen kann sich nach links und rechts bewegen. Eine freie Bewegung um die Hochachse, wie bei der vollkardanischen Aufhängung, ist dagegen nicht möglich. Der Kreisel selbst rotiert nach vorn und damit in die gleiche Richtung wie der Reifen eines nach vorn rollenden Flugzeuges.

Abb. 124: Wendezeiger (Turn Coordinator).

Dreht das Flugzeug um seine Hochachse, so werden der Kardanrahmen (da er mit dem Instrumentengehäuse verbunden ist) und die Kreiselachse ebenfalls gedreht. Die Drehung der Kreiselachse verursacht eine (wirkliche) Präzession, und der Kreisel kippt in die zur Kurve entgegengesetzte Richtung. Stellen wir uns als Beispiel eine Linkskurve vor: Die Linksdrehung hat eine um 90° versetzte, in Kreiseldrehrichtung wirkende Kippbewegung des Kreisels zur Folge, Kreiselachse und damit auch Kardanrahmen kippen nach rechts. Die Kippbewegung nach rechts wird über ein Hebelgestänge umgekehrt und auf einen Zeiger, auch „Pinsel" genannt, übertragen, der in Kurvenrichtung nach links ausschlägt (Abb. 125). Linker Zeigerausschlag bedeutet also Linkskurve, rechter Zeigerausschlag Rechtskurve.

Damit der Kreisel nicht vollständig kippt und um den Kreisel nach Beendigung der Kurve wieder in die horizontale Achsenlage zurückzuführen, ist der Kardanrahmen über eine Feder (Rückholfeder) mit dem Instrumentengehäuse verbunden. Die Spannung der Feder ist so eingestellt, daß der Zeigerausschlag unmittelbar ein Maß für die Drehgeschwindigkeit um die Hochachse ergibt. Je weiter der Zeiger ausschlägt (je mehr der Kardanrahmen kippt), um so größer ist die Drehgeschwindigkeit. Solange die Drehung anhält, wirkt die Präzessi-

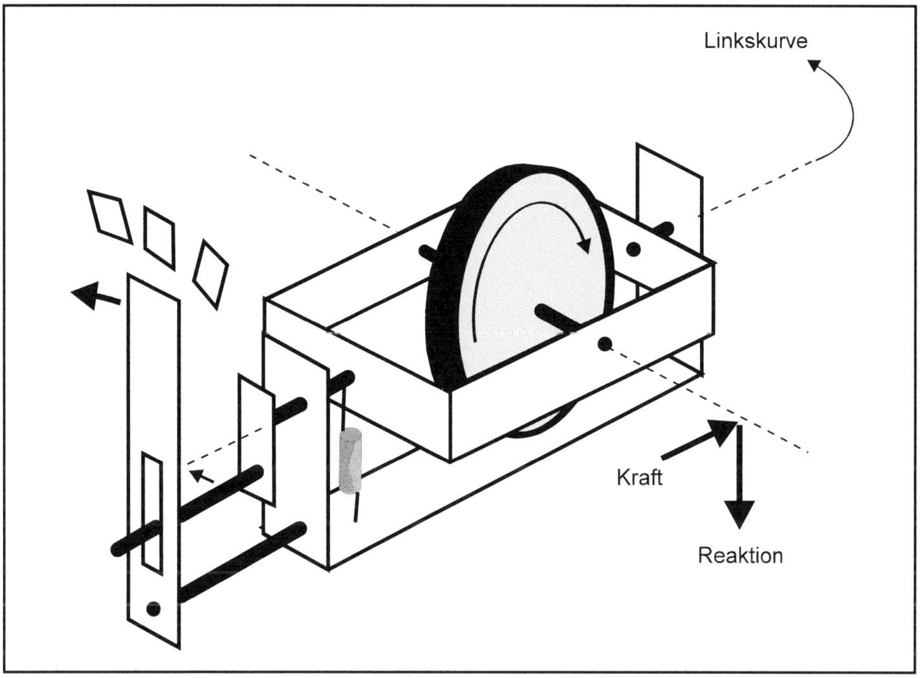

Abb. 125: Funktionsprinzip des Wendezeigers.

onskraft und der Zeigerausschlag bleibt bestehen.

Die Federspannung ist im allgemeinen so eingestellt, daß der Zeiger eine Drehgeschwindigkeit von 3° pro Sekunde anzeigt, wenn er jeweils unter der links und rechts am Instrument angebrachten Markierung steht. Die Drehgeschwindigkeit von 3° pro Sekunde entspricht genau der für die Einhaltung einer Standardkurve (siehe Kapitel 3) festgelegten Winkelgeschwindigkeit. Ein Vollkreis mit dieser Drehgeschwindigkeit dauert 2 Minuten. Deshalb findet man bei den auf diese Drehgeschwindigkeit eingestellten Wendezeigern meist unten am Instrument den Hinweis „2 Min".

Anstelle des hier beschriebenen, im englischen als Turn and Bank Indicator bezeichneten Wendezeigers werden in den heutigen Flugzeugen meist nur noch solche des Typs Turn Coordinator verwendet. Beide Gerätearten sind in Aufbau und Funktion im Prinzip gleich. Der im Turn Coordinator installierte Kreisel ist jedoch, wie in Abb. 126 dargestellt, in einem um etwa 35° zur Flugzeug-Längsachse geneigten Kardanrahmen gelagert. Dadurch werden, anders als beim Turn and Bank Indicator, zusätzlich im gewissen Umfang auch Bewegungen um die Längsachse (Rollen) angezeigt. Das Schaubild am Instrument verwendet daher anstelle eines Zeigers ein Flugzeugsymbol, daß je nach Kurvenrichtung und Rollbewegung nach links oder rechts dreht. Der Ausschlag für die Standardkurve von 3° pro Sekunde wird auch hier durch zwei Markierungen angegeben.

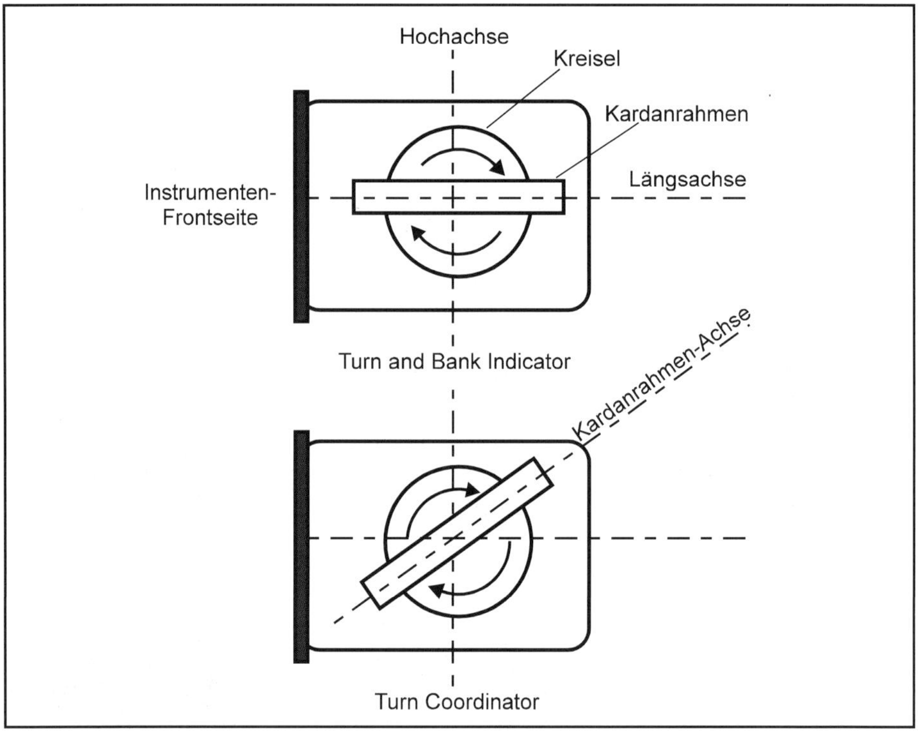

Abb. 126: Kreisellagerung im „Turn and Bank Indicator“ und im „Turn Coordinator“.

Ein Turn Coordinator zeigt, besser als ein Turn and Bank Indicator, den Beginn einer Kurve an, da diese im allgemeinen zuerst mit einer Bewegung um die Längsachse (Rollen) eingeleitet wird. Außerdem lassen sich Rollbewegungen besser kontrollieren (z.B. bei Ausfall des künstlichen Horizonts). Allerdings zeigt der Turn Coordinator nicht, wie immer wieder falsch interpretiert, die Größe der Querneigung des Flugzeuges an.

Vom Kreiselsystem unabhängig arbeitet die im unteren Teil der Anzeige installierte Kugellibelle. In einer mit Flüssigkeit gefüllten, etwas nach oben gebogenen Glasröhre befindet sich eine Kugel, die sich immer nach der Gewichtskraft (Schwerkraft) bzw. nach der Resultierenden aus Gewichtskraft und Zentrifugalkraft (sogenanntes Scheinlot) ausrichtet. Im horizontalen Geradeausflug wirkt nur die Schwerkraft, und die Kugel liegt genau in der mit zwei Strichen markierten Mitte (tiefste Stelle) der Glasröhre. Hängt eine Tragfläche leicht nach unten, rutscht die Kugel ein wenig in Richtung der hängenden Tragfläche und zeigt so die Schräglage an.

Im koordinierten Kurvenflug sind alle Kräfte im Gleichgewicht und die Kugel wird durch die nun auf sie gemeinsam wirkende Gewichtskraft und Zentrifugalkraft in der Mitte gehalten. Rutscht das Flugzeug aufgrund zu großer Querneigung nach innen in die Kurve, dann bewegt sich die Kugel

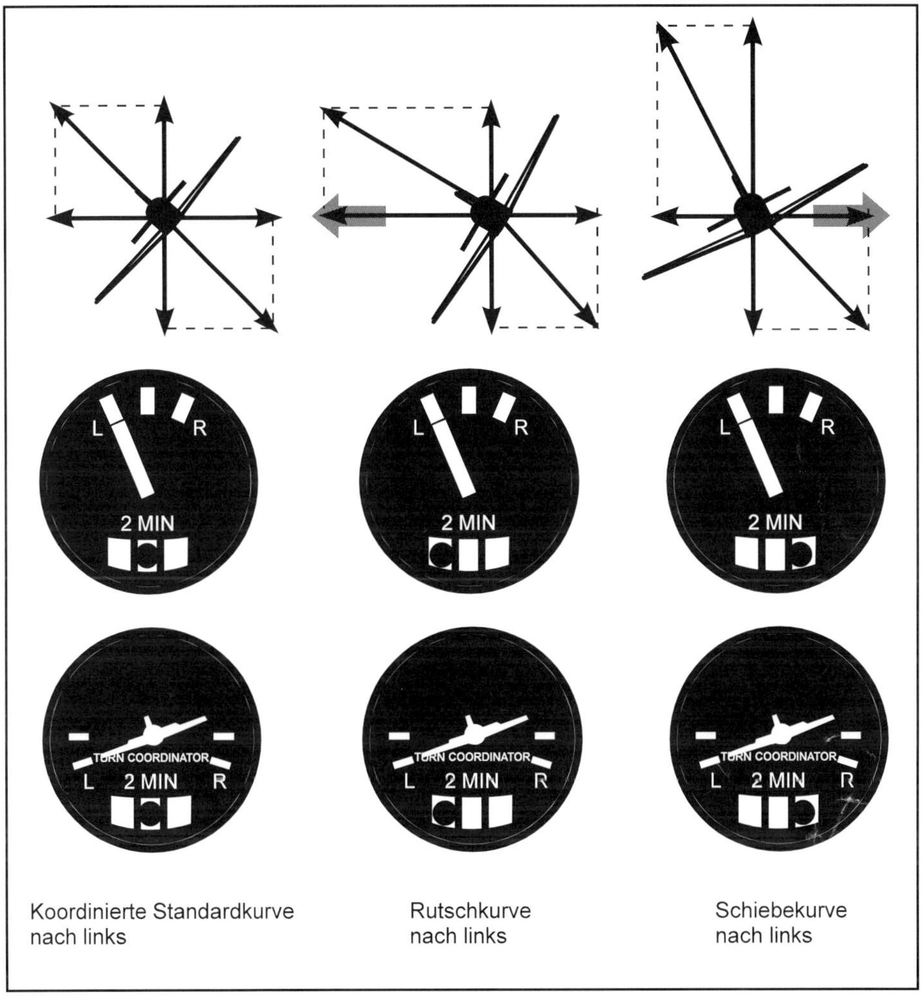

Abb. 127: Verschiedene Kurvenzustände, dargestellt am Wendezeiger.

aus der Mitte in Richtung zum Kurvenmittelpunkt. Schiebt das Flugzeug nach außen (zu geringe Querneigung), wandert die Kugel aus der Mitte weg vom Kurvenmittelpunkt, da die nun wirkende Zentrifugalkraft zu groß ist (Abb. 127). Durch Verändern der Querneigung oder Anpassen der Drehgeschwindigkeit an die Kurve läßt sich die Kurvenlage korrigieren und das Flugzeug leicht in eine sauber geflogene Kurve zurückführen.

Die Anzeige der richtigen Querneigung in Verbindung mit der Anzeige der Drehrichtung und Drehgeschwindigkeit machen den Wendezeiger neben dem künstlichen Horizont zu einem sehr nützlichen „Kurveninstrument".

Der Wendezeiger hilft nicht nur, Standardkurven genau durchzuführen, sondern stellt auch bei ungewöhnlichen Kurvenlagen (z.B. Trudeln) die Fluglage eindeutig dar (s. hierzu Band 1 „Gefahrenhandbuch für Piloten").

Zusammenfassung

Wendezeiger

- Anzeige der Drehgeschwindigkeit und Drehrichtung sowie der richtigen Querneigung in der Kurve
- Verwendung eines halbkardanisch gelagerten Kreisels
- Kreiselachse parallel zur Flugzeug-Querachse
- Ausnutzung der wirklichen Präzession für die Anzeige
- Rechtskurve: Kreisel kippt nach links, Ausschlag der Anzeige nach rechts
- Linkskurve: Kreisel kippt nach rechts, Ausschlag der Anzeige nach links

Arten von Wendezeiger

- Turn and Bank Indicator (zeigt Bewegungen um die Flugzeug-Hochachse/Gieren an)
- Turn Coordinator (zeigt Bewegungen um die Flugzeug-Hochachse/Gieren und zusätzlich Bewegungen um die Flugzeug-Längsachse/Rollen an)

Kontroll- und Übungsaufgaben

1. Der aktuelle Luftdruck in MSL beträgt 1.000 hPa. Welcher Luftdruck herrscht dann etwa in 4.000 ft MSL?

2. Welche der beiden Aussagen ist richtig:
a) Es ist gefährlicher, einen zu hohen Druck als einen zu tiefen auf der Druckkorrekturskala einzustellen!
b) Es ist gefährlicher, einen zu tiefen Druck als einen zu hohen auf der Druckkorrekturskala einzustellen!

3. Zeigt ein Höhenmesser eine größere oder kleinere Höhe an, wenn die Druckkorrekturskala von QNH 1.004 hPa auf 1.006 hPa verstellt wird?

4. Sie fliegen vom Flugplatz A (Platzhöhe 500 ft MSL) zum Flugplatz B (Platzhöhe 1.000 ft MSL). Der Höhenmesser zeigt bei einer QNH-Einstellung von 1.005 hPa beim Start in A exakt die Platzhöhe von 500 ft MSL an. Wie wäre die Höhenmesseranzeige bei der Landung in B, wenn die QNH-Einstellung unverändert bliebe, obwohl in B das aktuelle QNH 998 hPa beträgt?

5. Bei einen VFR-Flug unterhalb 5.000 ft MSL bzw. 2.000 ft GND ist der Höhenmesser auf den QNH-Wert des nächstgelegenen Flugplatzes mit Flugverkehrskontrolle einzustellen. Beim Start von einem unkontrollierten Flugplatz (also ohne Tower) steht kein QNH-Wert zur Verfügung. Ein Pilot stellt daher vor dem Start den Höhenmesser auf die veröffentlichte Flugplatzhöhe und damit indirekt auf den QNH-Wert des Flugplatzes ein. Ist diese Höhenmessereinstellung erlaubt?

6. Sie befinden sich an einem Flugplatz (Flugplatzhöhe 1.120 ft MSL), für den das QNH z.Z 1.025 hPa beträgt. Welche Höhe zeigt der Höhenmesser an, wenn Sie ihn auf a) QNH, b) QFE und c) QNE einstellen?

7. Am Abend stellen Sie Ihr Flugzeug am Flugplatz ab. Der Höhenmesser ist auf das aktuelle QNH 1.000 hPa eingestellt und zeigt exakt die Flugplatzhöhe von 400 ft MSL an. Welche Höhenmesseranzeige erwarten Sie am nächsten Morgen, wenn über Nacht der Luftdruck um 3 hPa auf 1.003 hPa gestiegen ist?

8. Sie stellen im Steigflug beim Durchfliegen von 5.000 ft MSL den Höhenmesser von QNH 1.022 hPa auf 1.013 hPa (Standard-Höhenmessereinstellung) um. Welche Höhe zeigt der Höhenmesser unmittelbar nach der Umstellung an?

9. Was versteht man unter der „wahren Höhe“?

10. Ein Pilot überfliegt in Flugfläche 150 einen 12.000 ft hohen Berg. Er dreht am Höhenmesser kurz den aktuellen QNH-Wert ein und liest eine QNH-Höhe von 14.000 ft ab. Die aktuelle Außentemperatur in der Flughöhe beträgt -25° C. In welcher wahren Höhe fliegt das Flugzeug?

11. Welche Faktoren müssen bei der Berechnung der TAS im Fluge berücksichtigt werden?

12. Warum wird mit zunehmender Flughöhe die Fahrtmesseranzeige geringer als die wahre Eigengeschwindigkeit?

13. Kann die Fahrtmesseranzeige auch einmal größer sein als die wahre Eigengeschwindigkeit?

Abb. 128: Cockpit des Motorflugzeuges Ruschmeyer R 90-230 RG (Quelle: Prospekt Ruschmeyer).

14. Warum sind im Flughandbuch angezeigte (IAS) und berichtigte Geschwindigkeiten (CAS) und nicht die wahren Geschwindigkeiten angegeben?

15. Warum ist der Unterschied zwischen IAS und CAS meist bei geringen Fluggeschwindigkeiten am größten?

16. Was bedeutet die Abkürzung „KIAS"?

17. 200 ft/min entspricht wieviel m/s?

18. Unter welchen Bedingungen gilt IAS = CAS = TAS?

19. Was versteht man unter dem statischen Luftdruck?

20. Besitzt ein mit einem Staurohr ausgerüstetes Flugzeug Öffnungen am Rumpf zur Entnahme des statischen Drucks?

21. Worin besteht der Unterschied zwischen einem Stau- und einem Pitotrohr?

22. Welche Funktion hat der mit „Alternate Static" bzw. mit „Alternate Static Air" bezeichnete Schalter im Cockpit?

23. Was versteht man unter wirklicher und scheinbarer Präzession?

24. Bei welchen Kreiselinstrumenten wirken sich die scheinbare und wirkliche, bei welchem Instrument nur die wirkliche Präzession aus?

25. Warum unterliegen künstlicher Horizont und Kurskreisel in geringem Umfang auch der wirklichen Präzession?

26. Wozu dient die im künstlichen Horizont eingebaute sogenannte Schwerkraftfesselung?

27. Der Wendezeiger zeigt die Drehgeschwindigkeit des Flugzeuges um die Hochachse an. Ist diese Aussage richtig?
28. Woran erkennt man den Unterschied zwischen einem „Turn and Bank Indicator" und einem „Turn Coordinator"?

29. Besteht zwischen den beiden Wendezeiger-Anzeigen „ Zeiger (Pinsel)/Flugzeugsymbol" und „Kugellibelle" irgendeine gerätetechnische Verbindung?

30. Rechtskurve: Das Flugzeugsymbol des Wendezeigers ist nach rechts ausgeschlagen, die Kugel in der Libelle liegt jedoch links von der Mitte. Was ist zu tun, damit die Kugel in der Mitte zu liegen kommt (koordinierte Kurve)?

31. Ein Kurskreisel ist letztlich ein Kompaß. Ist diese Aussage richtig?
32. Welche Vorteile hat ein Kurskreisel gegenüber einem Magnetkompaß?

33. Welcher Kurs wird am Kurskreisel eingestellt?

34. Warum ist ein Kreiselinstrument nicht unmittelbar, nachdem das Flugzeug in Betrieb genommen worden ist, einsatzbereit?

35. Fahrtmesser, künstlicher Horizont, Höhenmesser und Kurskreisel sind ohne Frage wichtige Instrumente für die sichere Flugdurchführung. Welches dieser Instrumente ist ihrer Ansicht nach das wichtigste überhaupt?

Kapitel 6

Flugleistungen

Einführung

Die Leistung eines Flugzeuges drückt sich vor allem in Fluggeschwindigkeit, Start- und Landestrecke, Steigrate, Flughöhe, Reichweite, Beladung und Kraftstoffverbrauch aus. Die Flugleistungen sind im jeweiligen Flughandbuch (Betriebshandbuch des Flugzeuges) anhand von Tabellen und Diagrammen im Detail beschrieben und bilden eine wichtige Grundlage für die Flugplanung und Flugdurchführung. Ohne Frage kann ein Flugzeug nur im Rahmen der angegebenen Werte betrieben werden. Jede Überschreitung der Leistungsgrenzen, z.B. der zugelassenen Höchstgeschwindigkeit, ist unzulässig und eine grobe Verletzung der Sorgfaltspflicht.

Die einzelnen Leistungsdaten sind keine für alle Betriebszustände feststehenden Größen. Sie variieren insbesondere in Abhängigkeit von der jeweiligen Flugzeugmasse und Flughöhe. Es ist sehr leicht einzusehbar, daß ein mit Passagieren und Treibstoff maximal beladenes Flugzeug eine längere Startstrecke benötigt, sehr viel langsamer steigt und nicht die gleiche Dienstgipfelhöhe erreicht wie dasselbe Flugzeug, besetzt nur mit dem Piloten und mit einem halbvollen Tank.

Nicht zu unterschätzen ist der Einfluß der Luftdichte. Da sich mit der Höhe die Luftdichte rasch verringert, nimmt auch die Flugleistung mit der Höhe rapide ab. Geringere Luftdichte vermindert den Auftrieb und reduziert die Triebwerksleistung. Dies gilt sowohl für kleine einmotorige Flugzeuge als auch für große Düsenverkehrsflugzeuge.

Die in den Flughandbüchern angegebenen Flugleistungen beziehen sich auf die Bedingungen der Standardatmosphäre (ISA) und auf davon abweichende Höhen- und Temperaturwerte sowie zusätzlich, soweit erforderlich, auf verschiedene Flugzeugmassen und Triebwerkseinstellungen. Im einzelnen enthält der Abschnitt „Flugleistungen" im Flughandbuch Angaben für die Berechnungen von

- Startstrecke
- Steigflug
- Reiseflug
- Sinkflug
- Landestrecke

Die zahlreichen Tabellen und Diagramme hierzu beinhalten jeweils ein detailliertes Anwendungsbeispiel, so daß es selbst für Ungeübte keine großen Probleme bereitet, die erforderlichen Werte schnell und sicher zu entnehmen. Darüber hinaus enthalten einige Flughandbücher ein komplettes Beispiel für die Flugplanung, angefangen bei der Start- und Landestreckenberechnung über die Berechnung von Zeit, Strecke und Kraftstoffbedarf für Steig-, Reise- und Sinkflug bis hin zur Festlegung der Reiseflughöhe und Triebwerksleistung.

Im allgemeinen enthält jedes Flughandbuch den Hinweis, daß die Leistungswerte aus den Ergebnissen von Erprobungsflügen mit einem in gutem Betriebszustand befindlichen Flugzeug und Triebwerk errechnet wurden, wobei durchschnittliche Pilotentechnik zugrunde gelegt wurde. Ein schlechter technischer Zustand des Flugzeuges oder die nicht exakte Befolgung der im Flughandbuch angegebenen Betriebsverfahren können also durchaus zur Folge haben, daß die im Flughandbuch angegebenen Leistungswerte nicht ganz erreicht werden. Dies gilt insbesondere für die Angaben der Start- und Landestrecke, der Steigrate und der maximal erreichbaren Flughöhe. Es ist Aufgabe jedes Piloten, sich vor dem Flug mit den Leistungen des Flugzeuges vertraut zu machen und die besonderen Bedingungen des Fluges bei der Leistungsberechnung zu berücksichtigen.

Zusammenfassung

Die Flugleistungen werden vor allem beeinflußt von
- Flugzeugmasse
- Flughöhe
- Luftdruck
- Temperatur
- Luftfeuchtigkeit
- Wind
- Eigenschaften der Start- und Landebahn

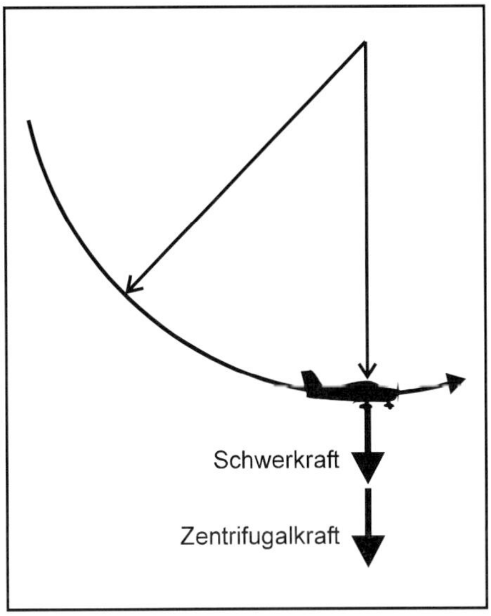

Abb. 129: Zunahme des Lastvielfachen beim Abfangen aus einem Sturzflug.

Lastvielfache

Ein Flugzeug unterliegt wegen der während des Fluges angreifenden Kräfte mehr oder weniger starken Belastungen, die vom Material und von der Struktur des Flugzeuges toleriert werden müssen. Wird die maximal zulässige Belastung überschritten, kann es zu Verbiegungen und Rissen und bei sehr hoher Beanspruchung im schlimmsten Fall zu Zerstörungen (z.B. Abreißen einzelner Ruder oder der Tragfläche) kommen. Für jedes Flugzeug sind daher die Grenzen der Belastbarkeit durch Angabe des höchstzulässigen Lastvielfachen und den damit zusammenhängenden Höchstgeschwindigkeiten festgelegt.

Unter dem Lastvielfachen (engl. Load Factor) versteht man das Vielfache der auf das Flugzeug wirkenden Erdbeschleunigung (Abk. „g"). oder, vereinfacht ausgedrückt, das Vielfache der Schwerkraft. Im Horizontalflug beträgt das Lastvielfache 1 g. Durch zusätzliche Kräfte (Kurvenflug, Abfangen aus dem Sturzflug, abrupte Steuerbewegungen oder Böen) kann das Lastvielfache deutlich ansteigen und schnell den maximal zulässigen Wert erreichen.

So nimmt im Kurvenflug das Lastvielfache, wie bereits in Kapitel 3 ausführlich dargestellt, wegen der hierbei auftretenden Zentrifugalkraft zu. Bei einer Kurven-Querneigung von 60° wirken am Flugzeug doppelt so starke Kräfte wie im Horizontalflug und das Lastvielfache beträgt 2 g. Das Flugzeug ist scheinbar doppelt so schwer wie im Horizontalflug und die Flugzeuginsassen werden mit der doppelten Gewichtskraft in die Sitze gepreßt.

Auch beim Abfangen aus einem Sturzflug führt die aufgrund der gekrümmten Flugbahn entstehende Zentrifugalkraft zu einer Erhöhung des Lastvielfachen (Abb. 129). In ähnlicher Weise wirken abrupte Steuerbewegungen oder durch Böen verursachte plötzliche Veränderungen der Flugbahn und der damit verbundenen Änderung der Anströmrichtung.

Ist die Belastung in bezug zur gekrümmten Flugbahn nach außen gerichtet, bezeichnet man das Lastvielfache als „positiv" (die Flugzeuginsassen werden in die Sitze gepreßt), wirkt die Belastung nach innen, nennt man das Lastvielfache „negativ" (die Flugzeuginsassen werden aus den Sitzen „gehoben" und gegen die Gurte gedrückt).

Die bei den verschiedenen Flugmanövern auftretenden Mehrbelastungen dürfen in keinem Fall zu einer Überschreitung des im Flughandbuch festgelegten höchstzulässigen Lastvielfachen führen. Dieses liegt bei den als Normalflugzeug verwendeten einmotorigen Flugzeugen im allgemeinen bei +3,8 g bis -1,52 g. Für Nutzflugzeuge und Kunstflugzeuge sind höhere Lastvielfache erlaubt.

Die für jedes Flugzeug festgelegten Höchstgeschwindigkeiten tragen den Belastungsgrenzen Rechnung. So darf die höchstzulässige Reisegeschwindigkeit V_{NO} (engl. Maximum Normal Operating Speed) nur beim Flug in ruhiger Luft überschritten werden, und auch dann nur mit Vorsicht. Der Bereich zwischen der höchstzulässigen Reisegeschwindigkeit und der Höchstgeschwindigkeit V_{NE} (engl. Never Exceed Speed) wird daher als Vorsichtsbereich bezeichnet und durch ein gelbes Band auf dem Fahrtmesser besonders markiert.

Die Erhöhung des Lastvielfachen hat neben der Mehrbelastung für das Flugzeug noch einen weiteren, oft unbeachteten Effekt: Die Überziehgeschwindigkeit nimmt zu. Dies gilt nicht nur, wie bereits dargestellt, für den Kurvenflug, sondern für jedes Flugmanöver, bei dem das Lastvielfache über den Wert 1 g ansteigt. Nehmen wir an, ein Flugzeug wird durch abruptes Ziehen am Höhensteuer aus einem Sturzflug abgefangen. Erhöht sich dabei das Lastvielfache durch die in Richtung der Schwerkraft wirkende Zentrifugalkraft beispielsweise auf 4 g, nimmt die Überziehgeschwindigkeit um 100% (!) zu. Auch bei Höhenruderbewegungen im Horizontalflug ist dies möglich. Wird bei hoher Geschwindigkeit das Höhenruder abrupt nach oben ausgeschlagen (plötzliche Flugbahnänderung), erhöht sich das Lastvielfache und damit die Überziehgeschwindigkeit. Es ist also durchaus möglich, ein Flugzeug auch bei hoher Geschwindigkeit zu überziehen.

Um das Flugzeug vor zu hohen Belastungen aufgrund von Ruderausschlägen zu schützen, dürfen die Ruder nur bis zur im Flughandbuch festgelegten sogenannten Manövergeschwindigkeit V_A (engl. Maneuvering Speed) voll ausgeschlagen werden. Ein Vollausschlag der Ruder unterhalb dieser Geschwindigkeit führt in keinem Fall zu einer Überbelastung des Flugzeuges. Oberhalb der Manövergeschwindigkeit ist diese Garantie nicht mehr gegeben. Darüber hinaus darf die Manövergeschwindigkeit bei starken Luftturbulenzen nicht überschritten werden.

Zusammenfassung

- Das für das Flugzeug festgelegte Lastvielfache darf unter keinen Umständen überschritten werden.
- Eine Erhöhung des Lastvielfachen hat eine Erhöhung der Überziehgeschwindigkeit zur Folge.
- In den auf dem Fahrtmesser gelb markierten Geschwindigkeitsbereich (Vorsichtsbereich) darf nur bei ruhiger Luft eingeflogen werden.
- Bei Turbulenzen darf nur in dem auf dem Fahrtmesser grün markierten Geschwindigkeitsbereich (normaler Betriebsbereich) geflogen werden.
- Bei starken Turbulenzen muß die Fluggeschwindigkeit auf die festgelegte Manövergeschwindigkeit zurückgenommen werden. Die Ruder sollten nicht voll ausgeschlagen werden. Es empfielt sich, nach Möglichkeit nicht „gegen" die Turbulenzen zu steuern.

Dichtehöhe

Die Leistung eines Flugzeuges ist unmittelbar abhängig von der Dichte der Luft (Luftmasse pro Volumen). Die Luftdichte beeinflußt sowohl die Flugzeugaerodynamik als auch die Triebwerksleistung. Geringere Luftdichte erzeugt weniger Auftrieb und gleichzeitig weniger Widerstand. Sie bedeutet aber auch reduzierte Triebwerksleistung, da die Zylinder mit weniger Luftmasse geladen und die vom Propeller beschleunigten Luftmassen geringer werden.

Die Luftdichte wird durch drei Faktoren bestimmt: Druck, Temperatur und Feuchte. Entsprechend der Abnahme des Luftdrucks mit der Höhe nimmt auch die Luftdichte ab. In etwa 18.000 ft beträgt sie nur noch die Hälfte der Dichte in Meeresspiegelniveau. Da sich Luft bei Erwärmung ausdehnt, nimmt mit zunehmender Temperatur die Luftdichte ab. An heißen Tagen sind daher die Flugleistungen schlechter und man kann an einem kleinen Landeplatz ebenso wie an einem großen Verkehrsflughafen beobachten, daß die Flugzeuge eine sehr viel längere Startstrecke als an kalten Tagen benötigen und nach dem Start flacher steigen.

Da Wasserdampf eine geringere Dichte als Luft besitzt, ist feuchte Luft „dünner" als trockene. Hohe Luftfeuchtigkeit wirkt sich allerdings weniger auf die Aerodynamik als vielmehr auf das Triebwerk aus. Die Zylinder erhalten nicht nur weniger Luftmasse. Das Kraftstoff/Luft-Gemisch wird reicher und die Verbrennung durch den erhöhten Wassergehalt ungünstiger. Die Triebwerksleistung sinkt.

Ein Maß für die Luftdichte und damit indirekt auch für die Flugleistung ist die sogenannte Dichtehöhe (engl. Density Altitude). Sie ist die Höhe in der Standardatmosphäre (ISA), die der in der Flughöhe herrschenden Luftdichte entspricht. Fliegt ein Flugzeug in einer wahren Höhe von z.B. 4.000 ft und herrscht in dieser Höhe eine Luftdichte entprechend der in der Standardatmosphäre in 4.000 ft definierten Luftdichte, beträgt die Dichtehöhe ebenfalls 4.000 ft. Herrscht in 4.000 ft dagegen eine Luftdichte entsprechend einer Höhe von 6.000 ft der Standardatmosphäre, dann liegt in diesem Fall die Dichtehöhe bei 6.000 ft (Abb. 130).

Die für Meeresspiegelniveau (MSL) festgelegten Standardwerte betragen: Luftdruck 1.013,25 hPa, Lufttemperatur 15° C, Luftdichte 1,225 kg/m^3. Stellen wir uns einen Flugplatz in 0 ft Höhe vor, an dem abweichend von der Standardatmosphäre eine Temperatur von 30° C und ein Luftdruck von 990 hPa herrschen. Die Luftdichte am Flugplatz entspricht dann einer Höhe von rund 2.600 ft in der Standardatmosphäre. Es gel-

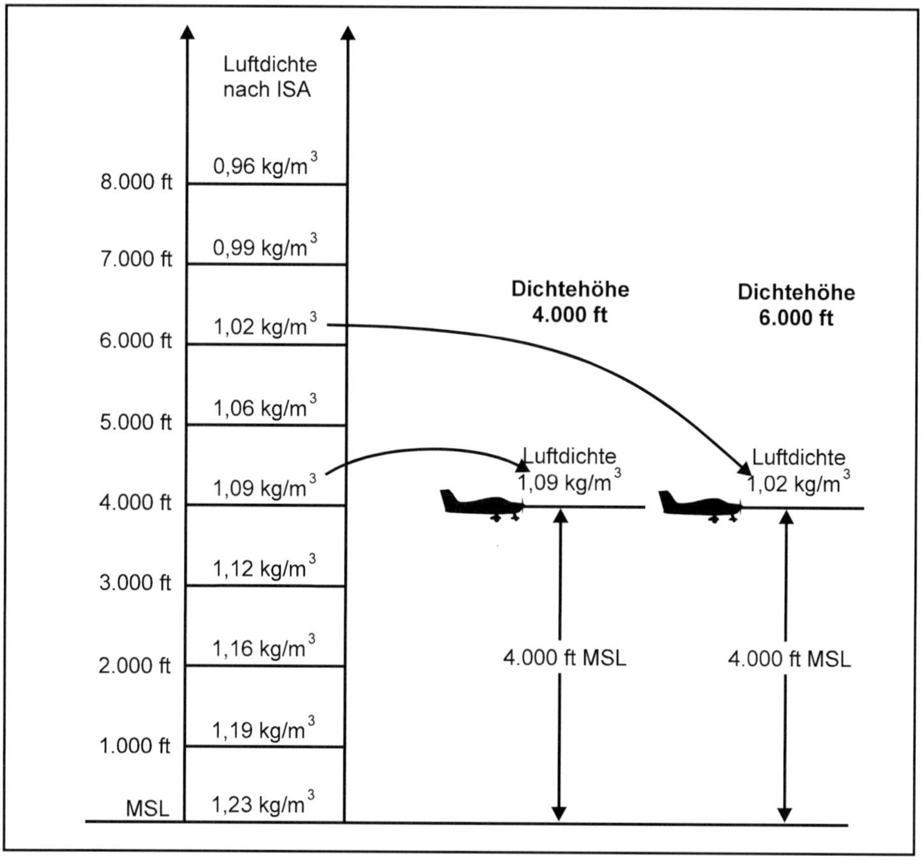

Abb. 130: Dichtehöhe.

ten also die Flugleistungsdaten für eine Dichtehöhe von 2.600 ft. In der Tat sind die Leistungen in dieser Höhe sehr viel schlechter als in 0 ft. So ist z.B. bei einer Piper PA 28 Cadet in dieser Höhe die Startstrecke über 15 m Hindernis um ca. 35% länger als in Meeresspiegelniveau (Abb. 131). Es wäre also in diesem Fall fatal, die Auswirkungen der Dichtehöhe zu vernachlässigen und den Flug mit MSL-Leistungsdaten zu planen.

Die Berechnung der Dichtehöhe ist sehr einfach. Man muß lediglich die Druckhöhe (engl. Pressure Altitude) um die Abweichung der aktuellen Temperatur von der entsprechenden Standardtemperatur korrigieren. Hierzu ein Beispiel:

Flugplatz Karlsruhe
- Flugplatzhöhe 380 ft MSL
- QNH 1.002 hPa
- Temperatur über der Start- und Landebahn 30° C

Ein am Flugplatz Karlsruhe auf 1.002 hPa eingestellter Höhenmesser zeigt die Flugplatzhöhe mit 380 ft MSL an.

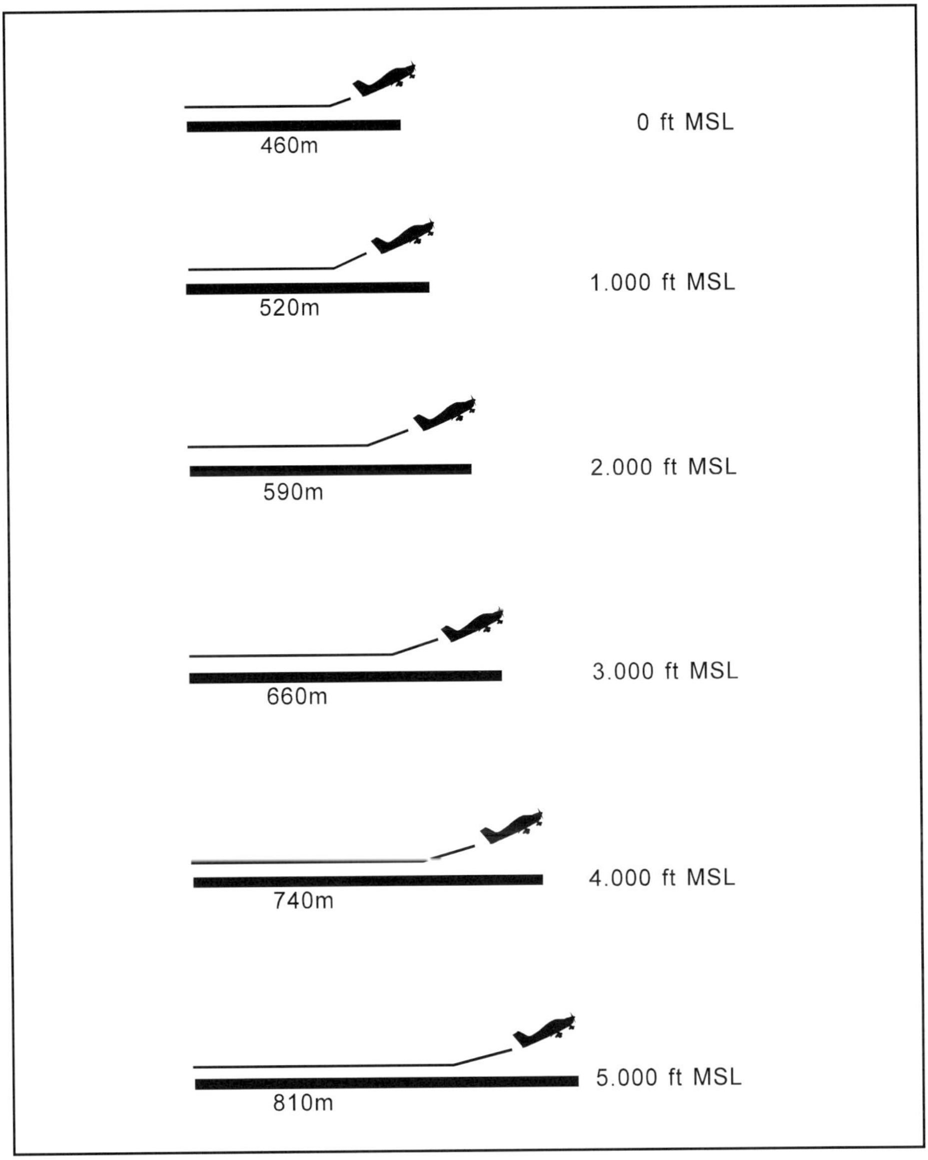

Abb. 131: Zunahme der Startstrecke über 15 m Hindernis mit der Höhe am Beispiel der Piper PA 28 Cadet.

Wählt man nun in die Druckkorrekturskala den Standardwert 1.013 hPa, so wird die aktuelle Druckhöhe von ca. 710 ft angezeigt (Merke: Wird der Höhenmesser auf einen größeren Druckwert eingestellt, zeigt er einen entsprechend größeren Höhenwert an).

Man hätte sich die Druckhöhe auch ausrechnen können: 1 hPa Druckdifferenz entspricht ca. 30 ft (barometrische Höhenstufe). Der aktuelle Luftdruck liegt um 11 hPa tiefer als der Standardluftdruck, d.h., die Druckhöhe ist um 11 x 30 = 330 ft höher als die Flugplatzhöhe.

Zur Ermittlung der Dichtehöhe wird die Druckhöhe von 710 ft nun um die Abweichung der aktuellen Temperatur von der Temperatur der Standardatmosphäre (ISA) korrigiert. Nach ISA würde in 710 ft eine Temperatur von etwa 14° C herrschen (in MSL 15° C; 2° C Temperaturabnahme pro 1.000 ft), d.h., die aktuelle Temperatur liegt um 16° C über ISA-Temperatur.

Eine Abweichung von 1° C von der ISA-Temperatur hat eine Änderung der Dichtehöhe um 120 ft zur Folge. Ist die Temperatur höher als der Standardwert, so ist die Dichtehöhe größer als die Druckhöhe. Ist die Temperatur geringer als der Standardwert, so ist die Dichtehöhe geringer als die Druckhöhe. In unserem Beispiel liegt die Dichtehöhe um 16 x 120 = 1.920 ft über der Druckhöhe und beträgt somit 2.630 ft.

Die Berechnung der Dichtehöhe läßt sich auch mit einem Navigationsrechnern wie z.B. dem Aristo Aviat durchführen. Der Einfluß der Luftfeuchtigkeit auf die Dichtehöhe kann bei der Rechnung nicht berücksichtigt werden. Er führt aber auch zu keiner wesentlichen Verfälschung der Rechnung.

In der Praxis ist es meistens nicht nötig, die Dichtehöhe zu errechnen. Die in den Flughandbüchern dargestellten Flugleistungstabellen und -diagramme berücksichtigen den Einfluß der Dichtehöhe dadurch, daß sie Werte für verschiedene Druckhöhen und Temperaturen enthalten.

Die Dichtehöhe hat auf die verschiedensten Flugleistungen Einfluß, vor allem aber auf die Startstrecke, die Steigleistung und auf die maximal erreichbare Flughöhe. Gerade bei einem Flug über hohe Hindernisse wie z.B. die Alpen ist es wichtig zu wissen, ob die erforderliche Flughöhe überhaupt erreicht bzw. eingehalten werden kann.

Zusammenfassung

- Dichtehöhe ist die Höhe in der Standardatmosphäre (ISA), die der in der Flughöhe des Flugzeuges herrschenden Luftdichte entspricht.
- Große Dichtehöhe (geringere Luftdichte) = Geringere Flugleistung.
- Die Dichtehöhe steigt mit höherer Temperatur, geringerem Druck, höherer Luftfeuchtigkeit.
- Die Dichte beeinflußt insbesondere Startstrecke, Steigrate, Dienstgipfelhöhe.

Berechnung von Flugleistungen

Die einzelnen für die Flugplanung und Flugdurchführung erforderlichen Flugleistungsdaten werden mit den im jeweiligen Flughandbuch enthaltenen Diagramme und Tabellen ermittelt.

Die Daten sollten so gewählt werden, daß die entnommenen Werte auf der sicheren Seite liegen. Eventuelle Abweichungen der Leistungen vom Musterflugzeug sowie Einflüsse von Turbulenzen können dadurch berücksichtigt werden.

Diese Einflüsse ergeben in Reichweite und Flugdauer Differenzen bis zu 10%.

Start

Bei der Berechnung der Startstrecke wird zwischen der Startrollstrecke (auch Startlaufstrecke genannt) und der Startstrecke auf 15 m (50 ft) Hindernishöhe unterschieden (Abb. 132). Die Startrollstrecke (engl. Take-off Run) ist die beim Start auf der Startbahn bis zum Abheben zurückgelegte Strecke, während die Startstrecke auf 15 m Hindernishöhe (engl. Take-off Distance) zusätzlich den sicheren Steigflug bis auf 15 m (50 ft) Höhe einschließt. Auch wenn es für den nichtgewerblichen Verkehr mit einmotorigen Flugzeugen keine genauen Vorschriften zur Startstreckenberechnung gibt, sollte man aus Sicherheitsgründen, wie in der gewerblichen Luftfahrt üblich, grundsätzlich so planen, daß die verfügbare Startbahnlänge mindestens so groß wie die errechnete Startstrecke ist, d.h., am Ende der Startbahn sollte das Flugzeug mindestens 15 m Höhe erreicht haben (vorausgesetzt, daß nicht Hindernisse im Abflugbereich eine größere Höhe erfordern).

Die Diagramme zur Startstreckenberechnung berücksichtigen die Druckhöhe der Startbahn, die Temperatur, die Abflugmasse und die entsprechende Windkomponente beim Start. Der errechnete Startstreckenwert gilt allerdings nur für den Fall, daß die für den Start festgelegten Geschwindigkeiten für Abheben und Steigflug exakt eingehalten werden und die angegebenen Bedingungen (z.B. Gemischeinstellung für beste Leistung, Klappen auf 15° ausgefahren) erfüllt sind.

Bei der Berechnung wird meist davon ausgegangen, daß die Startbahn befestigt, eben und trocken ist. Handelt es sich um eine Grasbahn, ist der Boden aufgeweicht, liegt Schnee auf der Bahn oder steigt die Bahn in Startrichtung an, muß davon ausgegangen werden, daß sich die erforderliche Startstrecke erheblich vergrößert.

Das Luftfahrt-Bundesamt hat hierzu eine Flugsicherheitsmitteilung herausgegeben (fsm 3/75), in der für verschiedene Zustände bestimmte Startstrecken-Zuschläge empfohlen werden (s. Band 1 „Gefahrenhandbuch für Piloten“ der Privatpiloten Bibliothek).

Übersteigt die errechnete Startstrecke die Länge der Startbahn, muß die Abflugmasse entsprechend reduziert werden (weniger Passagiere, weniger Kraftstoff). Unter Umständen kann wegen der gegebenen Werte der Start nicht durchgeführt werden.

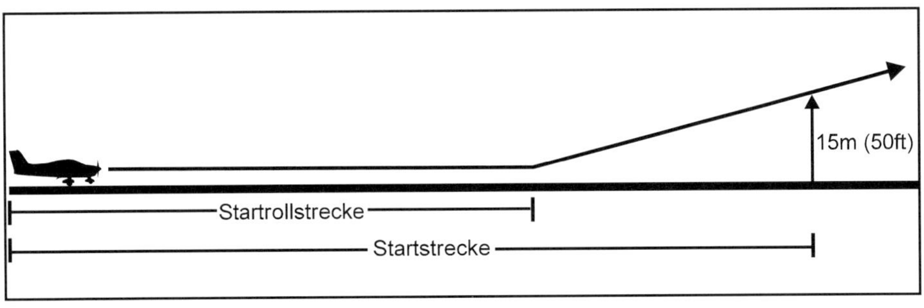

Abb. 132: Startstrecken.

Steigflug

Die Leistungs-Tabellen und -Diagramme ermöglichen eine genaue Planung des Steigfluges und erlauben im allgemeinen die Bestimmung von Steigrate, Steigflugstrecke, Steigflugzeit und Kraftstoffverbrauch.

Mit zunehmender Höhe nimmt die Steigrate (ft/min) kontinuierlich ab und erreicht schließlich in einer bestimmten Höhe (Gipfelhöhe) den Wert Null. Aufgrund der in der Gipfelhöhe eingeschränkten Flugleistung macht es keinen Sinn, in dieser Höhe zu fliegen.

Deshalb wurde der Begriff der Dienstgipfelhöhe (engl. Service Ceiling) eingeführt. Es ist diejenige Höhe, in der die Steigrate noch 100 ft/min (0,5 m/s) beträgt.

Die meisten der viersitzigen, einmotorigen Flugzeuge mit einem nicht aufladbaren Triebwerk erreichen eine Dienstgipfelhöhe von etwa 12.000 bis 16.000 ft MSL. Abhängig von der Beladung und der aktuellen Wetterlage (Druck, Temperatur) kann die aktuell erreichbare Dienstgipfelhöhe sehr viel tiefer liegen. Dies ist insbesondere bei der Überquerung hoher Hindernisse wie z.B. den Alpen zu berücksichtigen.

Reiseflug

Die Wahl der Reiseflughöhe erfolgt im allgemeinen unter Berücksichtigung der Luftraumstruktur, der Streckenlänge, der Höhenwinde und der Flugleistung.

Zur Einstellung der richtigen Triebwerksleistung enthalten die Flughandbücher Tabellen, aus denen für eine vorgewählte Leistung (angegeben in Prozenten der Triebwerksdauerleistung) Flughöhe (Druckhöhe) und Außentemperatur, die einzustellende Triebwerksdrehzahl, der Ladedruck (bei Triebwerken mit Verstellpropeller) und der sich daraus ergebende Kraftstoffverbrauch zu ersehen sind.

Mit weiteren Tabellen bzw. Diagrammen können Fluggeschwindigkeit, Reichweite und Flugzeit für die eingestellte Triebwerksleistung ermittelt werden.

Grundsätzlich sind für den Reiseflug unterschiedliche Einstellungen der Triebwerksleistung möglich. Am gebräuchlichsten ist eine Leistung von 75%. Häufig wird jedoch mit einer noch niedrigeren Leistung geflogen, um Kraftstoff zu sparen und damit eine größere Reichweite zu erzielen.

Voraussetzung ist, daß das Kraftstoff/Luft-Gemisch entsprechend den Angaben abgemagert wird. Ein richtig eingestelltes mageres Gemisch hilft nicht nur, Kraftstoff zu sparen, sondern verhindert auch Ablagerungen und Verrußen im Zylinder, an Zündkerzen und Ventilen.

Landung

Landestrecken werden ähnlich wie Startstrecken berechnet. Für die Landung wird zwischen der Landerollstrecke (engl. Landing Run) und der Landestrecke über 15 m (50 ft) Hindernishöhe (engl. Landing Distance) unterschieden (Abb. 133). Auch hier muß aus Sicherheitsgründen die verfügbare Landebahnstrecke mindestens der Länge der errechneten Landestrecke entsprechen.

Die im Flughandbuch angegebenen Landestreckenwerte können in der Praxis nur erreicht werden, wenn die für den Anflug und das Aufsetzen festgelegten Geschwindigkeiten sowie die genannten Bedingungen (z.B. Klappenstellung) exakt eingehalten werden. Eine ungünstige Oberflä-

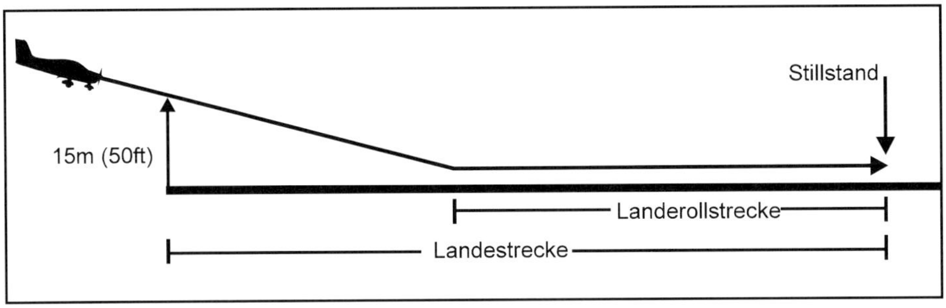

Abb. 133: Landestrecken.

chenbeschaffenheit der Landebahn (z.B. feuchtes Gras, Schnee), eine abfallende Bahn oder hohe Hindernisse im Anflugbereich führen zu einer Verlängerung der Landestrecke und müssen bei der Flugplanung berücksichtigt werden. Übersteigt die erforderliche Landestrecke die verfügbare Landebahnlänge, darf auf der Landebahn nicht gelandet werden.

Zusammenfassung

Tips für die Berechnung von Flugleistungen:

- Die Berechnung der Flugleistungen nur anhand des Flughandbuches vornehmen.
- Die für die jeweilige Berechnung festgelegten Bedingungen unbedingt beachten.
- Immer zur „sicheren Seite" hin rechnen.
- Nie die Flugleistungen des Flugzeuges (und die eigenen fliegerischen Leistungen) überschätzen.
- Die im Flughandbuch dargestellten Beispiele zur Flugleistungsberechnung nachrechnen.

Kontroll- und Übungsaufgaben

1. Welche Flugleistungsdaten sollten vor einem Flug unbedingt bestimmt werden?

2. Wie ändert sich die Flugleistung eines Flugzeuges mit zunehmender Masse?

3. Welche Auswirkungen hat die Erhöhung des Lastvielfachen über 1 g?

4. Es wird immer wieder behauptet, daß ein Flugzeug bei jeder Geschwindigkeit überzogen werden kann. Stimmt diese Behauptung?

5. Warum ist beim Abfangen aus einem Sturzflug besondere Vorsicht geboten?

6. Warum sollte man einen Anflug in turbulenter Luft grundsätzlich mit erhöhter Geschwindigkeit durchführen?

7. Nimmt die Manövergeschwindigkeit V_A *mit zunehmender Flugzeugmasse zu oder ab?*

8. Was vergrößert die Dichtehöhe mehr, ein Druckabfall um 1 hPa oder ein Temperaturanstieg um 1° C?

9. Mit zunehmender Flughöhe (abnehmender Luftdichte) nimmt die Überziehgeschwindigkeit V_S *zu. Stimmt diese Aussage?*

10. Warum nimmt im Kurvenflug die Steigleistung ab?

11. Welche Faktoren wirken sich ungünstig auf die Länge der Startstrecke aus?

12. Erklären Sie den Unterschied zwischen der Startrollstrecke und der Startstrecke!

13. Welche Voraussetzungen müssen gegeben sein, damit die in den Flughandbüchern angegebenen Strecken für Start und Landung erreicht werden?

14. Definieren Sie den Begriff „Dienstgipfelhöhe"!

15. Aus welchem Diagramm bzw. welcher Tabelle im Flughandbuch läßt sich im allgemeinen die aktuelle Dienstgipfelhöhe bestimmen?

Fluggeschwindigkeiten im Überblick

V_A - (engl. Maneuvering Speed) - Manövergeschwindigkeit; höchstzulässige Geschwindigkeit, bei der das Flugzeug selbst bei maximalen Ruderausschlägen nicht überbeansprucht wird.

V_{FE} - (engl. Maximum Flap Extended Speed) - Höchstzulässige Geschwindigkeit bei in eine bestimmte Stellung ausgefahrenen Flügelklappen.

V_{LE} - (engl. Maximum Landing Gear Extended Speed) - Höchstzulässige Geschwindigkeit, bei der das Flugzeug mit ausgefahrenem Fahrwerk sicher geflogen werden kann.

V_{LO} - (engl. Maximum Landing Gear Operating Speed) - Höchstzulässige Geschwindigkeit, bei der das Fahrwerk sicher aus- und eingefahren werden kann.

V_{NE} - (engl. Never Exceed Speed) - Höchstzulässige Geschwindigkeit, die zu keinem Zeitpunkt überschritten werden darf.

V_{NO} - (engl. Maximum Normal Operating Speed, Maximum Structural Cruising Speed) - Höchstzulässige Reisegeschwindigkeit, die nicht überschritten werden darf (außer in ruhiger Luft und auch dann nur mit Vorsicht).

V_{S1} - (engl. Stalling Speed) - Überziehgeschwindigkeit oder geringste gleichbleibende Geschwindigkeit, bei der das Flugzeug noch steuerbar ist.

V_{SO} - (engl. Stalling Speed) - Überziehgeschwindigkeit oder geringste gleichbleibende Geschwindigkeit, bei der das Flugzeug in Landekonfiguration noch steuerbar ist.

V_X - (engl. Best Angle of Climb Speed) - Geschwindigkeit für besten Steigwinkel, bei der der größte Höhengewinn in kürzestmöglicher Horizontalentfernung erzielt wird (steilstes Steigen)

V_Y - (engl. Best Rate of Climb Speed) - Geschwindigkeit für beste Steiggeschwindigkeit, bei der der größte Höhengewinn in kürzestmöglicher Zeit erzielt wird (schnellstes Steigen).

Kapitel 7

Masse und Schwerpunkt

Masse

Ein Flugzeug kann wegen seiner vom Konstrukteur unter Berücksichtigung der Materialfestigkeit bestimmten Bauweise nur bis zu einem gewissen Grenzwert belastet werden. Ein Überschreiten dieses Grenzwertes ist unzulässig und kann erhebliche Schäden am Flugzeug verursachen. Erste Schäden an der Struktur des Flugzeuges sind oft nur schwer zu entdecken. Es sind häufig winzige Haarrisse, die sich durch Belastung vergrößern und schließlich zum Bruch wichtiger Bauteile führen können. Je größer die Masse durch Zuladung wird, desto höher wird auch die Beanspruchung der Struktur. Dies gilt erst recht für Flugzustände, bei denen sich die Last vervielfacht wie z.B. beim Abfangen aus einem raschen Sinkflug oder bei einer Steilkurve.

Die maximal mögliche Masse für ein Flugzeug wird durch die im Flughandbuch festgelegte höchstzulässige Startmasse angegeben, bei größeren Flugzeugen zusätzlich durch die höchstzulässige Landemasse (sie ist geringer als die höchstzulässige Startmasse). Bei einmotorigen Flugzeugen sind die höchstzulässige Start- und Landemasse meist identisch.

Da früher mit der physikalischen Größe „Gewicht" anstelle von „Masse" gerechnet wurde, findet sich in vielen Flughandbüchern noch der Begriff „höchstzulässiges Startgewicht". Dieser heißt im englischen „Maximum Take-Off Weight" (Abk. MTOW) und wird heute noch sehr oft verwendet.

Die Startmasse setzt sich aus Leermasse und Zuladung zusammen. Zur Leermasse gehören die Masse des Flugzeuges einschließlich Sonderausrüstung, nicht ausfliegbarem Kraftstoff und alle Öle. Sie wird durch Wägung bestimmt und im Wägungsbericht sowie in das Flughandbuch, Abschnitt „Masse und Schwerpunkt", eingetragen. Veränderungen am Flugzeug, die zu einer Änderung der Leermasse führen (z.B. Einbau zusätzlicher Ausrüstung), erfordern eine neue Wägung und einen neuen Wägungsbericht.

Die Differenz zwischen höchstzulässiger Startmasse und Leermasse ergibt die maximal mögliche Zuladung. Die Zuladung besteht aus Pilot, ggf. Copilot, Passagieren, Kraftstoff und Gepäck bzw. Fracht. Ein Blick in die Flughandbücher der heute gängigen einmotorigen viersitzigen Flugzeuge zeigt, daß die Zuladung im allgemeinen sehr begrenzt ist und ein Flug mit vier Insassen, vollen Tanks und zusätzlichem Gepäck kaum möglich ist.

Hinzu kommt, daß die höchstzulässige Startmasse unter Umständen gar nicht ausgenutzt werden kann, da örtliche Gegebenheiten des Flugplatzes (z.B. geringe Bahnlänge, große Flugplatzhöhe, eingeschränkte Hindernisfreiheit), meteorologische Bedingungen (z.B. hohe Temperatur, geringer Luftdruck, hohe Luftfeuchte) oder die gewählte Reiseflughöhe (z.B. Alpenüberquerung) die Startmasse beschränken.

Die Berechnung der Zuladung muß daher im Einzelfall sehr gründlich durchgeführt werden.

Zusammenfassung

Leermasse
- Flugzeugzelle
- Triebwerksanlage
- Systeme und Teile, die aus Gründen der Lufttüchtigkeit eingebaut sein müssen (Mindestausrüstung)
- Betriebsstoffe wie Öl, Hydraulikflüssigkeit und nicht ausfliegbarer Kraftstoff
- Sonderausrüstung

Zuladung
- Pilot(en)
- Passagiere
- Kraftstoff (ausfliegbar)
- Gepäck/Fracht

Startmasse
- Leermasse des Flugzeuges plus Zuladung

Höchstzulässige Startmasse
- Höchstzulässige Masse des Flugzeuges zu Beginn des Startlaufs

Achtung: Die höchstzulässige Startmasse darf in keinem Fall überschritten werden!

Schwerpunkt

Entscheidend für die Belastung des Flugzeuges und insbesondere für das Flugverhalten ist nicht nur die Größe der Flugzeugmasse, sondern auch ihre Anordnung. Die Verteilung der Masse bestimmt die Lage des Schwerpunktes. Je nach Beladung verschiebt sich der Schwerpunkt mehr oder weniger stark nach vorne oder hinten. Wie bereits im Kapitel 3 ausführlich dargestellt, sind der Schwerpunktverlagerung enge Grenzen gesetzt, da große Verschiebungen die Stabilität beeinflussen und zu gefährlichen Flugzuständen führen können und darüber hinaus die Start- und Landeeigenschaften verschlechtern. Es ist daher erforderlich, vor dem Flug die Schwerpunktlage zu bestimmen und sicherzustellen, daß der Schwerpunkt im zulässigen Bereich liegt.

Der Schwerpunkt eines Flugzeuges ist die Stelle, in der man sich die Gesamtmasse des Flugzeuges vereint vorstellen kann (Massenmittelpunkt). Er liegt bei den einmotorigen Flugzeugen etwa in Höhe der vorderen Hälfte der Tragfläche und damit im Bereich der vorderen Sitze. Um die Position genau beschreiben zu können, wird der Abstand zu einer Bezugsebene angegeben, deren Lage vom Flugzeughersteller festgelegt worden ist. Meist wird als Bezugsebene das Brandschott oder die Propellernase (Spinner) gewählt und der vordere und hintere maximale Schwerpunktbereich in Meter oder Zentimeter von dieser Ebene aus im Flughandbuch unter dem Abschnitt „Betriebsgrenzen" veröffentlicht. So liegt z.B. für die Piper Cherokee PA 28 die Bezugsebene 199 cm vor der Tragflächenvorderkante und die vordere Schwerpunktgrenzlage 208 cm, die hintere 236 cm von dieser Bezugsebene aus entfernt. Dies gilt allerdings nur bei Verwendung dieses Flugzeuges als Normalflugzeug. Wird die Piper PA 28 als Nutzflugzeug eingesetzt, dann ist der Schwerpunktbereich auf 208 cm bis 220 cm begrenzt.

Die aktuelle Lage des Schwerpunktes läßt sich aus der Summe der einzelnen durch die Zuladung hervorgerufenen Drehmomente (Kraft x Hebelarm, siehe hierzu Kapitel 3) berechnen. In vielen Flughandbüchern sind daher die Hebelarme für die verschiedenen Zuladungsstellen, die sogenannten Stationen, als Abstand von der Bezugsebene angegeben. Die Abb. 134 zeigt als Beispiel die dem Flughandbuch der Piper Cherokee PA 28 entnommenen Hebelarme für die Zuladungspositionen Vordersitze, Tank, Rücksitze und Gepäck.

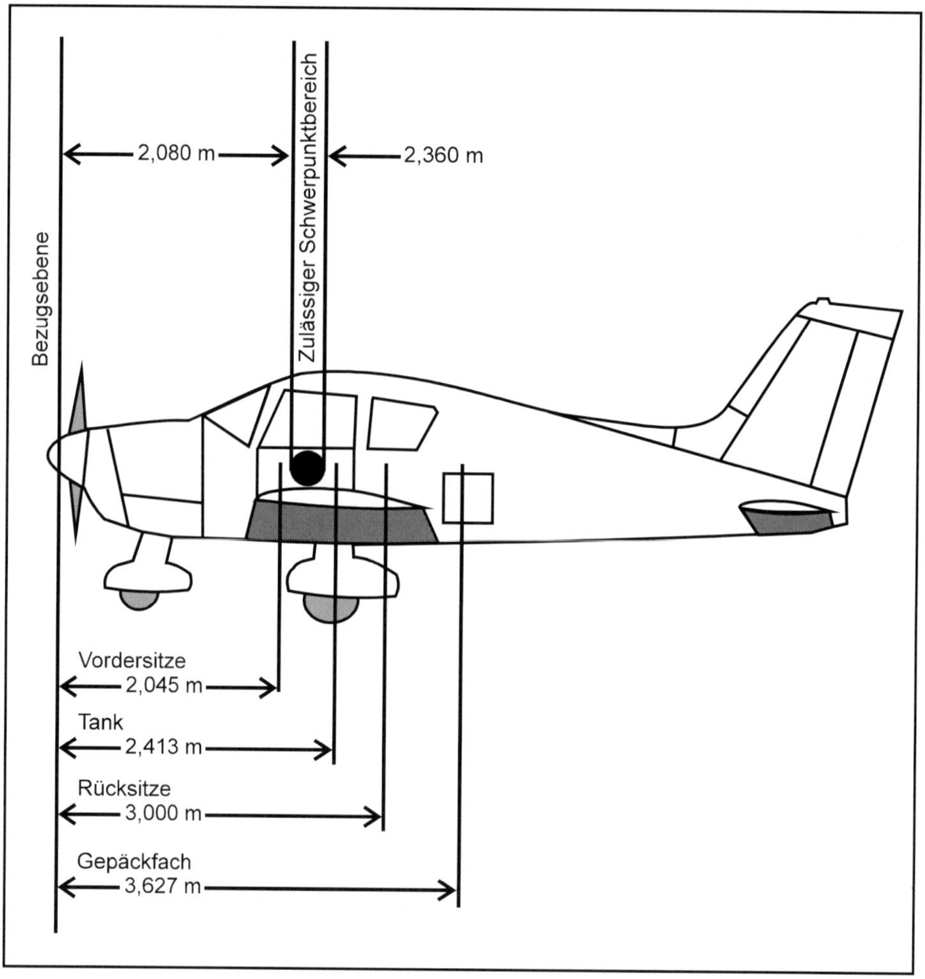

Abb. 134: Zulässiger Schwerpunktbereich und Hebelarme für die verschiedenen Beladungsstationen am Beispiel einer Piper PA 28 Cherokee.

Multipliziert man den jeweiligen Hebelarm mit der entsprechenden Zuladung, so erhält man das von ihr erzeugte Drehmoment. Die Addition aller Momente ergibt das Gesamtmoment, das nun durch die von der Startmasse erzeugte Kraft dividiert wird. Man erhält als Resultat schließlich den Abstand (Hebelarm) des Schwerpunktes von der Bezugsebene. Diese etwas kompliziert erscheinende Rechnung läßt sich mit Tabellen und Diagrammen aus dem Flughandbuch sehr leicht durchführen.

Für die Schwerpunktberechnung muß stets der Beladungszustand zugrunde gelegt werden, den das Flugzeug beim Start auch tatsächlich haben wird. Liegt der Schwerpunkt bei einem bis zur höchstzulässigen

Startmasse beladenen Flugzeug im zulässigen Bereich, so ist das keine Garantie dafür, daß der Schwerpunkt bei einer Änderung des Beladezustandes ebenfalls im zulässigen Bereich liegen muß. Es gibt Flugzeugmuster, die mit vier Personen an Bord und vollen Kraftstofftanks eine zulässige Schwerpunktlage aufweisen. Mit nur einer Person an Bord und vollen Kraftstofftanks hingegen wird die vordere Schwerpunktgrenzlage bereits überschritten (z.B. durch nachträgliche Ausrüstung im vorderen Rumpfteil).

Zusammenfassung

Schwerpunkt des Flugzeuges

- Stelle, in welcher man sich die Gesamtmasse des Flugzeuges vereint vorstellen kann
- Liegt bei einmotorigen Flugzeugen meist in Höhe der vorderen Hälfte der Tragfläche
- Verändert sich durch Zuladung
- Darf sich nur innerhalb festgelegter Grenzen verschieben

Berechnung von Masse und Schwerpunkt

Die Größe und Verteilung der Flugzeugmasse und die Lage des Schwerpunktes hängen unmittelbar zusammen. Sie dürfen, wie bereits erklärt, bestimmte Werte nicht überschreiten und müssen daher vor jedem Flug bestimmt werden. Es stellen sich für den Piloten zwei Fragen:

- Überschreitet die geplante Zuladung die zulässige Startmasse?
- Liegt der Schwerpunkt bei der geplanten Zuladung im zulässigen Bereich?

Alle für die Beantwortung dieser beiden Fragen erforderlichen Angaben findet man im Flughandbuch meist in Tabellen und Diagrammen. Im wesentlichen sind dies:

- Ladeplan zur Berechnung des Beladungszustandes (Abb. 135 u. 136)
- Beladungsdiagramm zur Bestimmung der einzelnen Momente (Abb. 137)
- Diagramm zur Kontrolle des zulässigen Schwerpunktbereichs (Abb. 138).

Am besten läßt sich die Massen- und Schwerpunktbestimmung mit einem Rechenbeispiel darstellen. Die Werte und Angaben des folgenden Beispiels sind zum größten Teil dem Flughandbuch der Piper Cherokee PA 28 entnommen.

Hierbei handelt es sich um ein weit verbreitetes einmotoriges, viersitziges Flugzeugmuster. Das Flugzeug wird in diesem Fall als Normalflugzeug genutzt und es ist mit vier Insassen besetzt. Folgende Daten sind gegeben:

- Zulässiger Schwerpunktbereich: 208 cm bis 236 cm bei 930 kg und weniger, 225 cm bis 236 cm bei über 930 kg, gemessen von der im Flughandbuch definierten Bezugsebene
- Höchstzulässige Startmasse: 1.156 kg gemäß Flughandbuch
- Leermasse: 702 kg (Moment 1.542,29 kgm) gemäß letztem Wägebericht und Eintrag im Flughandbuch
- Masse von Pilot und Copilot (Vordersitze): 150 kg
- Masse von zwei Passagieren (Rücksitze): 120 kg
- Gepäck (Gepäckraum): 15 kg
- Tankinhalt: 100 Liter

Achtung: Die hier verwendeten Daten sind Beispiele und können nicht auf eine andere Piper PA 28 übertragen werden. Es gelten jeweils die Daten im entsprechenden Flughandbuch.

LADEPLAN	MASSE kg	HEBELARM m	MOMENT kgm
1. Leermasse	702	2,197	1.542,29
2. Kraftstoff, ausfliegbar (Standardtanks 182 l max.)		2,413	
3. Pilot und vorderer Fluggast		2,045	
4. Hintere Fluggäste		3,000	
5. Gepäck im Gepäckfach		3,627	
6. Kraftstoff für Anlassen, Rollen und Standlauf	-3	2,413	-7,24
7. Startmasse und Gesamtmoment		X	

Abb. 135: Ladeplan zur Berechnung des Beladezustandes.

Dabei ist besonders der aktuelle Wägebericht mit der angegebenen Leermasse und dem dazugehörigen Moment zu beachten.

1. Schritt: Berechnung der Startmasse

In den Ladeplan (Abb. 135) werden die Massenwerte der einzelnen Zuladungen (Piloten, Passagiere, Gepäck) eingetragen.

Für den mitgeführten Kraftstoff muß die Masse erst errechnet werden. 100 Liter Kraftstoff ergeben bei einer durchschnittlichen Kraftstoffdichte von 0,72 kg/Liter eine Masse von 100 x 0,72 = 72 kg. Dieser Wert wird ebenfalls in die Tabelle übernommen.

Nun werden die Massenwerte addiert. Es ergibt sich eine Gesamtmasse von 1.059 kg. Hiervon werden 3 kg für Kraftstoff zum Anlassen, Rollen und Standlauf abgezogen: Es ergibt sich die Startmasse mit 1.056 kg. Sie liegt mit 100 kg unterhalb der höchstzulässigen Startmasse (Abb. 136).

Nur in einigen Flughandbüchern ist ein Wert für den Kraftstoffverbrauch zum Anlassen, Rollen und Standlauf festgelegt. Ist kein Wert vorgegeben und sieht der Ladeplan hierfür keine Zeile vor, so sollte man in der Berechnung auch keinen entsprechenden Wert verwenden.

2. Schritt: Bestimmung der Momente

Die Größe der einzelnen Momente für Vordersitze, Rücksitze, Gepäck und Kraftstoff lassen sich mit Hilfe des Beladungsdiagramms (Abb. 137) bestimmen. Zur Ermitt-

LADEPLAN	MASSE kg	HEBELARM m	MOMENT kgm
1. Leermasse	702	2,197	1.542,29
2. Kraftstoff, ausfliegbar (Standardtanks 182 l max.)	***72***	2,413	***173,74***
3. Pilot und vorderer Fluggast	***150***	2,045	***306,75***
4. Hintere Fluggäste	***120***	3,000	***360,00***
5. Gepäck im Gepäckfach	***15***	3,627	***54,41***
6. Kraftstoff für Anlassen, Rollen und Standlauf	-3	2,413	-7,24
7. Startmasse und Gesamtmoment	***1.056***		***2.429,95***

Abb. 136: Beispiel für einen ausgefüllten Ladeplan.

lung des sich durch die Beladung der Vordersitze ergebenden Moments wird zuerst auf der vertikalen Diagrammachse die Masse von 150 kg eingetragen und von dort aus eine waagerechte Gerade zur Linie mit der Bezeichnung „Pilot + vorderer Fluggast" gezogen. Von dem sich hieraus ergebenden Schnittpunkt wird nun ein zweite Gerade senkrecht auf die waagerechte Diagrammachse (Moment) gezeichnet und am Schnittpunkt mit der Achse der Wert des entsprechenden Moments abgelesen (hier 306 kgm). In gleicher Weise werden die anderen Momente bestimmt.

Die Momente lassen sich sehr viel einfacher und genauer bestimmen, wenn, wie in unserem Beispiel, der Ladeplan die Werte für die einzelnen Hebelarme enthält. In diesem Fall muß jeweils der Massenwert mit dem Hebelarm multipliziert werden, um die einzelnen Momente zu erhalten. Allerdings haben nicht alle Flughandbücher Angaben über die einzelnen Hebelarme.

Sind die einzelnen Momente eingetragen, werden sie addiert und ergeben das Gesamtmoment, im Beispiel 2.429,95 kgm.

Leider sind die in den Flughandbüchern verwendeten Einheiten für die Angabe der Momente unterschiedlich. In älteren Flughandbüchern wird meist mit kpm (Kilopond-Meter), in neueren mit kgm (Kilogramm-Meter) gerechnet.

Nach dem Internationalen Einheitensystem ist die korrekte physikalische Einheit für ein Moment Nm (Newton-Meter).

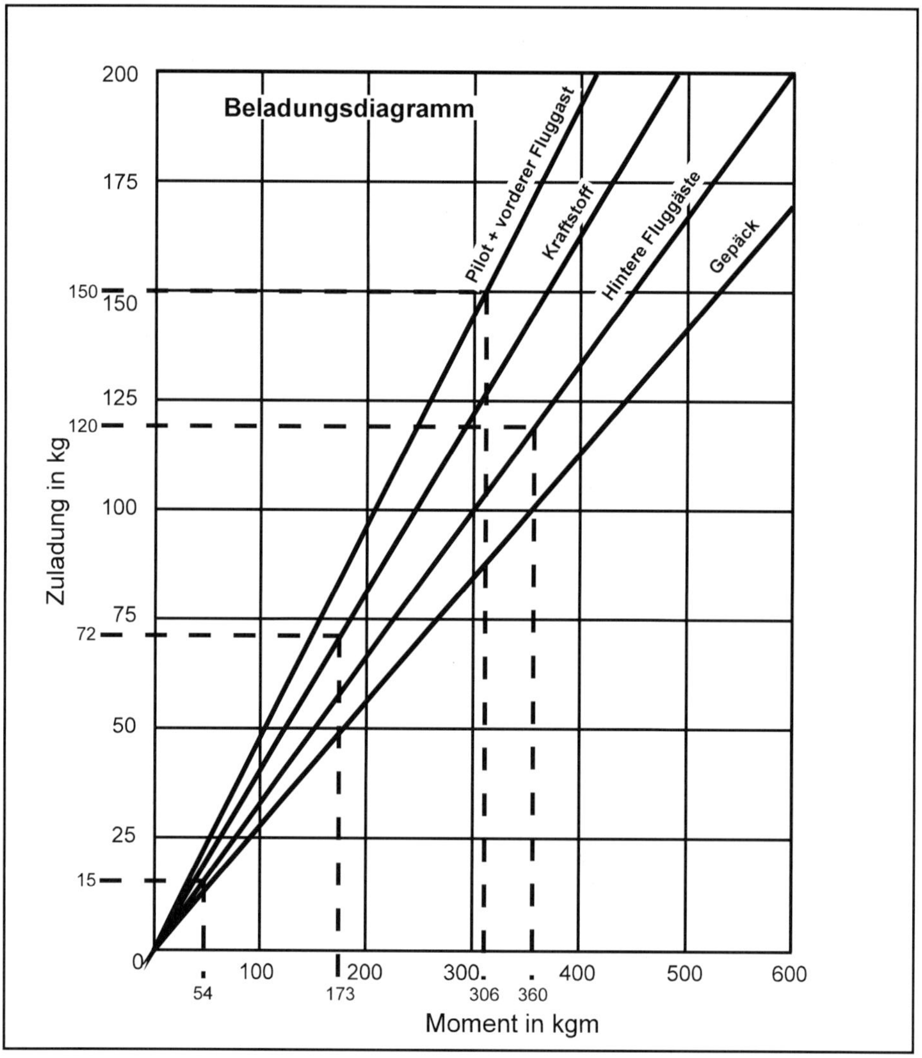

Abb. 137: Beladungsdiagramm.

3. Schritt: Bestimmung der Schwerpunktlage

Die Lage des Schwerpunktes läßt sich mathematisch oder mit Hilfe des Diagramms für den zulässigen Schwerpunktbereich bestimmen. Mathematisch errechnet sich die Schwerpunktlage aus der Division von Gesamtmoment mit Startmasse wie folgt:

Schwerpunktlage
= Gesamtmoment/Startmasse
= 2.429,95 kgm/1.056 kg
= 2,301 m

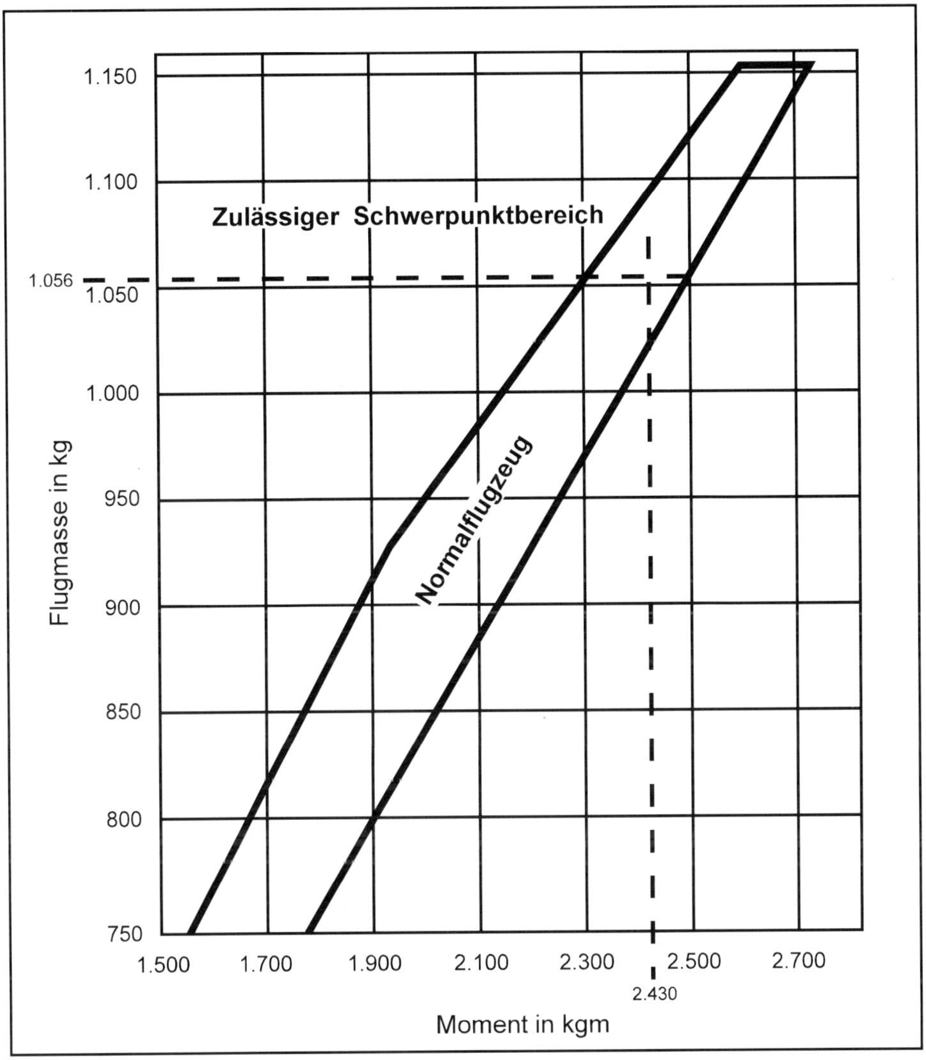

Abb. 138: Diagramm zur Überprüfung des zulässigen Schwerpunktbereichs.

Der Schwerpunkt liegt also in unserem Beispiel 230 cm von der festgelegten Bezugsebene entfernt und damit im zulässigen Schwerpunktbereich.

Zum gleichen Ergebnis kommt man, wenn man die Werte für Startmasse (1.056 kg) und Gesamtmoment (2.429,95 kgm) in das Diagramm für den zulässigen Schwerpunktbereich einträgt, wie es die Abb. 138 veranschaulicht.

Das hier dargestellte Beispiel zeigt, daß die Bestimmung von Masse und Schwerpunkt einfach und schnell ist. Grundsätzlich hat jeder Pilot vor einem Flug sicherzustellen, daß sich Masse und Schwerpunkt im zulässigen Bereich befinden. Dies bedeutet nicht unbedingt, daß vor jedem Flug eine detaillierte Berechnung durchzuführen ist. Jeder Pilot sollte sich ausführlich mit dem entsprechenden Abschnitt im Flughandbuch befassen, einige Beispiele durchrechnen und sich die wesentlichen Werte wie höchstzulässige Startmasse und maximale Zuladung merken.

Ist die geplante Zuladung relativ schwer oder ist die Startmasse durch andere Einflüsse begrenzt (z.B. kurze Start- und Landebahn, große Dichtehöhe, große Reiseflughöhe), so muß ohne Frage eine ausführliche Massen- und Schwerpunktberechnung durchgeführt werden. Unter Umständen verlangt die Berechnung eine Reduzierung der Zuladung (z.B. weniger Kraftstoff, weniger Gepäck). Im ungünstigsten Fall kann der Flug nicht durchgeführt werden.

Vielleicht ergibt die Schwerpunktbestimmung, daß unterschiedlich schweren Passagieren bestimmte Plätze zugewiesen werden müssen. Man sollte sich nicht scheuen, im Zweifelsfall die Insassen und das Gepäck einzeln zu wiegen. Einige Flugplätze verfügen zu diesem Zweck über entsprechende Waagen.

Besondere Sorgfalt ist geboten, wenn man ein anderes Flugzeug zum ersten Mal fliegt. Auch wenn es sich hierbei u.U. um das gleiche gewohnte Muster handelt, so kann es doch sein, daß sich die Leermasse und die Zuladung durch Zusatzausrüstung (z.B. weitere Cockpitinstrumente, Langstreckentanks) erheblich von dem bislang geflogenen Muster unterscheiden.

Zusammenfassung

Hinweise zur Massen- und Schwerpunktberechnung:

- Letzten Wägebericht beachten.
- Detaillierte Berechnung vor allem bei großer Zuladung, großer Dichtehöhe, kurzer Start- und Landebahn, Alpenüberquerung.
- Berechnung nur nach den im Flughandbuch angegebenen Tabellen und Diagrammen durchführen.
- Höchstzulässige Startmasse und festgelegter Schwerpunktbereich dürfen nie überschritten werden.

Kontroll- und Übungsaufgaben

1. Welche Angaben enthält das Flughandbuch zur Berechnung von Masse und Schwerpunkt?

2. Müssen Sie als Pilot vor jedem Start eine Massen- und Schwerpunktberechnung durchführen?

3. In welcher Weise verändern sich die Flugeigenschaften, wenn der Schwerpunkt des Flugzeuges außerhalb des zulässigen Bereichs liegt?

4. Darf die für ein Flugzeug festgelegte höchstzulässige Startmasse im Einzelfall überschritten werden?

5. Für ein Flugzeug ist die Beladung des Gepäckbereichs gemäß Flughandbuch mit maximal 40 kg festgelegt. Darf der Gepäckbereich mit einer größeren Masse als 40 kg beladen werden, wenn dadurch die höchstzulässige Startmasse und die Grenzen des festgelegten Schwerpunktbereichs nicht überschritten werden?

Kapitel 8
Anhang

Lösungen

Kapitel 2

1. Aerodynamik ist ursprünglich die Lehre von der Bewegung gasförmiger Stoffe, insbesondere der Luft. Sie ist ein Teilgebiet der Strömungslehre. Heutzutage faßt man unter dem Begriff Aerodynamik auch alle mit der Bewegung eines Luftfahrzeuges verbundenen strömungstechnischen Probleme zusammen.

2. Eine Strömung, bei der die einzelnen Luftteilchen parallel zueinander fließen, nennt man laminar. Bewegen sich die Luftteilchen quer zur Strömungsrichtung und bilden Wirbel, so ist die Strömung turbulent.

3. Unter Auftrieb versteht man eine Kraft am Tragflügel, die senkrecht nach oben zur Anströmrichtung bzw. Flugbahn wirkt. Sie entsteht aus einer Druckdifferenz zwischen Tragflügelober- und -unterseite, die eine Differenz der Strömungsgeschwindigkeiten um den Tragflügel zur Ursache hat.

4. Die Größe des Auftriebs hängt im wesentlichen ab von

- Tragflügelfläche
- Profilform
- Fluggeschwindigkeit (bzw. Anströmgeschwindigkeit)
- Anstellwinkel
- Luftdichte

5. Der Auftriebsbeiwert c_A ist der für ein Profil bzw. für einen Tragflügel charakteristische Wert in bezug auf den Auftrieb. Er ist ein Maß für die aerodynamische Güte und beschreibt die „Auftriebskapazität“. Je größer der (dimensionslose) Wert, desto größer ist der Gewinn an Auftrieb. Seine Größe hängt ab von der Profil- bzw. Tragflügelform und dem Anstellwinkel.

6. Der kritische Anstellwinkel ist der größtmögliche Anstellwinkel (größter Auftriebsbeiwert), bei dem das Flugzeug noch (gerade) flugfähig ist. Er markiert den Beginn des überzogenen Flugzustandes.

7. Der kritische Anstellwinkel liegt bei vielen einmotorigen Flugzeugen im Bereich von etwa 18° bis 20°.

8. Unter einem Profil versteht man die Querschnittsform eines Tragflügels (oder auch Querschnittsform von Höhenflosse, Seitenflosse, Landeklappe usw.).

9. In der Tat erzeugt auch eine schräg gegen die Strömung angestellte ebene Platte Auftrieb, allerdings ist der Auftriebsbeiwert sehr gering und der Widerstand sehr groß. Profile sind deshalb so geformt, daß sie viel Auftrieb mit einem Minimum an Widerstand erzeugen und die Strömung in einem großen Anstellwinkelbereich anliegend bleibt.

10. Druckpunkt: Punkt an einem Profil, an dem die Luftkraftresultierende aus Auftrieb und Widerstand angreift.
Staupunkt: Punkt an der Vorderkante eines Profils, an dem die Strömung auf Null abgebremst wird.
Umschlagpunkt: Punkt, an dem eine laminare Strömung in eine turbulente Strömung umschlägt.
Ablösepunkt: Punkt an einem Profil, an dem sich die Strömung mit Beginn des überzogenen Flugzustandes vom Profil ablöst.

11. Ein stromlinienförmiger Körper ist so gestaltet, daß sich die einzelnen Stromlinien einer Strömung der Körperform anpassen bzw. ihr folgen und es dadurch kaum zu Verwirbelungen der Strömung kommt.

12. Die Überziehgeschwindigkeit (engl. Stalling Speed) V_S ist die Geschwindigkeit, bei der das Flugzeug in den überzogenen Flugzustand (engl. Stall) gerät. Sie markiert den Beginn des überzogenen Flugzustandes. Unterhalb von V_S bricht der Auftrieb zusammen und das Flugzeug ist nicht mehr flugfähig. Die Überziehgeschwindigkeit ist damit gleichzeitig die geringst mögliche Fluggeschwindigkeit: $V_S = V_{min}$.

13. Nein, diese Aussage ist nicht richtig. Die Strömungsablösung beginnt an der Tragflügelhinterkante und setzt sich bei weiterer Anstellwinkelvergrößerung entgegen der Strömungsrichtung in Richtung zur Tragflügelvorderkante fort.

14. Die Strömung reißt aufgrund des größeren Tragflügel-Einstellwinkels zuerst an der Flügelwurzel bzw. im rumpfnahen Bereich ab.

15. Mit ausgefahrenen Landeklappen ist die Überziehgeschwindigkeit kleiner als mit eingefahrenen.

16. Die Überziehgeschwindigkeit liegt für viele einmotorigen Flugzeuge im Bereich um 50 kt.

17. Ein Tragflügel sollte so beschaffen sein, daß er möglichst viel Auftrieb mit möglichst wenig Widerstand erzeugt.

18. Für die Erzeugung von Auftrieb an den Tragflächen ist nicht entscheidend, mit welcher Geschwindigkeit sich das Flugzeug gegenüber der Erde, sondern mit welcher Geschwindigkeit sich die Luft gegenüber der Tragfläche bewegt.

Beim Start gegen den Wind erreicht das Flugzeug aufgrund der zusätzlichen Anströmung bereits bei einer geringeren Rollgeschwindigkeit den für den Start erforderlichen Auftrieb. Achtung: Der Wind hat hierbei keinen Einfluß auf die Fahrtmesseranzeige, da der Fahrtmesser die Geschwindigkeit gegenüber der umgebenden Luft anzeigt. Weht z.B. ein Gegenwind von 10 kt und ist die Abhebegeschwindigkeit mit 60 kt festgelegt, so wird das Flugzeug bei einer Fahrtmesseranzeige von 60 kt abheben können. Die Rollgeschwindigkeit beträgt zu diesem Zeitpunkt 50 kt.

Der gleiche Effekt ergibt sich bei der Landung gegen den Wind. Durch den Gegenwind ist die Geschwindigkeit in bezug zum Erdboden geringer als die am Fahrtmesser angezeigte Relativgeschwindigkeit gegenüber der Luft. Das Flugzeug setzt also mit einer geringeren Geschwindigkeit auf. Geringere Start- und Landegeschwindigkeit erhöht die Sicherheit (geringeres Unfallrisiko) und verkürzt die Start- und Landestrecke.

19. Einstellwinkel: Winkel zwischen Profilsehne und Flugzeug-Längsachse. Der Einstellwinkel ist konstruktiv festgelegt und kann nicht verändert werden.

Anstellwinkel: Winkel zwischen Profilsehe und Anströmrichtung (Flugbahn). Der Anstellwinkel hängt ab von der Anströmung und kann mit Hilfe des Höhenruders verändert werden.

20. Durch die Tragflügelschränkung erreicht man

- eine günstigere Auftriebsverteilung über die Länge des Tragflügels
- ein günstigeres Überziehverhalten
- eine Reduzierung des induzierten Widerstands

21. Der induzierte Widerstand ist am größten im Langsamflug bei großem Anstellwinkel und ausgefahrenen Landeklappen, am geringsten im Schnellflug (kleiner Anstellwinkel).

22. Nein. Zu jedem Flugzeug gehört eine Gruppe von Widerstandsbeiwerten, da sich der Widerstandsbeiwert mit dem Anstellwinkel verändert.

23. Waschen und Oberflächenpflege eines Flugzeuges dienen nicht nur der Schönheit, sondern helfen, die Oberflächengüte zu erhalten und damit den Reibungswiderstand zu verringern. Starke Verschmutzung der Tragfläche kann darüber hinaus die Strömung ungünstig beeinflussen und die Überziehgeschwindigkeit erhöhen.

24. Eis an den Tragflächen, insbesondere an der Profiloberseite, stört die Strömung. Es kommt zu Wirbelbildung und damit u.U. zu einem frühzeitigen Ablösen der Strömung, d.h., die Überziehgeschwindigkeit wird erhöht. Darüber hinaus nimmt der Widerstand zu.

25. Landeklappen dienen der
- Reduzierung der Geschwindigkeit im Anflug und bei der Landung
- Verkürzung der Landestrecke
- Verkürzung der Startrollstrecke

26. Landeklappen
- erhöhen den Auftriebsbeiwert c_A (und bei Fowler-Klappen zusätzlich die Auftriebsfläche)
- verringern die Überzieh- und damit die Mindestfluggeschwindigkeit
- erhöhen den Widerstandsbeiwert c_W (bremsende Wirkung)

27. Voll ausgefahrene Landeklappen erzeugen einen so großen Widerstand, daß sich die Startstrecke u.U. extrem verlängert. Die im Flughandbuch angegebene Stellung der Landeklappen für den Start ist so bemessen, daß die Klappen den Auftrieb erhöhen, ohne dabei wesentlich den Widerstand zu steigern.

28. Durch das Einfahren der Landeklappen wird zum einen der Auftrieb verringert, zum anderen die Überziehgeschwindigkeit erhöht. Das Flugzeug sackt durch und gerät bei geringer Geschwindigkeit u.U. in den überzogenen Flugzustand.

29. Landeklappen dienen vor allem dazu, den Auftriebsbeiwert zu erhöhen und dadurch die Mindestfluggeschwindigkeit zu reduzieren. Störklappen erhöhen den Widerstand und helfen die Geschwindigkeit zu reduzieren. Die Mindestfluggeschwindigkeit wird dadurch nicht verringert.

30. Eine Polardiagramm stellt den Zusammenhang von Auftriebsbeiwert und Widerstandsbeiwert in Abhängigkeit vom Anstellwinkel für ein Profil, eine Tragfläche oder für das gesamte Flugzeug dar.

Kapitel 3

1. Nein, diese Aussage ist falsch. Im unbeschleunigten Horizontalflug ist der Vortrieb genauso groß wie der Widerstand. Wird der Vortrieb erhöht (Erhöhung der Triebwerksleistung), dann wird das Flugzeug solange beschleunigt, bis der nun auch anwachsende Widerstand wieder im Gleichgewicht mit dem Vortrieb steht. Wird der Vortrieb verringert, dann wird die Geschwindigkeit solange abnehmen, bis Vortriebs- und Widerstandskraft im Gleichgewicht sind.

2. Da der Abstand vom Flugzeug-Schwerpunkt zum Höhenleitwerk um ein Vielfaches größer als der Abstand zur Tragfläche ist, kann der am Höhenleitwerk erzeugte Abtrieb sehr viel kleiner als der an der Tragfläche erzeugte Auftrieb sein. Abtrieb: Kleine Kraft und großer Hebelarm. Auftrieb: Große Kraft und kleiner Hebelarm.

3. Das Höhenruder ist ohne Zweifel das wichtigste Ruder, nicht nur für die Einhaltung der Flughöhe, sondern insbesondere zur Steuerung des Anfluges und der Landung.

4. Querruder sind aus zwei Gründen am Ende und nicht an der Wurzel der Tragflächen angebracht:

- Der Abstand zwischen Flugzeug-Längsachse und Querruder ist groß (großer Hebelarm), dadurch verringert sich die erforderliche Kraft für die Querrudersteuerung.
- Aufgrund der Tragflügelschränkung reißt die Strömung beim Überziehen zuerst im Bereich der Tragflügelwurzeln ab. Die Querruder sind dann noch (eingeschränkt) nutzbar.

5. Linkskurve
a) linkes Querruder nach oben, rechtes Querruder nach unten,
b) das linke (nach oben) Querruder hat den größeren Ausschlag.

6. Die Fußpedale dienen während des Fluges zur Seitenrudersteuerung. Am Boden werden sie zur Steuerung des Bugrads und für die Radbremsen eingesetzt.

7. Die Trimmung entlastet den Piloten von „Steuerarbeit" und ermöglicht das Einhalten einer stabilen Fluglage. Ein gut ausgetrimmtes Flugzeug ist Voraussetzung für einen ruhigen Flug.

8. Durch die kopflastig eingestellte Trimmung „klebt" das Flugzeug am Boden und Sie werden einige Kraft am Steuerhorn aufwenden müssen, um das Flugzeug von der Bahn abzuheben. Die Startstrecke wird sich dadurch verlängern. Auch nach dem Start werden Sie alle Mühe haben, daß Flugzeug im Steigflug zu halten.

9. Der Pilot hat durch die Beladung des Flugzeuges unmittelbaren Einfluß auf die Längsstabilität. Wird das Flugzeug im Rahmen der im Flughandbuch angegebenen Grenzen beladen, so wird sich die Längsstabilität allerdings kaum verändern. Dagegen kann falsche Beladung die Längsstabilität wesentlich verschlechtern und zu erheblichen Problemen bei der Einhaltung der richtigen Fluglage führen.

10. Unter „Kopflastigkeit" versteht man die Tendenz des Flugzeuges nach vorne zu kippen, unter „Hecklastigkeit" („Schwanzlastigkeit") die Tendenz, nach hinten zu kippen.

11. Im Gleitflug wird die fehlende Vortriebskraft vom Triebwerk durch eine schräg nach unten weisende Komponente

der Schwerkraft ersetzt. Das Gewicht „zieht“ das Flugzeug mit einer bestimmten Geschwindigkeit schräg nach unten. Dadurch werden die Tragflächen weiterhin angeströmt und erzeugen Auftrieb. Allerdings ist in diesem Fall der Auftrieb kleiner als das Gewicht und das Flugzeug sinkt.

12. Die Geschwindigkeit für bestes Gleiten finden Sie im Flughandbuch Kapitel „Notverfahren“.

13. Die Gleitzahl eines Airbus A 320 beträgt etwa 1:20, d.h. aus 1 km Höhe kann ein Airbus bei Triebwerksausfall noch etwa 20 km weit gleiten. Damit hat der Airbus eine weitaus bessere Gleitzahl als viele der gängigen einmotorigen Flugzeuge.

14. Die Geschwindigkeit für bestes Gleiten sei 70 kt. Nehmen wir an, der Motor fällt bei einer Reisefluggeschwindigkeit von 110 kt aus. Das Flugzeug wird sofort kopflastig und beginnt zu sinken. Sie ziehen nun leicht am Steuerhorn und halten die Flughöhe. Die Geschwindigkeit wird sich dadurch rasch reduzieren. Liegt am Fahrtmesser die Gleitgeschwindigkeit von 70 kt an, beginnen Sie durch leichtes Drücken am Steuerhorn den Sinkflug und halten dabei weiterhin 70 kt ein.

15. Selbstverständlich stellen Sie das Triebwerk auf Leerlauf, um die größtmögliche Sinkrate zu erreichen, denn dazu dient doch der Seitengleitflug.

16. Ausgefahrene Landeklappen erhöhen zwar den Auftriebsbeiwert, gleichzeitig aber auch den Widerstandsbeiwert. Insgesamt wird das Verhältnis zwischen Auftriebsbeiwert und Widerstandsbeiwert schlechter als bei eingefahrenen Klappen. Dies führt zu einer Verschlechterung der Gleiteigenschaften und damit zu einer Verkürzung der Gleitstrecke.

17. Nein, diese Aussage ist falsch. Die für ein Flugzeug ermittelte Gleitzahl bleibt mit größer werdender Flugzeugmasse gleich. Mit Veränderung der Flugzeugmasse verändert sich zwar die Gleitgeschwindigkeit, nicht jedoch die Gleitzahl.

18. Die Tatsache, daß im Kurvenflug die Überziehgeschwindigkeit zunimmt, muß im Langsamflug (z.B. in der Platzrunde, kurz nach dem Abheben) besonders beachtet werden.

19. Unter einer sauber (koordiniert) geflogenen Kurve versteht man eine Kurve, bei der Querneigung, Drehgeschwindigkeit und Fluggeschwindigkeit so aufeinander abgestimmt sind, daß die am Flugzeug wirkenden Kräfte im Gleichgewicht sind. Zentrifugalkraft und horizontal wirkende Auftriebskomponente liegen in einer (Wirkungs-) Linie und gleichen sich gegenseitig aus. Das Flugzeug beschreibt bei einer sauber geflogenen Kurve exakt einen Kreisbogen (Windstille vorausgesetzt).

20. TAS : 10 + 7 = 80 : 10 + 7 = 15
Die Kurve muß mit einer Querneigung von etwa 15° geflogen werden.

21. Im Langsamflug befindet sich ein Flugzeug nahe am kritischen Anstellwinkel und die Strömung hat Mühe, dem Tragflächenprofil zu folgen. Wird nun ein Querruder nach unten ausgeschlagen, so wird die Profilkrümmung weiter verstärkt und die Strömung löst sich u.U. im Bereich des Querruders ab. Die Gefahr besteht, daß das Flugzeug über eine Tragfläche abkippt und im schlimmsten Fall ins Trudeln gerät. Deshalb: Im Langsamflug Kurven, wenn erforderlich, nur mit geringer Querneigung, d.h. mit geringem Querruderausschlag durchführen.

22. Fluggeschwindigkeit und Anstellwinkel hängen nach der Auftriebsformel unmittelbar zusammen. Die Größe des Auftriebs ergibt sich danach u.a. aus Geschwindigkeit und Auftriebsbeiwert, wobei sich der Auftriebsbeiwert mit dem Anstellwinkel verändert.

Durch das Flugzeuggewicht ist die Größe des erforderlichen Auftriebs festgelegt. Wird die Geschwindigkeit erhöht, dann muß bei gegebener Auftriebsgröße der Anstellwinkel (und damit der Auftriebsbeiwert) kleiner werden, wird die Geschwindigkeit reduziert, muß der Anstellwinkel (und damit der Auftriebsbeiwert) entsprechend vergrößert werden.

Hierzu ein Beispiel: Sie fliegen mit einem Flugzeug in 4.000 ft mit 110 kt und möchten in dieser Höhe die Geschwindigkeit auf 80 kt reduzieren. Dazu müssen Sie die Triebwerksleistung reduzieren. Das Flugzeug beginnt zu sinken, da mit abnehmender Geschwindigkeit weniger Auftrieb erzeugt wird. Um die Höhe zu halten, müssen Sie nun am Steuerhorn ziehen, vergrößern also den Anstellwinkel. Der Auftriebsbeiwert nimmt entsprechend zu und die Tragflächen erzeugen nun weiterhin soviel Auftrieb, daß das Flugzeug mit seinem Gewicht in der Höhe gehalten wird.

Bei der Landung ist dieser Vorgang besonders gut zu beobachten: Über der Landebahn wird der Anstellwinkel soweit vergrößert, daß das Flugzeug kaum noch sinkt. Die Fluggeschwindigkeit verringert sich und das Flugzeug setzt im Idealfall mit der Mindestfluggeschwindigkeit und dem höchstmöglichen Anstellwinkel (kritischer Anstellwinkel) auf.

23. Nein. Hält man die vorgeschriebenen Fluggeschwindigkeiten (immer oberhalb der Überziehgeschwindigkeit) ein und beachtet die in der Kurve erhöhte Überziehgeschwindigkeit, dann besteht keine Gefahr, ins Trudeln zu geraten.

24. Trudeln ist folgendermaßen zu beenden:
- Seitenruder voll gegen die Drehrichtung ausschlagen
- Querruder in Neutralstellung bringen
- Höhensteuer leicht drücken
- Triebwerksleistung auf Leerlauf

Nach Beendigung der Drehung
- Ruder in Neutralstellung bringen
- Flugzeug sanft abfangen (Höhenruder ziehen)
- Triebwerksleistung erhöhen

25. Das Flachtrudeln ist deshalb so gefährlich, weil es sich hierbei um einen sehr stabilen Flugzustand handelt, und es daher kaum möglich ist, diesen zu beenden.

Kapitel 4

1. Trotz vieler Vorteile einer Flüssigkeitskühlung (z.B. bessere Kühlung unabhängig vom Fahrtwind, geschlossene Motorverkleidung und damit bessere aerodynamische Formgebung) hat sich diese bislang bei Flugzeugmotoren kaum durchsetzen können, da auch die Luftkühlung entscheidende Vorteile bietet: Einfachere Konstruktion, geringeres Gewicht und Sicherheit gegen Ausfall.

2. Flugzeugmotoren arbeiten aus Sicherheitsgründen gleichzeitig mit zwei getrennten Zündanlagen. Deshalb müssen die Zylinder mit jeweils zwei Zündkerzen bestückt sein. Beide Zündkerzen pro Zylinder sind jeweils an verschiedene Zündanlagen angeschlossen. Der Ausfall einer Zündkerze oder einer Zündanlage hat also keinen Motorausfall zur Folge.

3. Legierte Öle sind Öle mit besonderen chemischen Zusätzen, um bestimmte Eigenschaften zu erzeugen (z.B. in der Schwebe halten von Schmutzpartikeln, damit diese zum Ölfilter befördert werden können, Vermeidung von Ablagerungen durch Verbrennungsrückstände, Schutz vor Korrosion).

4. Grundsätzlich darf nur das vom Hersteller im Flughandbuch vorgeschriebene Motoröl verwendet werden. Anderes Öl hat vielleicht nicht die für diesen Motor festgelegten Eigenschaften (z.B. andere Viskosität/Zähigkeit), und es garantiert daher keine ausreichende Schmierung unter den Betriebsbedingungen dieses Motors. Unter Umständen verbindet sich das andere Öl nicht mit dem im Motor befindlichen. Außerdem kann es Bestandteile enthalten, die den Ölfilter verstopfen und Dichtungen zersetzen.

5. Nein. Die elektrische Hilfskraftstoffpumpe muß vom Cockpit aus über einen Schalter eingeschaltet werden. Eine Störung bzw. den Ausfall der motorgetriebenen Kraftstoffpumpe erkennt man am nachlassenden Kraftstoffdruck, im ungünstigsten Fall durch Motorausfall.

6. Bei tief liegenden Tragflächen (und damit tief liegenden Tanks) muß der Kraftstoff über eine Pumpe zum Motor befördert werden. Da die Pumpe nur jeweils einen Tank bedienen kann, ist eine Kraftstoffentnahme aus beiden Tanks gleichzeitig nicht möglich.

7. Ist die Zündung eingeschaltet, dann führt u.U. wegen der selbständig arbeitenden Zündanlage bereits eine kleine Drehung des Propellers zum unbeabsichtigten Anspringen des Triebwerks. Aber selbst bei ausgeschalteter Zündung (Zündschlüssel auf „OFF“ oder abgezogen) kann dies passieren, wenn das Kurzschlußkabel (Masseschlußkabel) unterbrochen ist (z.B. gebrochen, abgerissen).

8. Wesentlichen Unterschiede von Flugmotoren gegenüber Automotoren: Luftkühlung, doppeltes Zündsystem, vom Bordnetz unabhängige Zündanlage, spezieller Kraftstoff, andere Bedienung (z.B. Gemischregler, Vergaservorwärmung).

9. Beim Vergaser-Motor ist im Cockpit ein Hebel für die Bedienung der Vergaservorwärmung vorhanden, beim Einspritzer-Motor gibt es diesen Hebel nicht.

10. Der Hebel für die Gemischregelung steuert den Kraftstoffzufluß. Wird er ganz nach hinten gezogen, dann ist der Kraftstoffzufluß zu den Zylindern unterbrochen und der Motor bleibt stehen. Der Hebel für die Gemischregelung ist also mit Vorsicht zu bedienen und deshalb rot markiert.

11. Nein.

12. Beginnende Vergaservereisung macht sich bemerkbar
a) durch Drehzahlabfall bei einem Triebwerk mit Festpropeller,
b) durch Ladedruckabfall bei einem Triebwerk mit Constant Speed Propeller.

13. Wegen des großen Propeller-Einstellwinkels (große Steigung) ergibt sich beim Start (geringe Vorwärtsgeschwindigkeit) ein großer Propeller-Anstellwinkel. Die Propellerblätter erzeugen einen großen Widerstand, und die Motorleistung reicht nicht aus, die Propeller mit maximaler Drehzahl laufen zu lassen.

14. Wegen der ungünstigen Anströmung beim Steigflug gelangt u. U. nicht genug Luft in den Motorraum. Der Motor wird heiß und dadurch zusätzlichen thermischen Belastungen ausgesetzt.

15. Ja, z.B. Flugzeuge zum Schleppen von Segelflugzeugen. Für diese ist entscheidend, daß der Propeller in der Start- und Steigphase den besten Wirkungsgrad erzielt und der Motor damit die größte Leistung abgibt.

16. Ein Verstellpropeller (Constant Speed Propeller) hat gegenüber einem Festpropeller den entscheidenden Vorteil, daß er in einem großen Fluggeschwindigkeitsbereich einen guten Wirkungsgrad erzielt, sich also günstig den wechselnden Geschwindigkeiten und Drehzahlen anpaßt.

17. Bei extrem hoher Geschwindigkeit kann es passieren, daß der Propeller nicht mehr von schräg hinten (positiver Anstellwinkel), sondern von schräg vorne (negativer Anstellwinkel) angeblasen wird. Der Propeller wird durch die Anströmung beschleunigt (Windmühleneffekt). Er treibt nun den Motor an, holt Drehzahl auf und kann im schlimmsten Fall zum Überdrehen („Durchgehen“) führen. Unter normalen Betriebsbedingungen kann dies nicht vorkommen.

18. Propellerverstellhebel in vorderer Position:
- Kleine Steigung - große Drehzahl (engl. Low pitch - High RPM)

Propellerverstellhebel in hinterer Position:
- Große Steigung - kleine Drehzahl (engl. High pitch - Low RPM)

19. Ursachen für den Torque-Effekt sind: Drall des Propellerluftstroms, Gegendrehmoment des Propellers, Kreiselwirkung (Präzession), asymmetrischer Schubverteilung am Propeller.

20. Start, Steigflug.

21. Bei einem Verstellpropeller (Constant Speed Propeller) wird die über den Propellerverstellhebel im Cockpit vorgewählte Drehzahl konstant gehalten. Die Drehzahl ist daher kein Maß für die Motorleistung, sondern der über den Gashebel eingestellte Ladedruck.

22. Wesentliche Faktoren für den Wirkungsgrad eines Propellers sind:
- Einstellwinkel (Steigung),
- Propellerkreisfläche (begrenzt durch die Blattlänge bzw. durch die Fahrwerkshöhe),
- Anzahl der Propellerblätter (begrenzt u.a. durch Gewicht),
- Drehzahl (begrenzt u.a. durch die Blattspitzengeschwindigkeit).

23. Nein. Ein Drehzahlabfall beim Magnetcheck kann nur auf einen Defekt in der Zündanlage hinweisen.

24. Vor der Landung wird der Verstellpropeller auf kleinste Steigung gestellt, damit beim eventuellen Durchstarten die volle Triebwerksleistung zur Verfügung steht (höchste Drehzahl durch kleinen Propeller-Einstellwinkel).

25. Die Ansaugluft, welche die Vorwärmungsanlage passiert, hat eine höhere Temperatur und damit eine geringere Dichte als die normale Ansaugluft. Bei gleichem Ansaugvolumen steht also dem Motor eine geringere Luftmasse zur Leistungserzeugung zur Verfügung. Beim Betätigen der Vergaservorwärmung wird daher die Drehzahl bzw. der Ladedruck etwas abfallen.

Kapitel 5

1. Die barometrische Höhenstufe beträgt in geringen Höhen im Mittel 30 ft. Eine Höhendifferenz von 4.000 ft entspricht danach einer Druckabnahme von ca. 4.000 : 30 = 133 hPa. Bei einem Druck von 1.000 hPa in MSL herrscht also in 4.000 ft MSL ein Luftdruck von etwa 867 hPa.

2. Die Aussage a) ist richtig.

3. Der Höhenmesser zeigt eine größere Höhe an. Merke: Wird an der Druckkorrekturskala ein höherer Druck eingestellt, so zeigt der Höhenmesser eine größere Höhe an. Wird an der Druckkorrekturskala ein geringerer Druck eingestellt, so zeigt der Höhenmesser eine geringere Höhe an.

4. Bei der Landung auf dem Flugplatz B würde der Höhenmesser eine Höhe von etwa 1.210 ft anzeigen. Die Anzeige wäre also um etwa 210 ft zu hoch, da der am Höhenmesser eingestellte QNH-Wert um 7 hPa vom aktuellen QNH-Wert in B abweicht.

5. Ja, diese Höhenmessereinstellung ist erlaubt. In der Vorschrift für die in Deutschland geltende Höhenmessereinstellung ist bewußt der Bereich um den Startflugplatz ausgenommen. Erst wenn der Flug über die Umgebung des Startflugplatzes hinausgeht, ist der Höhenmesser auf den QNH-Wert des zur Flugstrecke nächstgelegenen Flugplatzes mit Flugverkehrskontrollstelle einzustellen.

6. a) QNH-Einstellung: Der Höhenmesser zeigt die Flugplatzhöhe von 1.120 ft an.
b) QFE-Einstellung (Druck in Platzhöhe): Der Höhenmesser zeigt die Höhe 0 ft an.
c) QNE-Einstellung (1.013 hPa): Der Höhenmesser zeigt die Höhe 760 ft an (360 ft weniger als die Platzhöhe, da in diesem Fall der Höhenmesser von 1.025 hPa auf 1.013 hPa verstellt wird.)

7. Der Höhenmesser wird am nächsten Morgen etwa 90 ft weniger anzeigen, da die Bezugsdruckfläche von 1.000 hPa über Nacht um etwa 90 ft gestiegen ist.

8. Der Höhenmesser zeigt bei der Umstellung unmittelbar in 5.000 ft MSL eine (Druck-)Höhe von etwa 4.730 ft an, da der neu eingestellte Druckwert (1.013 hPa) um 9 hPa (= ca. 270 ft) kleiner als der vorher eingestellte QNH-Wert (1.022 hPa) ist.

9. Die wahre Höhe ist die tatsächliche Höhe über MSL. Sie entspricht in etwa der um die Temperaturabweichung korrigierten QNH-Höhe.

10. In Flugfläche 150 würde nach den Werten der Standardatmosphäre eine Temperatur von -15° C herrschen, d.h., die tatsächliche Temperatur weicht um 10° C (kälter) vom Standard ab. 10°C Abweichung entspricht einer falschen Höhenanzeige um 600 ft (4% von 15.000 ft). Diese 600 ft werden von der QNH-Höhe abgezogen: Es ergibt sich eine wahre Höhe von ca. 13.400 ft MSL. Der Abstand zur Bergspitze (absolute Höhe) beträgt also bei Überflug in Flugfläche 150 nur 1.400 ft.

11. Beim Berechnen der TAS sind Instrumenten- (CAS) und Luftdichtefehler (Druck, Temperatur) zu berücksichtigen.

12. Der Fahrtmesser ist auf die Werte der Standardatmosphäre in MSL geeicht. Der mit der Höhe abnehmende Luftdruck führt dazu, daß die Druckdifferenz zwischen Gesamtdruck und statischem Druck (= Staudruck) abnimmt. Die Folge ist eine um etwa 2% pro 1.000 ft Höhe geringere angezeigte Geschwindigkeit.

13. Ja, bei sehr geringer Höhe (z.B. Flugplatzhöhe unter MSL) und extrem tiefer Temperatur (große Luftdichte) kann die angezeigte Geschwindigkeit u.U. größer als die wahre Geschwindigkeit sein.

14. Die wahre Geschwindigkeit verändert sich aufgrund der aktuellen Luftdichte. Im Flughandbuch können daher nur die unter Standardbedingungen erflogenen bzw. errechneten Geschwindigkeiten (IAS, CAS) angegeben werden.

15. Da das Flugzeug im Langsamflug mit einem sehr großen Anstellwinkel fliegt, wird das Pitot- bzw. Staurohr u.U. ungünstig (schräg) angeströmt. Daher ist in diesem Geschwindigkeitsbereich der Anzeigefehler meist am größten.

16. Die Abkürzung „KIAS“ bedeutet Indicated Airspeed (angezeigte Eigengeschwindigkeit) in der Geschwindigkeitseinheit Knoten.

17. 200 ft/min entsprechen etwa 1 m/s.

18. Die Bedingung IAS = CAS = TAS gilt, wenn der Fahrtmesser keine Meßungenauigkeiten hat (IAS = CAS) und die Bedingungen der Standardatmosphäre in MSL herrschen, also Luftdruck 1.013 hPa, Temperatur 15° C und Luftdichte 1,225 kg/m^3.

19. Der statische Luftdruck ist der Druck, den die uns umgebende Lufthülle der Erde (Atmosphäre) durch ihr Gewicht auf uns ausübt.

20. Nein. Da ein Staurohr den Gesamtdruck und den statischen Druck abnimmt, benötigt ein mit einem Staurohr ausgerüstetes Flugzeug keine weitere Meßstelle zur Messung des statischen Drucks.

21. Mit einem Staurohr wird der Gesamtdruck und der statische Druck, mit einem Pitotrohr wird nur der Gesamtdruck gemessen.

22. Wird der mit „Alternate Static“ bezeichnete Schalter betätigt, dann wird der statische Druck dem Kabinenraum und nicht der außen am Flugzeug angebrachten Drucköffnung entnommen. Bei Verstopfung der Druckentnahmeöffnung ist es dadurch möglich, die Druckinstrumente weiterhin mit dem statischen Luftdruck zu versorgen.

23. Präzession: Auswandern des Kreisels, Lageänderung der Kreiselachse.
Wirkliche Präzession: Entsteht, wenn eine Kraft die Kreiselachse kippt oder dreht.
Scheinbare Präzession: Entsteht durch die Erdrotation und den Transport des Kreisels von einem Ort zu einem anderen. Die Kreiselachse behält die Lage im (Welt-)Raum bei, verändert sie aber in bezug zur Erde.

24. Künstlicher Horizont und Kurskreisel: Scheinbare Präzession aufgrund der vollkardanischen Kreiselaufhängung, in geringem Umfang auch wirkliche Präzession.
Wendezeiger: Wirkliche Präzession durch die halbkardanische Kreiselaufhängung (mit zusätzlicher Fesselung durch die Rückholfeder).

25. Die im künstlichen Horizont und im Kurskreisel verwendeten Kreisel sind über mehrere Rahmen vollkardanisch aufgehängt, so daß eine äußere Kraft keinen Einfluß auf die Lage der Kreiselachse ausüben kann (sogenannte kräftefreie Aufhängung). Obwohl die Kreisel weitestgehend reibungsfrei gelagert sind, bleibt in den Lagern eine Restreibung bestehen, die eine Kraft auf die Achse ausübt und dazu führt, daß auch ein vollkardanisch

gelagerter Kreisel langsam wirklich präzediert. Darüber hinaus werden durch Beschleunigung bzw. Verzögerung und Zentrifugalkräfte in der Kurve zusätzliche Kräfte auf den Kreisel wirksam, die eine geringe wirkliche Präzession verursachen.

26. Die Schwerkraftfesselung im künstlichen Horizont hat die Aufgabe, die Kreiselachse immer senkrecht zur Erdoberfläche (in Richtung zur Schwerkraft) zu halten. Die Kreiselebene liegt dadurch immer waagerecht (horizontal) zur Erdoberfläche.

27. Ja und Nein. Ältere Geräte („Turn and Bank Indicator") zeigen nur die Drehgeschwindigkeit an, neuere Geräte („Turn Coordinator") dagegen die Drehgeschwindigkeit (Bewegung um die Hochachse) und das Rollen (Bewegung um die Längsachse) des Flugzeuges. Für beide Geräte wird im deutschen der Begriff Wendezeiger verwendet.

28. Turn and Bank Indicator: Das Schaubild hat als Anzeige einen Zeiger, genannt „Pinsel".
Turn Coordinator: Das Schaubild hat als Anzeige ein Flugzeugsymbol.

29. Nein. Kreiselsystem und Kugellibelle arbeiten vollkommen unabhängig voneinander.

30. Die Anzeige gibt an, daß das Flugzeug in der Kurve nach außen schiebt (Schiebekurve). Kurven-Querneigung und Drehgeschwindigkeit passen nicht zusammen. Um das Flugzeug in eine koordinierte Kurve zu bringen, muß entweder die Kurven-Querneigung erhöht (etwas mehr Querruder rechts geben) oder die Drehgeschwindigkeit verringert werden (etwas Seitenruder links geben), bis die Kugel in der Libelle in der Mitte zu liegen kommt.

31. Nein. Ein Kurskreisel ist kein Kompaß, da er keine nordsuchende Richtkraft wie ein Magnetkompaß besitzt und daher selbst nicht die Richtung nach (mißweisend) Nord bestimmen kann. Erst durch die Einstellung nach dem Magnetkompaß wird der Kurskreisel zu einem richtungsanzeigenden (nicht richtungsweisenden) Instrument.

32. Die Vorteile eines Kurkreisels gegenüber einem Magnetkompaß sind:
- ruhige (stabile) Anzeige, auch bei böigem Wetter, und dadurch genauere Kurshaltung möglich
- keine Fehler im Kurvenflug und bei Beschleunigung oder Verzögerung

33. Im allgemeinen wird am Kurskreisel der aktuelle mißweisende Steuerkurs eingestellt. Dieser läßt sich nicht unmittelbar am Magnetkompaß ablesen, da der Kompaß den Kompaßsteuerkurs anzeigt. Um den mißweisenden Steuerkurs zu erhalten, muß der Kompaßsteuerkurs um die Deviation (Kompaßablenkung) korrigiert werden. Wird z.B. am Magnetkompaß ein Kompaßsteuerkurs KSK von 269° abgelesen und beträgt die Deviation gemäß Deviationstabelle 4°W, dann ergibt sich ein am Kurskreisel einzustellender mißweisender Steuerkurs mwSK von 265°.

34. Die in den Kreiselinstrumenten laufenden Kreisel benötigen nach dem Einschalten einige Zeit (bis zu 3 Minuten, abhängig u.a. von der Antriebsart), bis sie auf voller Drehzahl laufen und einwandfrei anzeigen.

35. Im allgemeinen wird der Fahrtmesser als eines der wichtigsten Instrumente im Cockpit angesehen, da die Fluggeschwindigkeit über das Verhalten der Strömung an den Tragflächen (Auftrieb, Überziehen) und damit über die Flugfähigkeit entscheidet. Ohne korrekte Fahrtanzeige bzw. bei

fehlender Fahrtanzeige ist eine sichere Flugdurchführung kaum möglich. Die Anzeigen von künstlichem Horizont, Höhenmesser und Kurskreisel können bei einem Sichtflug durch Sicht nach Außen ersetzt werden, nicht jedoch die Anzeige des Fahrtmessers.

Kapitel 6

1. Vor einem Flug sind zu bestimmen:

- Erforderliche Start- und Landestrecke
- Kraftstoffverbrauch
- Abflugmasse des Flugzeuges und Schwerpunktlage (siehe Kapitel 7)
- Maximal erreichbare Flughöhe (Dienstgipfelhöhe) bei Flug über Gebirge

2. Insgesamt werden mit zunehmender Flugzeugmasse die Flugleistungen schlechter, vor allem:

- Längere Startstrecke
- Geringere Steigrate
- Geringerer Steigwinkel
- Höhere Überziehgeschwindigkeit
- Geringere Dienstgipfelhöhe

3. Die Erhöhung des Lastvielfachen hat zur Folge:

- Erhöhte Beanspruchung des Flugzeuges (und der Flugzeuginsassen)
- Erhöhung der Überziehgeschwindigkeit

4. Ja, diese Behauptung stimmt. Im allgemeinen gerät ein Flugzeug in den überzogenen Flugzustand, indem der Anstellwinkel über den kritischen Anstellwinkel hinaus vergrößert wird. Nimmt allerdings durch erhöhte Belastung (z.B. Kurvenflug, abrupte Höhenruderbewegung) das Lastvielfache zu, erhöht sich auch die Überziehgeschwindigkeit. Bei einem Lastvielfachen von 2 g steigt die Überziehgeschwindigkeit auf das 1,4-fache und bei einem Lastvielfachen von 4 g bereits auf das 2-fache der Überziehgeschwindigkeit im Geradeausflug. Beträgt die Überziehgeschwindigkeit für ein Flugzeug unter normalen Bedingungen z.B. 50 kt, steigt sie bei einer Belastung von 4 g auf 100 kt.

5. Beim Abfangen aus einem Sturzflug steigt das Lastvielfache durch die zusätzlich wirkende Zentrifugalkraft stark an. Das Flugzeug wird hoch belastet und die Überziehgeschwindigkeit nimmt zu. Dabei kann das Flugzeug im schlimmsten Fall überbeansprucht werden (Steigerung des Lastvielfachen über den zulässigen Wert) und darüber hinaus in den überzogenen Flugzustand geraten.

6. Durch Turbulenzen in der Luft wird das anfliegende Flugzeug ggf. stärker belastet und das Lastvielfache und die Überziehgeschwindigkeit steigen an. Außerdem können vertikale Böen zu einer plötzlichen Änderung der Anströmrichtung führen. Der Anstellwinkel nimmt u.U. abrupt zu, und die Gefahr besteht, daß dabei der kritische Anstellwinkel erreicht wird. Damit das im Anflug langsam fliegende Flugzeug nicht in den überzogenen Flugzustand gerät, sollte in turbulenter Luft mit etwas erhöhter Geschwindigkeit angeflogen werden.

7. Mit zunehmender Flugzeugmasse nimmt die Manövergeschwindigkeit V_A zu.

8. Die Temperatur hat einen größeren Einfluß auf die Änderung der Dichtehöhe. Der Temperaturanstieg um 1° C bewirkt eine Vergrößerung der Dichtehöhe um ca. 120 ft, der Druckabfall um 1 hPa eine Vergrößerung um ca. 30 ft.

9. Ja und Nein. Die im Flughandbuch und am Fahrtmesser markierte angezeigte Überziehgeschwindigkeit (V_S als IAS) ist für alle Höhen gleich. Die wahre Überziehgeschwindigkeit (V_S als TAS) nimmt dagegen mit der Höhe zu.

10. In der Kurve wird ein Teil des Auftriebs dazu genutzt, die nun auftretende Zentrifugalkraft auszugleichen. Die senkrecht nach oben gerichtete Komponente des Auftriebs wird geringer. Bei gleichbleibender Geschwindigkeit kann ein höherer Auftrieb nur durch eine Vergrößerung des

Anstellwinkles erzeugt werden. Ein höherer Anstellwinkel bedeutet aber gleichzeitig eine Vergrößerung des Widerstandes und damit eine Verminderung des Schubüberschusses (Vortrieb minus Widerstand). Insgesamt führt dies zu einer Verschlechterung der Steigleistung.

11. Auf die Länge der Startstrecke wirken sich vor allem folgende Faktoren ungünstig aus:

- große Startmasse
- große Flugplatzhöhe
- hohe Lufttemperatur
- hohe Luftfeuchtigkeit
- ungünstige Bodenbeschaffenheit
- Rückenwind (deshalb: Immer gegen den Wind starten!)

12. Startrollstrecke: Erforderliche Strecke auf der Startbahn vom Stand bis zum Abheben des Flugzeuges.
Startstrecke: Erforderliche Strecke vom Stand des Flugzeuges auf der Startbahn bis zum Erreichen einer Höhe von 15 m (50 ft). Nach Möglichkeit sollte die Höhe von 15 m am Ende der verfügbaren Startbahn erreicht sein.

13. Die in den Flughandbüchern genannten Start- und Landestrecken können in der Praxis nur erreicht werden, wenn die dort vorausgesetzten Bedingungen (z.B. Leistungseinstellung, Klappenstellung, Bahn-Oberflächenbeschaffenheit) gelten und die vorgeschriebenen Fluggeschwindigkeiten exakt eingehalten werden.

14. Die Dienstgipfelhöhe (engl. Service Ceiling) ist die Höhe, in der die Steigrate unter 100 ft/min (0,5 m/s) absinkt.

15. Die Dienstgipfelhöhe läßt sich meist direkt aus dem Diagramm bzw. der Tabelle für die Steigraten-Bestimmung ablesen.

Kapitel 7

1. Das Flughandbuch enthält folgende Angaben zur Berechnung von Masse- und Schwerpunkt:
Im Abschnitt „Betriebsgrenzen“:
- Höchstzulässige Massen
- Zulässiger Schwerpunktbereich

Im Abschnitt „Masse und Schwerpunkt“:
- Aktuelle Leermasse und Leermassenmoment
- Ladeplan zur Berechnung der Startmasse und des zugehörigen Gesamtmoments
- Beladungsdiagramm zur Bestimmung der einzelnen Momente
- Diagramm zur Kontrolle des zulässigen Schwerpunktbereichs
- Beispiel zur Massen- und Schwerpunktbestimmmung

2. Nach § 3a Luftverkehrs-Ordnung (Flugvorbereitung) müssen Sie sich davon überzeugen, daß Flugzeug und Ladung in verkehrssicherem Zustand sind und die zulässige Flugzeugmasse nicht überschritten wird. Das heißt nicht zwingend, daß Sie vor jedem Flug eine eingehende Massen- und Schwerpunktberechnung durchführen müssen. Sind Sie mit den Flugzeug-Leistungsdaten eingehend vertraut und haben schon mehrmals für verschiedene Zustände eine Massen- und Schwerpunktberechnung durchgeführt, können Sie ggf. bei gleichen Beladungszuständen auf eine neue Berechnung verzichten. Bei „Abweichungen von der Norm“, z.B. volle Beladung, hohe Lufttemperatur, hochgelegener Flugplatz, kurze Bahn, Alpenüberquerung, neues Flugzeugmuster, ist eine eingehende Flugleistungs- und Massen- und Schwerpunktberechnung erforderlich. Denken Sie daran: Sie sind als verantwortliche Pilot allein zuständig für die Sicherheit. Machen Sie lieber einmal zuviel als zu wenig eine Massen- und Schwerpunktberechnung.

3. Unzulässige vordere Schwerpunktlage:
- Flugzeug ist stark kopflastig und kann nur durch Ziehen am Höhensteuer in der Balance gehalten werden.
- Beim Start ist das Abheben erschwert (dadurch längere Startstrecke).
- Beim Landen ist das Abfangen erschwert (Gefahr einer Bugradlandung).

Unzulässige hintere Schwerpunktlage:
- Flugzeug ist stark hecklastig und kann nur durch Drücken am Höhensteuer in der Balance gehalten werden.
- Beim Start hebt das Flugzeug zu früh ab (Überziehen beim Start).
- Beim Landeanflug (Langsamflug) und bei der Landung besteht die Gefahr, in den überzogenen Flugzustand zu geraten.

4. Nein. Wer bei einem Flug die höchstzulässige Startmasse überschreitet, verstößt gegen § 3a der Luftverkehrs-Ordnung.

5. Nein. Der Gepäckbereich darf nur mit der festgelegten und zugelassenen Masse beladen werden, da er nur für diese Belastung ausgelegt ist.

Flugsicherheitsmitteilungen des Luftfahrt-Bundesamtes:

Lassen Sie sich Ihren Flug nicht verwässern!

Die zuverlässige Funktion eines Flugmotors hängt nicht nur von seinem einwandfreien technischen Zustand ab, sondern auch von der Qualität des verwendeten Kraftstoffs.

Wasser im Kraftstoff vermindert die Qualität und kann unter Umständen störend auf den Motorbetrieb einwirken, im schlimmsten Fall sogar einen Motorstillstand verursachen.

Lassen Sie es darum nicht erst zu einer solchen Situation kommen und bedenken Sie vor Antritt des Fluges, wie Sie Wasser im Kraftstoff begegnen können.

Erscheinungsformen des Wassers im Kraftstoff

Wasser ist grundsätzlich immer im Kraftstoff enthalten, die Erscheinungsform kann jedoch unterschiedlich sein. Gerade diese aber ist es, die letztendlich darüber entscheidet, ob der Motor während der Betriebsphase gestört wird oder nicht.

Wasser kann im Kraftstoff in einer der folgenden drei Erscheinungsformen auftreten:

a) als gelöstes Wasser
b) als Wasser in Schwebe (dispergiert)
c) als freies Wasser (Grobwasser)

Gelöstes Wasser

Kraftstoff hat die Fähigkeit, Wasser zu „lösen“. Bei einer Lösung zerfällt der zu lösende Stoff - in diesem Fall also das Wasser - in seine kleinstmöglichen Bestandteile (Moleküle) und verteilt sich gleichmäßig zwischen den Molekülen des lösenden Stoffes, hier also des Kraftstoffes. Es entsteht somit eine homogene Vermischung, welche überall die gleiche Wasserkonzentration aufweist.

Gelöstes Wasser ist immer im Kraftstoff enthalten, die Menge ist jedoch unterschiedlich und hängt in der Hauptsache von den folgenden Einflußgrößen ab:

a) Raffinerieverfahren
b) Alter des Kraftstoffes
c) Art der Lagerung
d) Transporttechnik
e) Luftfeuchtigkeit
f) Temperatur

Die Temperatur ist dabei die Haupteinflußgröße: Je wärmer der Kraftstoff ist, desto mehr Wasser kann gelöst werden. Den Zusammenhang zeigt das Diagramm auf der folgenden Seite.

Die Kurve stellt eine sog. „Sättigungskurve“ dar. Alle daraufliegenden Punkte entsprechen Kraftstoffzuständen, bei denen jeweils die maximal mögliche Wassermenge gelöst ist.

Gelöstes Wasser ist für den Motorbetrieb nicht schädlich, es verdampft während der Verbrennung im Zylinder.

Wasser in Schwebe

Die Fähigkeit des Kraftstoffes, Wasser zu lösen, nimmt mit sinkender Temperatur ab! Abhängig von der Menge des im Kraftstoff

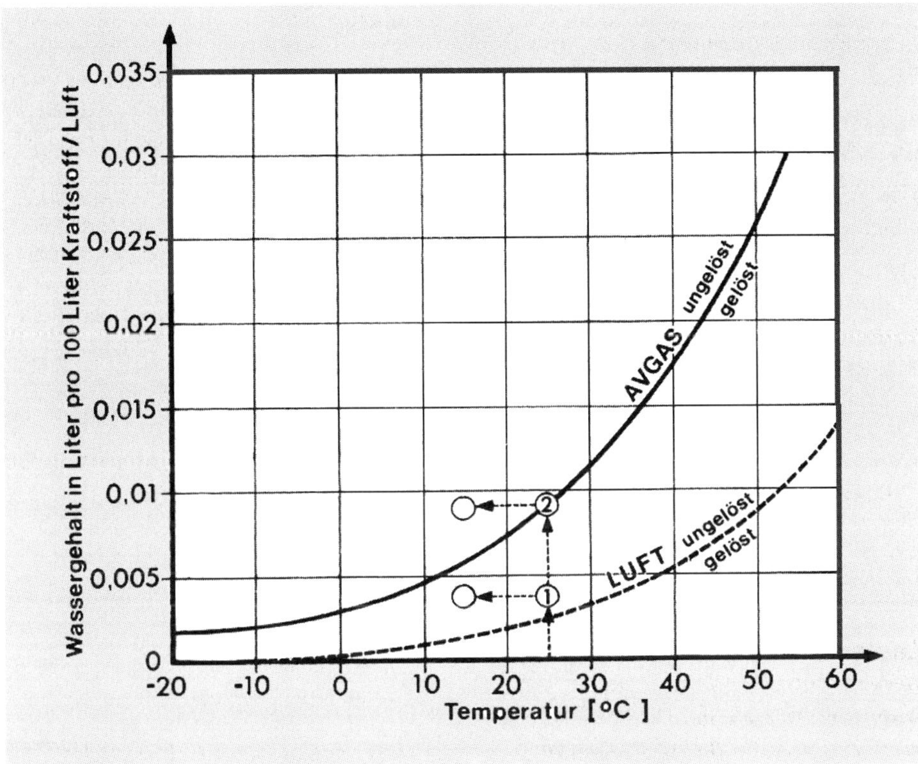

Zusammenhang zwischen Kraftstofftemperatur und gelöstem Wasser.

enthaltenen gelösten Wassers kann nun der Fall eintreten, daß sich das Wasser auszuscheiden beginnt. Dazu zwei Beispiele (siehe Diagramm):

1. Der getankte Kraftstoff ist relativ trokken". Die tatsächliche Menge gelösten Wassers liegt unterhalb der maximal lösbaren (Punkt 1 im Diagramm). Kühlt sich der Kraftstoff um beispielsweise 10°C ab, so hat das in diesem Fall keine Auswirkung, das Wasser bleibt in gelöster Form im Kraftstoff enthalten.

2. Ist der getankte Kraftstoff bereits „wassergesättigt", (Punkt 2 im Diagramm) so bewirkt eine Abkühlung das sofortige Ausscheiden eines Teils des gelösten Wassers. Kraftstoff und Wasser sind nun nicht mehr in Molekülform vermischt, sondern das Wasser ist jetzt zu kleinen Tröpfchen zusammengeballt, die gleichmäßig im Kraftstoff verteilt sind. Der Kraftstoff erscheint trübe!

Auch das in Schwebe befindliche Wasser verursacht noch keine Störungen des Motorbetriebs, solange bei einer Umgebungstemperatur geflogen wird, die oberhalb des Gefrierpunktes liegt. Ist sie aber darunter, so besteht die Gefahr, daß die in Schwebe befindlichen Tröpfchen gefrieren und als Eiskristalle den Kraftstoff durchsetzen.

Im Kraftstoffilter aufgefangen behindern die Eiskristalle den Kraftstofffluß oder bringen ihn sogar ganz zum Erliegen. Ein Motorausfall ist die unausbleibliche Folge!

Freies Wasser

Schließlich kann Wasser auch in Form von freiem Wasser im Kraftstoff auftreten. Aufgrund der größeren Dichte, welche das Wasser gegenüber dem Kraftstoff besitzt, sinkt dieses zu Boden und setzt sich an den tiefsten Stellen der Leitungen und Tanks ab.

Da Kraftstoff über ein sehr gutes Wassertrennungsvermögen verfügt, findet keine Vermischung statt. Die Trennlinie zwischen Kraftstoff und Wasser ist sehr gut erkennbar. Wie gelangt freies Wasser in den Kraftstoff?

Hierfür gibt es in der Hauptsache vier Ursachen:

1. **Durch Abkühlung wassergesättigten Kraftstoffs**
   Kraftstoff, welcher die maximal mögliche Wassermenge gelöst enthält - also wassergesättigt ist - scheidet bei Abkühlung das Wasser sofort aus.
   Diese nun in Schwebe befindlichen kleinen Wassertröpfchen setzen sich nach einer bestimmten Zeit an den tiefsten Stellen der Kraftstofftanks ab.

2. **Durch Kondensierung**
   Neben dem Kraftstoff selbst befindet sich natürlich auch fast immer Luft in den Tanks. Die atmosphärische Luft ist ein Gemisch aus trockener Luft und Wasserdampf. Abhängig von der Temperatur kann der Wasserdampfanteil in der Luft unterschiedlich hoch sein.
   Ein Maß hierfür ist die „relative Feuchte“. Ist die Luft beispielsweise „wassergesättigt“ - die relative Feuchte also 100% - so scheidet sich bei Abkühlung sofort Wasser aus. Dieses sogenannte „Kondenswasser“ schlägt sich an den Wänden der Tanks und auf der Kraftstoffoberfläche nieder, von wo aus es schließlich auf den Tankboden sinkt.

3. **Durch Betankung von bereits wasserhaltigem Kraftstoff**
   Betreiber von Flugzeugtankanlagen sind angehalten, durch regelmäßige Wartung einen einwandfreien Betrieb der Anlage zu gewährleisten.
   Hierzu gehört es, daß die Tanks in regelmäßigen Zeitabständen gereinigt werden müssen. Bereits eine geringe Verschmutzung der Tankböden kann das Abfließen des Wassers zu den tiefsten Stellen der Kraftstofftanks - den sog. „Wassertassen“ - verhindern. Gerade das muß aber immer gewährleistet sein, da täglich vor der ersten Tankung die Tanks zu entwässern sind. Trotz aller Sicherheitsmaßnahmen ist es jedoch nie ganz auszuschließen, daß einmal wasserhaltiger Kraftstoff eingefüllt wird.

4. **Durch Eindringen von Wasser aufgrund undichter Tankverschlüsse**
   Undichte bzw. unsachgemäß verschlossene Tankdeckel begünstigen das Eindringen von Regenwasser. Dieses betrifft vor allem die Flugzeuge, welche ständig im Freien abgestellt werden. Freies Wasser muß unter allen Umständen aus den Tanks entfernt werden, da dieses - erst einmal angesaugt - zu Motorstillstand führt.

Grundsätzlich bedeutet freies Wasser im Tank, daß der darüber befindliche Kraftstoff wassergesättigt ist!

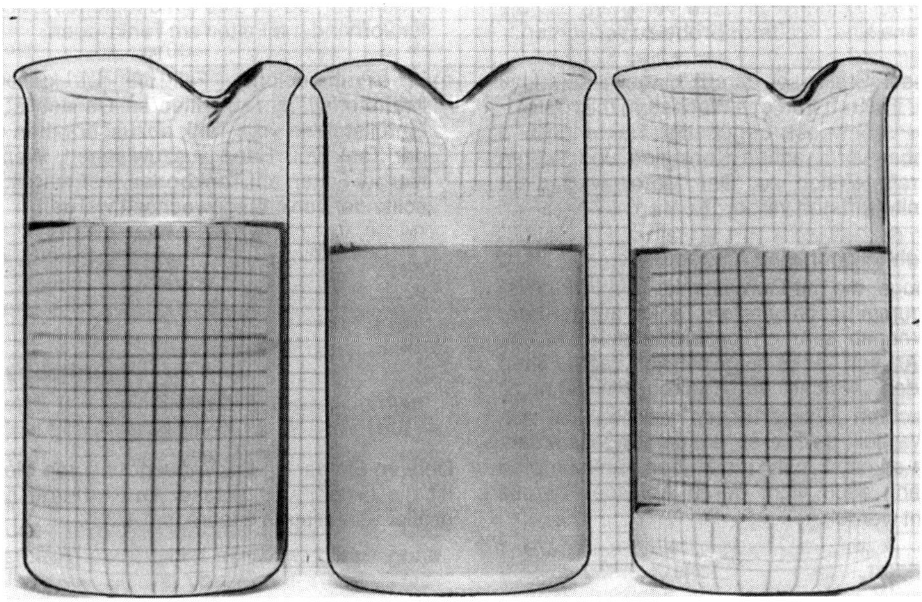

Linkes Gefäß: Avgas wassergesättigt, klar.
Mittleres Gefäß: Avgas trübe durch Wasser in Schwebe.
Rechtes Gefäß: Avgas mit Wasser-Boden-Phase (freies Wasser).

Welche Möglichkeiten hat der Pilot, freies Wasser im Kraftstoff zu erkennen und zu beseitigen?

Ein wichtiger Bestandteil der Vorflugkontrolle ist die Entnahme von Kraftstoffproben aus den Schnell-Ablaßventilen der Tanksümpfe. Dieses sollte grundsätzlich vor dem ersten Flug des Tages und nach jedem Auftanken erfolgen, um eventuell im Kraftstoffsystem befindliches freies Wasser feststellen zu können. Dieses ist leicht erkennbar, da - wie bereits erwähnt - keine Vermischung von freiem Wasser und Kraftstoff stattfindet, sondern beide deutlich voneinander getrennt sind.

Zeigt die entnommene Kraftstoffprobe, daß Wasser enthalten ist, so muß so lange abgelassen werden, bis nur noch reiner Kraftstoff aus dem Ablaßventil ausströmt. Es reicht allerdings nicht aus, nur das Wasser aus den Tanksümpfen zu entfernen, sondern auch das Wasser aus den Kraftstoffleitungen muß abgelassen werden. Zu diesem Zweck ist das Kraftstoffsieb - das an der tiefsten Stelle der Kraftstoffleitungen montiert ist - mit einem Ablaßventil versehen. Vor dem ersten Flug eines Tages und nach jedem Auftanken ist also auch der Ablaßknopf des Kraftstoffsiebs eine Zeitlang zu ziehen! Da es auf einen Blick nicht erkennbar ist, ob es sich bei der aus dem Sieb austretenden Flüssigkeit um Kraftstoff oder Wasser handelt, ist es empfehlenswert, diese nach Möglichkeit in einem durchsichtigen Gefäß aufzufangen. So kann durch Sichtkontrolle festgestellt werden, ob wirklich alles Wasser aus den Kraftstoffleitungen entfernt worden ist.

Sollten Sie einmal in Verlegenheit kommen, auf einem Flugplatz den Kraftstoff aus Fässern oder Kanistern tanken zu müssen, so verwenden Sie zum Einfüllen auf jeden Fall einen Betankungstrichter mit Wasserabscheidefilter (z. B. Reh-Leder).

Auch während der Flugvorbereitung sollte bereits an die Punkte „Wasser im Kraftstoff“ und „Eiskristallbildung“ gedacht werden. Müssen Sie beispielsweise über einen längeren Zeitraum bei niedrigen Temperaturen fliegen, so ist damit zu rechnen, daß sich im Kraftstoff gelöstes Wasser ausscheidet und es zur Eiskristallbildung kommt.

Um das zu verhindern, empfiehlt es sich, vor dem Start dem Kraftstoff einen zugelassenen Eisbildungsverhinderer (Isopropyl-Alkohol oder Äthylen-Glycol-Monomethyl-Äther) hinzuzufügen und zwar 1% der getankten Kraftstoffmenge. Dies darf jedoch auf keinen Fall dazu verleiten, auf die Entnahme einer Kraftstoffprobe zu verzichten.

An dieser Stelle sei darauf hingewiesen, daß Wasser im Kraftstoff das Wachstum mikrobiologischer Lebewesen begünstigt. Bakterien und Pilze aber verursachen Korrosion und setzen das Kraftstoffsieb zu. Der Motor wird nicht mehr mit Kraftstoff versorgt.

Zum Schluß noch eine Anmerkung:

Flugzeuge, die mit Gummitanks (bladder cells) oder gummibeschichteten Tanks ausgerüstet sind, können sehr oft problematisch werden.

Diese Art von Tanks neigt nämlich dazu, Falten zu bilden, welche am Tankboden dann zu regelrechten „Wassertassen“ werden. Hat sich das Wasser dort erst einmal angesammelt, kommt es nicht mehr bis zu den Tanksümpfen und kann auch nicht durch Ablassen daraus entfernt werden.

Während des Steig- oder Kurvenfluges - also bei Änderung der Fluglage - kann es jedoch geschehen, daß das zwischen den Falten angesammelte Wasser abfließt und vom Motor angesaugt wird.

Stellen Sie also bei einem Flugzeug, welches mit den genannten Tanks ausgerüstet ist, Wasser im Kraftstoff fest oder vermuten welches darin, so empfiehlt sich zum völligen Entfernen des Wassers folgende Methode:

a) Tragflächen horizontal ausrichten und das Heck der Maschine langsam absenken (nur bei Bugradflugzeugen möglich). Für ca. 2 Stunden in dieser Lage belassen !

b) Kraftstoff so lange ablassen, bis kein sichtbares Wasser mehr festgestellt wird. Hierzu sind alle zur Verfügung stehenden Ablaßmöglichkeiten zu benutzen: Tanksümpfe, Kraftstoffsieb und evtl. Ablaßmöglichkeiten am Tankwahlventil.

c) Vorsichtiges Rütteln an den Tragflächen und das Flugzeug für weitere 2 Stunden stehen lassen.

d) Erneutes Ablassen des Kraftstoffes aus allen zur Verfügung stehenden Ablaßmöglichkeiten. Ist jetzt immer noch Wasser im Kraftstoff erkennbar, so ist dies ein deutliches Zeichen für vorhandene Falten am Tankboden.

e) In einem solchen Fall ist das gesamte Kraftstoffsystem zu entleeren. Danach ist der Einfüllstutzen vom Tank abzuschrauben und der Tank von Hand auszuwischen. Werden hierbei Falten am Tankboden festgestellt, so sollte der Tank ausgewechselt werden.

Denken Sie daran: Bei Verwendung von Mogas ist die Gefahr von Wasser im Kraftstoff noch größer (siehe auch unsere fsm 4/83).

(Quelle: Flugsicherheitsmitteilungen Nr. 2/84 des Luftfahrt-Bundesamtes (LBA), Braunschweig)

Flugsicherheitsmitteilungen des Luftfahrt-Bundesamtes:

Verringerte Motorleistung und wie man ihr begegnen kann

Flugzeugführer der Allgemeinen Luftfahrt scheinen leider sehr oft wenig Vorstellungen zu haben, wieviel negative Einflüsse bei Flugmotoren auftreten können, die allgemein zu „verminderter Leistung" führen und einen unsicheren Flugzustand hervorrufen können.

Diese Leistungsminderungen lassen sich in zwei Kategorien einteilen. Bei der ersten ist der Motor technisch völlig in Ordnung, gibt unter normalen Voraussetzungen auch volle Leistung ab, ist aber durch die Umwelt (Luftdruck, Temperatur und Feuchtigkeit) in seiner Leistung eingeschränkt.
In der zweiten Kategorie sind versteckte Störungen vorhanden, die zu einer Leistungsminderung führen.

Dazu gehören u. a. mangelhafte Zündung, Fehler im Ansaugsystem und Undichtigkeit im Zylinderbereich. Deren Anzeichen gilt es rechtzeitig zu erkennen und zu beseitigen, bevor sie kritisch werden können.

Die Auswertung von Unfallursachen über lange Zeit zeigt, daß Unfälle kaum durch nur ein Ereignis ausgelöst werden.

Vielmehr führt meist eine Anhäufung von kleinen Unregelmäßigkeiten - eine Kette von Ereignissen - dazu, daß der Flugzeugführer schließlich sein Flugzeug nicht mehr beherrscht.

Lassen Sie uns deshalb die Ursachen für verminderte Leistungen betrachten, um das Fliegen so sicher wie möglich zu machen.

1. Einfluß der Luftfeuchtigkeit auf die Motorleistung

Es ist bekannt, daß der Wasserdampfgehalt der Luft um so größer sein kann und wird, je höher die Temperatur ist. Dies geht soweit, daß bei +35°C die Luft achtmal mehr Wasser enthalten kann als bei + 5°C.

Während sich der Feuchtigkeitsgrad der Luft auf die Wirksamkeit des Auftriebs und des Propellerschubes praktisch nicht auswirkt, kann er jedoch bei der Motorleistung nicht mehr vernachlässigt werden. Dies muß schon während der Flugvorbereitung berücksichtigt werden, wenn Starts beispielsweise bei drückend schwüler Luft, d.h. bei hohem Feuchtigkeitsgrad, geplant werden.

Der Leistungsverlust erklärt sich folgendermaßen: Wenn sehr feuchte Luft angesaugt wird, ist im Endergebnis volumenmäßig weniger für die Verbrennung notwendige Luft im Zylinder. Weil die Kraftstoffmenge die gleiche bleibt, die Luftmenge aber geringer ist, entsteht ein übermäßig angereichertes Gemisch. Die Luftfeuchtigkeit verzögert außerdem die Verbrennung, wodurch die Leistung herabgesetzt wird.

Eine bessere Kühlung des Motors wird jedoch nicht erreicht.

Diese Erscheinung tritt in gleicher Weise auf bei allen Kolbenmotoren, aber auch bei solchen mit Ladung oder Einspritzung. Vergaser und Einspritzanlagen bemessen die Kraftstoffmenge nach der in den Verbrennungsraum angesaugten Luftmenge, können aber nicht zwischen trockener Luft und Wasserdampf unterscheiden.

Um eine eventuell hohe Luftfeuchtigkeit bei der Flugvorbereitung zu berücksichtigen, empfehlen wir folgende Faustregel:

Der Flugzeugführer sollte zu den in seinem Flughandbuch angegebenen Werten für die Startrollstrecke 10% für Triebwerksleistungsverluste aufgrund des Wasserdampfgehaltes der Luft bei feuchter Witterung hinzurechnen.

Auch bei Flügen in starken Schauern treten Leistungsminderungen ein.

2. Einfluß von Platzhöhe und Platztemperatur

Sicheres Fliegen an einem hoch über NN gelegenen Flugplatz (5.000 ft Dichtehöhe und darüber), noch dazu an einem heißen Tag, setzt Kenntnis über das Nachlassen der aerodynamischen Wirkung von Flugzeug und Propeller unter diesen Umweltbedingungen sowie über die erheblich verminderte Leistungsabgabe des Motors voraus. Eine gute Faustregel besagt:

Für je 300 m Höhe über NN erhöht sich die im Flughandbuch angegebene Startrollstrecke um etwa 25%. Normale Motoren ohne Aufladung verlieren pro 600 m Höhendifferenz rund 10% an Leistung. Ein praktisches Beispiel soll zeigen, welchen Problemen ein Flugzeugführer auf einem hoch gelegenen Platz gegenübersteht.

In Donzdorf (BW) z. B. zeigt der Höhenmesser ca. 2.350 ft. Die Leistungsangaben für sein Flugzeug beziehen sich aber auf die Werte der Standard-Atmosphäre (Temperatur 15°C, 1013,2 hPa in NN). Das zu Rate gezogene Flughandbuch ergibt für die herrschende Außentemperatur von 20°C eine Dichtehöhe von nicht weniger als 4.250 ft. Damit verlängert sich aber die Startrollstrecke gegenüber den Angaben im Flughandbuch um das 1,5- bis 2-fache. Der Faktor kann sich noch erhöhen, wenn die Außentemperatur über 25°C steigt. Da die S/L-Bahn nur 600 m lang ist, wäre in diesem Fall ein Start möglichst in die Morgen- oder Abendstunden zu verlegen.

Wie dieses Beispiel zeigt, muß der Flugzeugführer wissen, daß die Luftdichte um so mehr abnimmt, je höher die Temperaturen liegen, und die Flugleistungen unter Umständen erheblich schlechter werden. Der Motor gibt weniger Leistung ab, weil der Füllungsgrad der Zylinder geringer ist, aber auch der Schub des Propellers und der Auftrieb an den Tragflächen lassen wegen der niedrigeren Luftdichte nach. Die Startrollstrecke verlängert sich und die Steigleistungen werden geringer.

Um auf einem hoch gelegenen Flugplatz mit einem Vergasermotor dennoch sicher fliegen zu können, wenn die Druckhöhe über 5.000 ft ansteigt, oder wie auf einigen Flugplätzen des Auslandes sogar darüber liegt, sind vor dem Start bestimmte Maßnahmen nötig. Bei einem Flugzeug mit einem Vergasermotor und festem Propeller erhöhe man die Drehzahl bis zum erreichbaren Höchstwert und verarme das Gemisch dann so lange, bis die maximale Drehzahl angezeigt wird. Mit dem Gemischhebel in dieser Stellung startet man. Hat der Motor einen Drehzahlregler, fährt man hoch bis zur Start-Drehzahl, verarmt dann solange, bis der Motor gleichmäßig und rund läuft und somit seine volle Leistung erreicht. Die Anwendung des hier beschriebenen Verfahrens ist für einen gesunden Motor wegen seiner verringerten Leistung in Druckhöhen von 5.000 ft und darüber keinesfalls schädlich.

Alle Lader-Motoren müssen beim Start in jeder Höhe mit vollreichem Gemisch gefahren werden. Das gilt für Lader mit Handregelung ebenso wie für Automatik.

3. Start bei kaltem Wetter

Kalte Luftfahrtschmiermittel sind weit zähflüssiger, als die sonst üblichen Schmiermittel für Kraftfahrzeugmotoren. Sie brauchen daher eine längere Zeit zur Erwärmung, damit die für den Betrieb richtige Viskosität erreicht wird und der Schmierstoff einwandfrei an alle Schmierstellen der luftgekühlten Motoren und ggf. in den Regelkreislauf von Verstellerpropellern gelangt.

Um eine mögliche Leistungsminderung gerade beim Start zu vermeiden, sollte ein ausreichender „Warmlauf“ solange durchgeführt werden, bis die Temperaturanzeige gut im grünen Bereich steht.

Bei Temperaturen über 0°C genügt im allgemeinen eine Laufzeit von ca. 2 bis 3 Minuten bei einer Drehzahl von 1.000 bis 1.200 U/min. Bei Temperaturen unterhalb des Gefrierpunktes kann die Erwärmungszeit durchaus doppelt so groß sein.

Turboladermotoren erfordern einen noch längeren Erwärmungszeitraum, um eine sichere und einwandfreie Steuerung des Ladedrucks zu gewährleisten oder Überladung zu verhindern. Wenn einmal bei kühlem und kaltem Wetter trotz der eben empfohlenen Warmlaufzeit einschließlich des Abbremsens mit Magnetprobe die Öldruckanzeige außerhalb des grünen Bereiches bleiben sollte, stellen Sie den Motor ab. Lassen Sie den Ölkreislauf nachprüfen.

Ein anderer Grund für Leistungsminderung bei niedrigen Temperaturen ist die Verwendung eines Motorenöls mit höherer Zähigkeit als für die Jahreszeit vorgeschrieben ist. Ein solches Öl benötigt mehr Energie für hydraulische Arbeit, z. B. Propeller-Verstellung, und führt daher zwangsläufig zum Leistungsverlust. Achten Sie also sorgfältig auf die Verwendung des richtigen Öls für den jeweiligen Betrieb. Führen Sie bei kaltem Motor und kaltem Öl einen umsichtigen Warmlauf vor dem Start durch. Beobachten Sie die Anzeige der Triebwerksüberwachungsgeräte. Verlängern Sie den Warmlauf bei kaltem Wetter solange, bis alle Anzeigen im grünen Bereich liegen. Ziehen Sie im Zweifelsfall einen Prüfer hinzu. Bei Verdacht auf Leistungsmängel Ihres Motors ist eine kurze, zügig durchgeführte Vollgasprobe zweckmäßig.

4. Benutzung der Vergaservorwärmung oder Ersatzwarmluft

Wenn ein Flugzeugführer beim Start auf einem Flugplatz wenig über Meereshöhe vergessen haben sollte, die von der vorhergehenden Landung noch auf voll warm stehende Vergaservorwärmung auf kalt zu stellen, mag er einen Schreck bekommen, wenn das Flugzeug spät abhebt und schlecht steigt. Zu einem Unfall muß das aber nicht führen.

Anders sieht es schon aus, wenn ihm der gleiche Fehler beim Start und auf einem Flugplatz in 700 m NN bei 25°- 30°C passiert. Hier summieren sich die negativen Einflüsse auf die Leistungen des Motors. Ihre Vernachlässigung führt mit Sicherheit zu erheblichen Schwierigkeiten beim Start oder Steigflug, falls es überhaupt soweit kommt. Vielen Luftfahrzeugführern sind offensichtlich die Zusammenhänge bei der Anwendung der Vergaservorwärmung nicht ganz klar. Sie sollen deshalb hier nochmals dargestellt werden.

Der Abfall der Leistung bei Vergaservorwärmung oder Ansaugluft „warm" hat zwei Ursachen:

a) Bei der Verwendung von Kaltluft strömt diese direkt unter Staudruck in das Ansaugsystem. Wird dagegen die Vergaservorwärmung gezogen, muß sich der Motor die Luft entweder direkt aus dem verkleideten Motorraum oder sogar noch auf dem Umweg über einen Wärmeaustauscher um das Auspuffrohr selbst ansaugen. Dies ergibt einen Leistungsverlust, der für sich betrachtet noch nicht sehr hoch ist (ca. 3%).

b) Wird Luft erwärmt, so ändert sich bei gleichem Druck das Volumen, d.h., je wärmer die Luft, um so größer ihr Volumen. Die Luft verdünnt sich. Da das Ansaugvolumen des Zylinders aber stets gleich bleibt, erhält er somit mit der weniger dichten Luft auch weniger Sauerstoff. Der Kraftstoffanteil aber bleibt konstant, so daß ein zu reiches Gemisch entsteht. Diese Überfettung tritt natürlich auch bei zunehmender Höhe auf. Der dadurch entstehende Leistungsverlust hat bereits eine ganz andere Größe. Er kann bis zu 13% betragen. Noch schlimmer wird es, wenn bereits eine Vereisung im Ansaugschacht vor, an oder hinter der Drosselklappe aufgetreten ist.

Es wird daher empfohlen, schon bei der Möglichkeit einer Vergaservereisung mit Ansaugluft „warm" zu fliegen.

Die meisten Vergaser reagieren im wesentlichen träge bei plötzlichen Drosselstellungsänderungen, u.U. bei schneller Drosselöffnung zunächst überhaupt nicht. Deshalb sollte, wenn Ansaugluft warm oder die Vergaservorwärmung eingeschaltet ist, die Drossel langsam geöffnet werden.

Wenn die Benutzung der Vergaser-Vorwärmung im Reiseflug einen unerwünschten Leistungsverlust verursacht, so kann man die Drehzahl bzw. den Ladedruck bis zu 200 U/min. bzw. maximal 2 inches Ladedruck nachsetzen, bevor man das Gemisch entsprechend abmagert. So ist es möglich, den durch die Vergaservorwärmung aufgetretenen Leistungsverlust wieder auszugleichen, vorausgesetzt, daß noch Leistung zur Verfügung steht.

In diesem Zusammenhang sei auf die Änderung der Lycoming Betriebsanweisung Nr. 1148 (Gebrauch der Vergaservorwärmung) hingewiesen. Danach hat die Erfahrung gezeigt, daß Flugzeugführer die Vorwärmung unter Vereisungsbedingungen nur teilweise oder nur kurzfristig voll benutzen. Die darin ausgedrückte Sorge ist unbegründet. Man kann unter bekannten oder vermuteten Vereisungswetterlagen bei Reiseleistung ebenso wie bei der Landung ohne Schaden für den Motor die volle Vergaservorwärmung benutzen. Allerdings sollte beachtet werden, daß bei „warmer" Luft diese nicht gefiltert ist.

5. Mangelhafte Zündung

Es gibt verschiedene Möglichkeiten, bei denen die Zündung die Ursache für das Nachlassen der Triebwerksleistung sein kann. So wurde z. B. ein Leistungsverlust von etwa 3% bei einem ausgefallenen oder bei nur einem eingeschalteten Magneten gemessen. Der Ausfall eines Magneten im Flug bei einem Flächenflugzeug ist noch kein Grund zur Besorgnis, vorausgesetzt, daß keine weiteren Störungen hinzukommen.

Schwierig allerdings wird die Magnetstörung bei Hubschraubern während des Starts, des Schwebefluges oder der Landung, weil in diesen Betriebsphasen, bedingt durch das System, die volle Leistung benötigt wird.

Ein anderer Grund für Leistungsabfall sind verbrauchte und verschmutzte Zündkerzen, die nur einen schwachen Zündfunken liefern, sowie verbrauchte Unterbrecherkontakte. Alte, verdrehte Kabelsätze mit brüchiger Isolierung arbeiten vor allem in der Höhe nicht einwandfrei. Werden bei der Sichtkontrolle der Kabelsätze Alterungserscheinungen festgestellt, sollte das Zündgeschirr in speziellen Prüfeinrichtungen überprüft werden.

Auch eine nicht korrekte Zündzeitpunkt-Einstellung (Früh- oder Spätzündung) wirkt sich nachteilig auf die Leistung aus. Eine gewissenhafte Wartung kann dieses Problem lösen.

Doch noch einiges zu den Zündkerzen. Die vorgeschriebene Zündkerze ist sehr wichtig für die Leistungsfähigkeit des Motors. Verwenden Sie deshalb immer die im Motorhandbuch vorgeschriebenen Zündkerzen (Größe und Wärmewert). Bei der Wartung muß sorgfältig darauf geachtet werden, daß Zündkerzen mit langem Einschraubgewinde nur bei solchen Zylindern eingeschraubt werden, die dafür vorgesehen sind. Wenn eine Zündkerze mit der falschen Gewindelänge in den Zylinder eingeschraubt wird, so kann das wiederum einen Leistungsverlust, eine Frühzündung oder sogar Klopfen verursachen.

Auch ein verschmutzter Zündkerzenstekker oder ein verschmutzter Kerzenkörper kann die Leistung des Motors erheblich vermindern. Schmutz oder Feuchtigkeit an den Zündkerzen-Klemmschrauben (Stecker) oder am Isolierkörper lassen bei der hohen Zündspannung den Strom den kürzeren Weg wählen und den gewollten Überschlag zwischen den Elektroden vermeiden. Alle Bestandteile der Zündanlage sind deshalb peinlichst trocken und sauber zu halten.

Erneuerung dieser Teile in vernünftigen Zeitabständen ist immer noch die preisgünstigste Versicherung gegen Leistungsverlust. Bei Unterlassung gehen sowohl Sicherheit als auch Wirtschaftlichkeit verloren.

6. Fehler im Ansaugsystem

Wenn das Ansaugsystem undichte Stellen aufweist, kann das Gemisch durch Nebenluft verarmt werden und so einen Leistungsverlust hervorrufen. Das könnte vor allem beim Start und im Steigflug kritisch werden. Bei den meisten Motoren lassen sich diese Undichtigkeiten dadurch feststellen, daß dort Verfärbungen durch austretenden Kraftstoff entstehen. Sollten solche Undichtigkeiten bemerkt werden, müssen sie vor dem nächsten Flug beseitigt werden.

Bei Vergasermotoren sind Leistungsverluste beobachtet worden, weil durch Brüche oder Undichtigkeiten in der Vorwärmanlage Nebenluft in die Ansaugschächte eindringen konnte.

Bei Außentemperaturen über 15°C kann dieser Fehler einen empfindlichen Leistungsverlust hervorrufen, der sich besonders dann unangenehm bemerkbar macht, wenn mehr als Reiseleistung erforderlich ist.

7. Undichte Kolbenringe und Kompressionsverlust

Noch eine andere Art des Leistungsverlustes entsteht durch Eindringen von Öl in den Verbrennungsraum in mehr als dem zulässigen Maße. Dieser Zustand tritt bei gebrochenen oder verschlissenen Kolbenringen, abgenutzten Zylinderwänden oder auch durch ausgeschlagene Ventilführungen auf. Öl im Verbrennungsraum schlägt sich auf die Zündkerzen nieder und vermindert ihre Zündleistung. Es beeinflußt die Verbrennung, was wiederum zu einem Leistungsverlust führen kann, speziell im Start- und Steigflug.

Wenn mehr als ein Zylinder Ölspuren im Verbrennungsraum zeigen, ist eine gründliche Erforschung der Ursache am Motor fällig, eventuell sogar eine Überholung, auch wenn die zulässige Betriebszeit noch nicht erreicht ist. Leistungsverlust durch undichte Ventile kann der Flugzeugführer im Fluge meist nicht feststellen. Wenn ein Auslaßventil verbrannt und der Sitz zerstört ist, kann ein Motorausfall im Flug auftreten. Eine rechtzeitige Kompressionsprobe läßt fast alle diese Fehler erkennen, mit Ausnahme gewisser Fälle von gebrochenen Kolbenringen. Öl im Verbrennungsraum sollte auf jeden Fall Anlaß für eine Sichtprüfung mit dem Boroskop oder ähnlichem sein.

8. Zusammenfassung

Wenn auch nicht alle der vielen Leistungsminderungsfaktoren hier aufgeführt werden konnten, haben wir doch versucht, die wichtigsten zu nennen, verbunden mit Empfehlungen, auf welche Weise man ihnen begegnen kann. Jeder Betroffene sollte sich stets den gefährlichen Unterschied vor Augen halten zwischen einer Motorstörung, die sofort offensichtlich (und leicht erkennbar) ist wie z. B. der Ausfall beider Zündkerzen im selben Zylinder und den kleineren aber versteckten Leistungsverlusten. Sie sind es, die Leistung in geringem Umfang an jedem Zylinder verschwinden lassen, bis mehrere von ihnen zur selben Zeit auftreten und ernsthafte Proportionen annehmen, die zu absolut unsicheren Flugbedingungen führen. Davor hüte man sich, um nicht ein Opfer der verminderten Leistung zu werden.

(Quelle: Flugsicherheitsmitteilungen Nr. 3/82 des Luftfahrt-Bundesamtes, Braunschweig, aus: AVCO Lycoming Flyer 1973)

Typische Leistungsdaten einmotoriger Flugzeuge

Auf den folgenden beiden Seiten sind Abbildungen sowie ausgewählte technische Daten und Leistungskennzahlen einer Piper PA-28-181 Archer III und einer Ruschmeyer R90-230-RG veröffentlicht.

(Quelle: Bachmann, Einmotorige & zweimotorige Flugzeuge, Höchst, 1996).

Piper PA-28-181 Archer III

Zelle

Fahrwerk	Fest
Länge	7,32 m
Höhe	2,22 m
Spannweite	10,90 m
Flügelfläche	15,80 qm
Sitzplätze inkl. Crew	4

Triebwerk

Propeller	Starr
Triebwerkhersteller	Lycoming
Triebwerktyp	1 x O-360-A4M
Gesamttriebwerkleistung	180 PS
Triebwerkleistung	132 kW
Treibstoffart	Avgas

Gewichte und Belastungen

Leergewicht	743 kg
Gesamtzuladung	417 kg
davon Passagiere und Gepäck	286 kg
davon Treibstoffgewicht	131 kg
= ausfliegbare Treibstoffmenge	182 l
Gesamtgewicht	1.160 kg
Leistungsbelastung	6,4 kg/PS
Flächenbelastung	73,4 kg/qm

Leistungsdaten

Höchstgeschwindigkeit	275 km/h
Reisegeschwindigkeit (65% Leistung)	231 km/h
Abreißgeschwindigkeit (Klappen 0°)	98 km/h
Steigleistung (einmotorig)	203 m/min
Steigleistung (zweimotorig)	0 m/min
Dienstgipfelhöhe (einmotorig)	4.034 m
Dienstgipfelhöhe (zweimotorig)	0 m
Startrollstrecke (Start - Abheben)	265 m
Landerollstrecke (Aufsetzen - Stillstand)	282 m
Treibstoffverbrauch (65% Leistung)	39,6 l/h
Treibstoffverbrauchsindex	1,48

Transport-Kennzahlen

Reichweite (inkl. 45 Min. Reserve)	888 km
Gesamtzuladung (% vom Gesamtgewicht)	36%
davon Passagiere und Gepäck	25%
davon Treibstoff	11%

Ruschmeyer R90-230-RG

Zelle

Fahrwerk	Einziehbar
Länge	7,93 m
Höhe	2,73 m
Spannweite	9,50 m
Flügelfläche	12,94 qm
Sitzplätze inkl. Crew	4

Triebwerk

Propeller	Verstellbar
Triebwerkhersteller	Lycoming
Triebwerktyp	1 x IO-540
Gesamttriebwerkleistung	234 PS
Triebwerkleistung	172 kW
Treibstoffart	Avgas

Gewichte und Belastungen

Leergewicht	850 kg
Gesamtzuladung	500 kg
davon Passagiere und Gepäck	342 kg
davon Treibstoffgewicht	158 kg
= ausfliegbare Treibstoffmenge	219 l
Gesamtgewicht	1.350 kg
Leistungsbelastung	5,8 kg/PS
Flächenbelastung	104,3 kg/qm

Leistungsdaten

Höchstgeschwindigkeit	326 km/h
Reisegeschwindigkeit (65% Leistung)	296 km/h
Abreißgeschwindigkeit (Klappen 0°)	92 km/h
Steigleistung (einmotorig)	495 m/min
Steigleistung (zweimotorig)	0 m/min
Dienstgipfelhöhe (einmotorig)	5.249 m
Dienstgipfelhöhe (zweimotorig)	0 m
Startrollstrecke (Start - Abheben)	280 m
Landerollstrecke (Aufsetzen - Stillstand)	240 m
Treibstoffverbrauch (65% Leistung)	51,5 l/h
Treibstoffverbrauchsindex	1,18

Transport-Kennzahlen

Reichweite (inkl. 45 Min. Reserve)	1.037 km
Gesamtzuladung (% vom Gesamtgewicht)	37%
davon Passagiere und Gepäck	25%
davon Treibstoff	12%

Abkürzungen

AVGAS > Aviation Gasoline (Treibstoffsorte)

C > Celsius (Temperatureinheit)
c_A > Auftriebsbeiwert
c_{Amax} > größter Auftriebsbeiwert
c_W > Widerstandsbeiwert
c_{Wmin} > geringster Widerstandsbeiwert
CAS > Calibrated Airspeed (berichtigte Geschwindigkeit)
cm > Zentimeter

E > East (Ost)
EGT > Exhaust Gas Temperature (Abgastemperatur)
ELEV > Elevation (Höhe)

F > Fahrenheit (Temperatureinheit)
FL > Flight Level (Flugfläche)
FPM > Feet Per Minute (Fuß pro Minute)
fsm > Flugsicherheitsmitteilung vom LBA
ft > Feet (Fuß/plural) 1 ft = 0,30 m

g > Erdbeschleunigung, Lastvielfache
GND > Ground (Grund)
GS > Ground Speed (Geschwindigkeit über Grund)

h > Hour (Stunde)
HG > Quecksilber
HGT > Height (Höhe über Grund)
hPa > Hectopascal (Druckeinheit)

IAS > Indicated Airspeed (angezeigte Geschwindigkeit)
ICAO > International Civil Aviation Organization (Internationale Zivilluftfahrtorganisation)
in > Inch
ISA > International/ICAO Standard Atmosphere (Internationale/ICAO Standardatmosphäre)

KIAS > Indicated Airspeed in Knoten
KCAS > Calibrated Airspeed in Knoten
kg > Kilogramm
km > Kilometer
kt > Knots (Knoten) 1 kt = 1,852 km/h
kW > Kilowatt

LBA > Luftfahrt-Bundesamt
LL > Low Lead

m > Meter
mb > Millibar (Druckeinheit)
min > Minute
MPH > Miles Per Hour (Meilen pro Stunde) 1 MPH = 1,609 km/h
MSL > Mean Sea Level (Mittlerer Meeresspiegel)
MTOW > Maximum Take-off Weight (höchstzulässiges Startgewicht)

N > Newton
N > Nord
NM > Nautical Mile (Seemeile) 1 NM = 1,852 km

p > Druck
PS > Pferdestärke
PSI > Pounds per Square Inch (amerikanische Druckeinheit)

QFE > Luftdruck, gemessen in Flugplatzhöhe
QNH > Luftdruck, gemessen in Flugplatzhöhe und umgerechnet auf MSL
QNE > Standardluftdruck 1.013 hPa

RAS > Rectified Airspeed (berichtigte Geschwindigkeit)
RPM > Revolution Per Minute (Drehzahl pro Minute)

S > Süd
s > Sekunde

TAS > True Airspeed (wahre Eigengeschwindigkeit)

US GAL > US Gallonen

V > Geschwindigkeit
VFR > Visual Flight Rules (Sichtflugregeln)
V_A > Manövergeschwindigkeit (Maneuvering Speed)
V_{FE} > Höchstzulässige Geschwindigkeit mit ausgefahrenen Flügelklappen (Maximum Flap Extended Speed)
V_{LE} > Höchstzulässige Geschwindigkeit mit ausgefahrenem Fahrwerk (Maximum Landing Gear Extended Speed)
V_{LO} > Höchstzulässige Geschwindigkeit zum Ein- und Ausfahren des Fahrwerks (Maximum Landing Gear Operating Speed)
V_{min} > Mindestgeschwindigkeit
V_{NE} > Höchstzulässige Geschwindigkeit (Never Exceed Speed)
V_{NO} > Höchstzulässige Reisegeschwindigkeit (Maximum Structural Cruising Speed, Maximal Normal Operating Speed)
V_S > Überziehgeschwindigkeit (Stalling Speed)
V_{SO} > Überziehgeschwindigkeit, Landeklappen ausgefahren
V_{S1} > Überziehgeschwindigkeit, Landeklappen eingefahren
V_X > Geschwindigkeit für den besten Steigwinkel (Best Angle of Climb Speed)
V_Y > Geschwindigkeit für die beste Steigrate (Best Rate of Climb Speed)

W > West

Literaturverzeichnis

Bachmann, P.:
Flugzeug-Instrumente
Motorbuch Verlag, Stuttgart, 1992

Bachmann, P.:
Einmotorige & zweimotorige Flugzeuge
Eisenschmidt, Frankfurt, 1996

Bauer, R.:
Flugtechnik für Jedermann
Hanns Reich Verlag, München, 1964

Bundesministerium für Verkehr:
PPL-Fragenkatalog
Bonn, 1996

Dubs, F.:
Aerodynamik der reinen Unterschall-strömung
Birkhäuser Verlag, Basel, 1990

ICAO DOC 7488/3:
Manual of the ICAO-Standard Atmosphere
Montreal, Kanada, 1993

Kermode, A.C.:
Technik des Fliegens
Wilhelm Heyne Verlag, München, 1977

Kershner, W.:
The Advanced Pilot's Flight Manual
Iowa State University Press, Iowa, 1980

Knobling, K.:
Flugzeug-Aerodynamik
Technische Akademie der Luftwaffe, Neubiberg, 1968

Kutter, R.:
Flugzeug-Aerodynamik
Motorbuch Verlag, Stuttgart, 1983

Lang, F.:
Flugnavigation
Flugsicherungsschule, München, 1972

Lindner, H.:
Physik für Ingenieure
Vieweg & Sohn, Braunschweig, 1987

Luftfahrt-Bundesamt:
Flugsicherheitsmitteilungen
fsm 13/74:
„Auswirkung der Drehung des Propellers auf die Bewegung eines Flugzeuges"
fsm 6/78:
„Seitenruder dagegen, Knüppel normal"
fsm 1/82:
„Geschwindigkeit ist das halbe Leben"
fsm 3/82:
„Verringerte Motorleistung und wie man ihr begegnen kann"
fsm 5/83:
„Sind Sie noch auf der Höhe?"
fsm 2/84:
„Lassen Sie sich Ihren Flug nicht verwässern!"
fsm 4/84:
„Masse und Schwerpunkt"
fsm 1/85:
„Vorflugkontrolle - Warum?"

Lufthansa:
Airplane Performance
Lufthansa FRA OR 3, Frankfurt, 1990

Mies, J. und Uhmann, K.:
Aircraft Silhouettes
Lehrunterlage der Fachhochschule des Bundes für Öffentliche Verwaltung, Abteilung Flugsicherung, München, 1987

Piper Aircraft Corporation:
Piper Cadet Information Manual
Vero Beach, Florida, USA, 1988

Politt, W.:
Start-Flug-Landung
Carl Schmidt u. Co., Braunschweig, Berlin, 1962

Schlichting, E. und Truckenbrodt, E.:
Aerodynamik des Flugzeuges
Springer Verlag, Berlin, Heidelberg, 1969

Simon, H.:
Instrumentenflugkunde und Navigation
Hanns Reich Verlag, München, 1961
Textron Lycoming:
Lycoming Flyer
Key Reprints, Williamsport, USA, 1991

Ungewitter, G.:
Flugwetterkunde
Bundesanstalt für Flugsicherung, Flugsicherungsschule, München, 1986

Flughandbücher:
Aerospatiale TB 10, TB 20
Cessna 152, 172, 172 RG, F 172 K
Piper Cadet PA 28-161
Piper Cherokee PA 28-181
Piper Turbo Arrow PA 28RT-201T
Ruschmeyer R 90-230 RG

Prospekt-Quellen
Beechcraft Vertrieb und Service GmbH, Augsburg
Grob-Werke GmbH & Co. KG, Mindelheim-Mattsies
Piper Generalvertretung Deutschland AG, Kassel
Rolladen-Schneider Flugzeugbau GmbH, Egelsbach
Ruschmeyer Aircraft Production KG, Melle
Teledyne Continental Motors, Alabama, USA
Textron Lycoming, Pennsylvania, USA
Winter Bordgeräte GmbH, Jungingen

Der Autor

Der Autor, Jahrgang 1948, Studium der Flugtechnik an der Technischen Universität Berlin, von 1975 bis 1985 Referent für Luftraumplanung und Instrumentenflugverfahren bei der Bundesanstalt für Flugsicherung in Frankfurt, von 1986 bis 1993 Professor an der Fachhochschule des Bundes, Abteilung Flugsicherung, in Langen. Seit 1993 Leiter des „Büro der Nachrichten für Luftfahrer“ bei der DFS Deutsche Flugsicherung GmbH. Viele Jahre Theorielehrer bei einer Flugschule und im Fliegerclub. Besitz der Privatpilotenlizenz mit Instrumentenflugberechtigung.